国家社科基金丛书
GUOJIA SHEKE JIJIN CONGSHU

近代中国的影像书写

Early Modern China Depicted by Photographic Works

范文霈 著

人民出版社

目　录

前　言 001

引　论 001
　　一、图像及其民族形象表征 001
　　二、影像的形象建构 004
　　三、中国近代影像总貌 005
　　四、影像诠释及其方法、路径 006
　　五、影像中的民族形象诠释 011

第一章　影像采集与概述 016
　第一节　影像二次文献的收集 017
　　一、中国摄影史类的研究著作 017
　　二、影像图册及著作 020
　　三、中国摄影家协会官网作品展 026
　第二节　近代影像库的建立 028
　　一、封建文化时期的影像产制特征 029
　　二、新文化自觉时期的影像产制特征 031

三、新文化发展时期的影像产制特征……………………………032

第三节　摄影技术进步的应用…………………………………033

一、相机构造的进步…………………………………………034

二、摄影感光材料的进步……………………………………036

三、洗印放技术的进步………………………………………038

第四节　影像传播生态…………………………………………040

一、传播方式与途径…………………………………………040

二、传播主题设置……………………………………………042

三、传播功能体现……………………………………………043

本章结语…………………………………………………………046

第二章　影像作者与题材分析……………………………………047

第一节　影像作者………………………………………………047

一、旅华摄影师………………………………………………048

二、华人摄影师………………………………………………056

三、华人摄影记者……………………………………………064

第二节　影像题材………………………………………………067

一、人物肖像类………………………………………………068

二、城乡风物类………………………………………………072

三、社会时事类………………………………………………076

四、艺术创作类………………………………………………079

本章结语…………………………………………………………082

第三章　影像诠释方法……………………………………………083

第一节　影像的意义及其诠释…………………………………083

一、影像诠释观点的发展……………………………………084

二、影像的意义场域…………………………………………087

三、影像诠释的局限性 089

第二节 诠释的记录性路径与直观性工具 093

一、影像的记录性表达 093

二、记录性的诠释路径 094

三、直观性工具的运用 096

第三节 诠释的评述性路径与修辞性工具 098

一、影像的评述性表达 099

二、评述性的诠释路径 101

三、修辞性工具的运用 103

第四节 诠释的象征性路径与符号性工具 106

一、符号应用下的影像象征性 106

二、象征性的诠释路径 106

三、符号性工具的运用 109

本章结语 111

第四章 近代影像中的生活习俗 113

第一节 衣食住行 113

一、服装样式 113

二、饮食习俗 118

三、私人起居 122

四、出行方式 126

第二节 婚丧习俗 130

一、婚嫁习俗 130

二、丧葬习俗 134

第三节 新生活运动 137

一、剪辫运动 137

二、天足运动 139

三、破除迷信运动 ⋯⋯⋯⋯⋯⋯⋯⋯⋯⋯⋯⋯⋯⋯⋯⋯ 142

本章结语 ⋯⋯⋯⋯⋯⋯⋯⋯⋯⋯⋯⋯⋯⋯⋯⋯⋯⋯⋯⋯⋯ 144

第五章 近代影像中的社会风气 ⋯⋯⋯⋯⋯⋯⋯⋯⋯⋯⋯⋯ 145

第一节 守主流克己修德 ⋯⋯⋯⋯⋯⋯⋯⋯⋯⋯⋯⋯⋯⋯ 145

一、修私德 ⋯⋯⋯⋯⋯⋯⋯⋯⋯⋯⋯⋯⋯⋯⋯⋯⋯⋯⋯ 146

二、立公德 ⋯⋯⋯⋯⋯⋯⋯⋯⋯⋯⋯⋯⋯⋯⋯⋯⋯⋯⋯ 150

三、反陋习 ⋯⋯⋯⋯⋯⋯⋯⋯⋯⋯⋯⋯⋯⋯⋯⋯⋯⋯⋯ 154

第二节 赶潮流自强不息 ⋯⋯⋯⋯⋯⋯⋯⋯⋯⋯⋯⋯⋯⋯ 158

一、改革求变 ⋯⋯⋯⋯⋯⋯⋯⋯⋯⋯⋯⋯⋯⋯⋯⋯⋯⋯ 158

二、文化强国 ⋯⋯⋯⋯⋯⋯⋯⋯⋯⋯⋯⋯⋯⋯⋯⋯⋯⋯ 163

三、发展体艺 ⋯⋯⋯⋯⋯⋯⋯⋯⋯⋯⋯⋯⋯⋯⋯⋯⋯⋯ 166

第三节 承传统不屈不挠 ⋯⋯⋯⋯⋯⋯⋯⋯⋯⋯⋯⋯⋯⋯ 171

一、朴素的农民群体 ⋯⋯⋯⋯⋯⋯⋯⋯⋯⋯⋯⋯⋯⋯⋯ 171

二、奋进的精英代表 ⋯⋯⋯⋯⋯⋯⋯⋯⋯⋯⋯⋯⋯⋯⋯ 173

三、改造旧世界的"新阶层" ⋯⋯⋯⋯⋯⋯⋯⋯⋯⋯⋯ 178

四、抗战中的民族团结 ⋯⋯⋯⋯⋯⋯⋯⋯⋯⋯⋯⋯⋯⋯ 180

本章结语 ⋯⋯⋯⋯⋯⋯⋯⋯⋯⋯⋯⋯⋯⋯⋯⋯⋯⋯⋯⋯⋯ 183

第六章 近代影像中的女性形象 ⋯⋯⋯⋯⋯⋯⋯⋯⋯⋯⋯⋯ 185

第一节 近代女性影像概述 ⋯⋯⋯⋯⋯⋯⋯⋯⋯⋯⋯⋯⋯ 185

一、女性身份 ⋯⋯⋯⋯⋯⋯⋯⋯⋯⋯⋯⋯⋯⋯⋯⋯⋯⋯ 186

二、拍摄环境 ⋯⋯⋯⋯⋯⋯⋯⋯⋯⋯⋯⋯⋯⋯⋯⋯⋯⋯ 188

三、题材特征 ⋯⋯⋯⋯⋯⋯⋯⋯⋯⋯⋯⋯⋯⋯⋯⋯⋯⋯ 190

第二节 从日常生活看"妇德"变迁 ⋯⋯⋯⋯⋯⋯⋯⋯⋯ 192

一、倾心付出的内在美 ⋯⋯⋯⋯⋯⋯⋯⋯⋯⋯⋯⋯⋯⋯ 192

二、仪容精致的外在美 ⋯⋯⋯⋯⋯⋯⋯⋯⋯⋯⋯⋯⋯⋯ 197

三、与时俱进的新形象 200

第三节 从社会生活看"角色"变迁 204

一、投身社会生活 204

二、基本权利的争取 208

三、文体活动的参与 211

本章结语 212

第七章 近代影像中的社会关系 214

第一节 生产行为中的社会关系反映 215

一、农工关系——身份流变 215

二、工友关系——团结互助 217

三、劳资关系——共存与博弈 218

第二节 交往行为中的社会关系反映 219

一、亲情交往 220

二、友情交往 222

三、消费交往 225

四、革命交往 229

第三节 宗教行为中的社会关系反映 230

一、俗教融洽的本土宗教 231

二、强势进入的西方宗教 232

三、关系冲突的中外宗教 234

本章结语 236

第八章 近代影像中的制度形象 237

第一节 政务管理形象 237

一、晚清政府时期 238

二、北洋政府时期 244

三、国民政府时期 246

四、地方治理制度 251

第二节　司法管理形象 252

一、罪行的类型 252

二、诉讼与判罚 255

三、家法与民约 258

第三节　军队管理形象 259

一、军队训练 260

二、军事教学 263

三、军纪整饬 266

本章结语 267

第九章　近代影像中的民族多元一体形象 269

第一节　共同开拓的疆域 270

一、人口迁移 270

二、自由往来 272

三、族际通婚 273

第二节　共同书写的历史 274

一、繁荣的商贸交往 274

二、趋同的生活方式 276

第三节　共同创造的文化 277

一、统一的文化核心 277

二、丰富的文化内涵 280

三、多元的历史文物 284

四、长久的文化生命力 286

第四节　共同培育的精神 289

一、共命运精神的体现 290

二、共荣辱精神的体现 ⸺⸺⸺⸺⸺⸺⸺⸺⸺⸺⸺⸺⸺ 291

三、共存亡精神的体现 ⸺⸺⸺⸺⸺⸺⸺⸺⸺⸺⸺⸺⸺ 292

本章结语 ⸺⸺⸺⸺⸺⸺⸺⸺⸺⸺⸺⸺⸺⸺⸺⸺⸺⸺⸺⸺ 295

第十章　近代影像中的科教兴国 ⸺⸺⸺⸺⸺⸺⸺⸺⸺⸺ 297

第一节　科技传承与发展 ⸺⸺⸺⸺⸺⸺⸺⸺⸺⸺⸺⸺⸺⸺ 297

一、古代四大发明与应用 ⸺⸺⸺⸺⸺⸺⸺⸺⸺⸺⸺⸺⸺ 298

二、古代其它科技成就 ⸺⸺⸺⸺⸺⸺⸺⸺⸺⸺⸺⸺⸺⸺ 301

三、近代科学技术应用 ⸺⸺⸺⸺⸺⸺⸺⸺⸺⸺⸺⸺⸺⸺ 304

第二节　教育机构流变 ⸺⸺⸺⸺⸺⸺⸺⸺⸺⸺⸺⸺⸺⸺⸺ 306

一、官学、书院与私塾 ⸺⸺⸺⸺⸺⸺⸺⸺⸺⸺⸺⸺⸺⸺ 306

二、学校教育及主体 ⸺⸺⸺⸺⸺⸺⸺⸺⸺⸺⸺⸺⸺⸺⸺ 310

三、社会教育及重点 ⸺⸺⸺⸺⸺⸺⸺⸺⸺⸺⸺⸺⸺⸺⸺ 316

第三节　科技教育兴起 ⸺⸺⸺⸺⸺⸺⸺⸺⸺⸺⸺⸺⸺⸺⸺ 318

一、建立近代学校体系 ⸺⸺⸺⸺⸺⸺⸺⸺⸺⸺⸺⸺⸺⸺ 319

二、增设科学技术学科 ⸺⸺⸺⸺⸺⸺⸺⸺⸺⸺⸺⸺⸺⸺ 322

三、引进新型教学方法 ⸺⸺⸺⸺⸺⸺⸺⸺⸺⸺⸺⸺⸺⸺ 325

本章结语 ⸺⸺⸺⸺⸺⸺⸺⸺⸺⸺⸺⸺⸺⸺⸺⸺⸺⸺⸺⸺ 327

第十一章　近代影像中的物质生产 ⸺⸺⸺⸺⸺⸺⸺⸺⸺ 329

第一节　自然生态下的物质生产 ⸺⸺⸺⸺⸺⸺⸺⸺⸺⸺⸺ 329

一、农耕生产 ⸺⸺⸺⸺⸺⸺⸺⸺⸺⸺⸺⸺⸺⸺⸺⸺⸺⸺ 330

二、游牧生产 ⸺⸺⸺⸺⸺⸺⸺⸺⸺⸺⸺⸺⸺⸺⸺⸺⸺⸺ 333

三、海洋生产 ⸺⸺⸺⸺⸺⸺⸺⸺⸺⸺⸺⸺⸺⸺⸺⸺⸺⸺ 334

第二节　近代工业基础 ⸺⸺⸺⸺⸺⸺⸺⸺⸺⸺⸺⸺⸺⸺⸺ 335

一、基础工业 ⸺⸺⸺⸺⸺⸺⸺⸺⸺⸺⸺⸺⸺⸺⸺⸺⸺⸺ 336

二、基础建设 ⸺⸺⸺⸺⸺⸺⸺⸺⸺⸺⸺⸺⸺⸺⸺⸺⸺⸺ 341

第三节 近代工业体系 345

一、手工业生产 346

二、日用工业雏形 350

三、军工生产 352

本章结语 354

第十二章 近代影像中的城市风物 356

第一节 市容市貌变迁 356

一、城市建筑 357

二、城市街景 361

三、城市公园 364

第二节 城市生活服务 366

一、商业服务 366

二、医疗服务 370

三、金融服务 371

第三节 城际长途交通 372

一、人力交通运输 373

二、畜力交通运输 376

三、机车交通运输 377

本章结语 381

参考文献 382

后 记 386

前　言

　　影像诠释是社会工作者近年来的一个研究热点，从影像中诠释民族文化形象是对"民族形象"宏大研究课题的一个重要补充。影像诠释的现实意义不仅有利于对"民族多元一体"形象的理解，也有利于各种专门史的研究，比如义和团运动研究、大革命研究、抗日战争研究和边区革命斗争的研究，等等。也对当代基于"民族命运共同体"的影像创作具有指导性意义，创作成果还将对实现跨文化传播中华文化具有重要的基础性意义。2019 年，笔者申报的"中国近代（1840—1949）影像中的民族形象诠释研究"课题荣幸地获得了国家社会科学基金立项。本书就是这一课题的最终成果。

　　1839 年，摄影术诞生于法国。大约在 1842 年以后，西方各种身份的人员进入中国，他们带着各自目的，合法或非法地穿越中华大地，深入腹地与边疆，进行了人文风情、自然风光、人物肖像、时事新闻、科学考察和艺术创作等题材的摄影活动，产制了无法具体统计数量的中国题材的摄影作品。随后这些影像作品中的绝大部分又随着摄影师离开了中国，散存于世界各地的图书馆、博物馆、档案馆以及私人书房，甚至于杂物间、地库等。其中只有极少数的作品在回到摄影者的家乡后，以影集、游记、东方见闻杂记的方式陆续正式出版。有的摄影者经过长期的挖掘和积累，将摄影作品结集出版。总的说来，由西方摄影师创作的中国近代影像作品的数量庞大、保存分散、题材宽泛、种类繁杂、作者众多。

在摄影如此蓬勃发展的过程中，中国本土摄影师大约于19世纪60年代开始亮相，数量极少的最早一代本土摄影师都有师承西方摄影师的经历，主要供职于各开埠城市的照相馆中，并完全使用西方泊来的摄影器材。最初的人物肖像摄影局限于达官贵人、社会名流等小众群体中，并被冠以高雅、时尚的形象。风光摄影则是指向了制作明信片的市场需求，具有较强的商业意味，其它题材则难得一见。大致在清末民初，摄影才在普通中国百姓中逐渐普及，进入民国后，随着新闻摄影的迅速兴起，媒介摄影正式登上了历史舞台，留给我们以大量的时事新闻摄影作品，也拓展了今天借助影像来诠释民族历史形象的空间。

影像作为一种诞生至今180余年的新阅读媒介，我们对它的诠释与对文字、实物、艺术表演的诠释存在较大差异。本书的研究主要指向了对历史影像所作的当代诠释，很难说能够在多大程度上还原历史的真实，因为当将历史留存的影像作为历史文献来看待时将面临着几个重要问题：第一，影像是否完整；第二，影像的产制过程如何，它是什么场景下的产物；第三，作者反映事物的立场方法如何；第四，我们应该以怎样的史学方法去诠释这些影像。为了解决这些问题，笔者主要采用了以下方式。

首先，在影像的选用上，笔者主要采用了历年来在中国境内编著或翻译，并正式出版的相关著作中的影像作为研究对象，它们属于影像的二次文献，这些影像具有相对完整的资料性记录，通常会有创作时间、地点、作者及其被摄对象的说明，等等。其次，将摄影师主要分为旅华摄影师与华人摄影师两类，即所谓的"本土与他者"的区别。我们通常认为，本土摄影师带有较浓厚的本土文化特征。而他者摄影师则是一种旁观者的视野，以此定性地了解他们作品的一般性观念。最后，坚持以马克思主义的史学方法，即以辩证唯物史观去看待所收集的影像资料，一切诠释从客观存在出发。为追求影像的客观性，在已经收集的影像中，只选取其中具有较为可靠的影像作为研究对象进行分析。为此，本研究建立了四级影像资源库：分别是"中国近代影像总库"、"各章分析图库"、"各章引注图库"

和"各章插图图库"。

如前所述，本书的影像来源于众多相关的出版物，相对于历史上的全部影像，虽然只是沧海一粟，但事实上也还数量浩繁，总数多达 15000余幅。在剔除了重复收录在不同出版物中的影像，以及部分同质化严重、影像意义不够突出的影像，有效影像数量达到了 11500 余幅。在此，特别感谢所有参与影像资料收集与整理工作的李钏、张敏、章蓉、王子钦、卢家乾、王恒、王威、代川龙、王云飞和印舒铭等同学。

本书的核心思想在于通过近代历史影像，从民众精神形象、物质生活形象和社会制度形象三个维度指向"中华民族多元一体"的科学结论。所谓多元一体，实质上就是指在中华民族大家庭中，你中有我、我中有你而不可分割，多元构成一体，一体包含多元，中华民族属于融合性民族。而基于近代影像"民族多元一体"的诠释研究，并非指近代以后的民族多元一体的显现，而是以中国近代影像为研究对象，反映出自古以来的中华民族的多元一体。

历时三年的研究工作已经完成，在与肆虐的新冠肺炎疫情几乎同行的研究时间内，因被迫放弃了许多学术交流、实地考察，并因个人的学识所限，而使研究成果难免疏漏，期待广大读者不吝赐教，以便改正。

引　论

近年来，中华民族形象问题逐渐成为民族学、文化人类学、社会学的研究热点。因民族文化对国民的精神面貌、社会思潮等产生至关重要的影响，而成为民族形象的重要内涵。显然，中国历史留存的大量影像都携有中华民族文化基因而参与塑造与表征了中华民族形象。据此，从影像中诠释民族形象是对"民族形象研究"宏大课题研究的一个有力补充。这一研究对当代视觉人类学建设、新民族志影像创作具有启发性意义，也对实现跨文化传播中华文化的基本战略具有重要的基础性意义。

在此之前，关于民族形象的研究一直是建立在历史文献、文物考古等文字与实物考证的基础上，也包括艺术表演等非物质文化遗产的研究。本书则是以中国近代影像为研究对象。影像作为一种诞生至今刚刚 180 年的新阅读媒介，与文字、实物、艺术表演存在较大差异，对其诠释也有很大不同。

一、图像及其民族形象表征

社会发展的历史已经告诉我们，图像是先于影像而存在的一种视觉形象化的表征系统，影像作为后来者归于图像的一个基本种类。为了诠释影像，我们应该首先简要了解图像的表达历史。

(一) 图像与图像的意义

据考古学的研究表明,人类这个物种在地球上至少存在了三百万年。让今天的人们想象一下,当初的原始猎人如果在淤泥中发现了动物的爪印——这是自然的"迹象"——他将如何?显然,他会为生存而追寻踪迹并有所收获。于是,这就成为一种经验,一种至关重要的生存经验!如何将这些经验传递给其他同伴或后代?最直接也是最原始的方法,使用所能拥有的材料、工具和技法把这种迹象"临摹"下来,通过直观形象来给他人传递信息。于是,人类的图像就此产生。

幸运的是,这一推论得到了考古学家的佐证,近 200 年来,人们先后在世界各地发现了许多史前图像遗存。比如,在法国南部波尔多地区拉科斯洞穴,诞生了一万五千年前的壁画,描绘了奔跑中的凶猛野兽;诞生于一万五到一万八千年间的西班牙阿尔塔米拉岩洞壁画,描绘了栩栩如生的野牛形象;此外,在埃及、印度、古巴比伦地区这些古文明地域内,都相继发现了史前洞穴壁画或岩画。中华大地当然也不例外,如宁夏大麦地的旧石器时代岩画;自旧石器时代开始直至明清时代仍不断增加的阴山岩画,等等。

对遗存的历史图像研究进一步表明,随着人类文明程度的发展,不仅是图像创作的材料、工具与技法不断进步,重要的是所描绘的题材有了巨大拓展。从临摹到原创、从具象到抽象、从自然到社会,逐渐形成了庞大的图像家族,尔后,图像进入了符号化的历史阶段并导致象形文字的诞生。也就是说,图像的表现涵盖了人们生活的诸多方面,当然也就携带了部落、民族与国家的形象。

(二) 图像的内涵

图像象征着民族形象最原始的证据应该是图腾,图腾是某个部落与民族的偶像与象征。经过漫长的历史变迁,人们逐渐学会了以某种"固定的物件或图案"来表示自己从属的部落,这就是"图腾 (totem)"。图腾现象广泛存在于世界各地，包括中国、埃及、希腊、阿拉伯地区、以色列及日本等；图腾崇拜的对象也极为广泛，有动植物、非生物及自然现象，其中以动植物为主，动物又占绝大多数。图腾的出现，表明原始人群体已经开始自觉地利用图像（或偶或柱）的象征性特征，并由图像（或偶或柱）来充当亲属、祖先、保护神等的标志，这是人类历史上最早的一种民族文化现象。

图腾图像之后的图像更有可能进一步携带了民族形象。比较典型的事例是，有人从明朝十六世纪前后时期的绘画中发现了大量描绘了雪景的作品，而且地广雪厚。由此判断，画家笔下的雪景并非凭空想象，应具有明确的现实基础，进而说明了明朝经历了一个长时间的小寒季。小寒季的气候必然对农耕渔猎的物质生产带来深深的负面影响，从而减少了以自然经济为主体的生活供给，增加了灾荒与饥饿，进而影响了社会稳定并导致动荡与战乱。并由图像而推论，严峻的气候变化也许成为政权更迭的动因之一。

在绘画领域，清朝中期的扬州画派闻名遐迩，其中尤以"扬州八怪"最为著名。通过对"八怪"的画作或书法作品的品读，人们之所以将其总结为"怪"，无非是作品不落俗套。如果从正面理解，就体现了作者的思想解放与创新追求，这也恰恰反映了这群画家的处世哲学与精神境界，这是小众群体的形象描述。而这一描述的依据正是来自对他们的绘画诠释。由此说明，图像不仅能够描绘社会与自然的现实世界，也能够反映人们的精神世界。

（三）图像的叙事特征

叙事就是讲故事，是叙述一系列事实或事件并确定和安排它们之间的关系，它是人类的一种特有行为。图像与言语、文字的叙事方式有所不同，它是利用其中的形象进行叙事，因而有其自身的叙事规律。

首先是图像作者的主观性特征，他的立场和观点必将影响叙述的客观性。因此，尤其要关注他是表现对象的"他者"还是"本土"，关注其文化特征；其次是图像自身的去语境化后的独立性特征，孤立的图像对事物的还原将受到一定的限制，这往往导致歧义；再其次是叙事过程的线性时间特征，单幅图像的作者是按一定的时间顺序向受众展示图像的各个部分，以期实现自己在叙事时间上的安排，并最终达到自己的叙事目的。

从本质上说，叙事不是故事的一种静态呈现和反映过程，而是故事的传者通过故事文本与故事的受众之间形成的一种动态双向交流过程。因此，图像叙事目的的实现不仅在于图像自身，更在于图像与其受众之间共通的文化基础。有鉴于此，人们早就开始了图像与人类文化学的结合性研究，甚至可以追溯到自"柏拉图洞穴"时代的图像人类文化学。毫无疑问，中华民族自远古所形成的图像包含丰富的中华民族形象与文化意义。延续至近代，随着摄影术的传入，并由此带来的中国影像也必然携带中华民族形象。

二、影像的形象建构

影像与图像同属平面造型艺术或媒介，影像作为后来者，沿用了图像构成的基本理念，因此，影像可以归属于图像的一个基本种类。但与此同时，影像仍然拥有自身的特殊性，这就是摄影的工具性特征。对此，中外学者进行了广泛而深入的讨论。综合看来有如下观点：影像的建构依赖于建构元素，并以一定的形式展现内容。从主观表达方面看，影像是建构者的意义传送诉求，这将涉及表现理念与表现方法等一系列问题。正是一定的理念决定了建构主体对建构元素与要素的选择与分布。因此，影像的建构既是客观要素的选择，也是构图要素在主观指导下的运用。而诠释影像时，还将依赖于视刺激与视知觉。

笔者认为，影像作者一方面会显现出强烈的个体性与主观性，另一方面又清楚流露出时代精神——精神文化的普遍性和客观性。我们需要进一步理解某种文化基因会不自觉地限制影像作者的个性，并且凝结在视觉作品中，从而做出更深层次的具体的形象挖掘。

影像意义的产生与影像产制场域、影像传播场域与影像自身场域等基本场域相关。1839 年法国人达盖尔所发明的银版摄影术带来的影像，开启了"摄影是什么"的影像本质探讨，直指影像自身场域。并分别于 1851 年与 1853 年形成画意摄影和纪实摄影两条创作主线。经典的纪实摄影认为影像应与现实具有共轭性关系；而画意摄影则奉绘画原则为圭臬，认为影像是作者的自省。此后，无论是怎样的艺术摄影流派，均以表达"意义"为宗旨。那么，影像中的形象能否承担意义信息的重任？启发性的是，孙秋云在《文化人类学教程》一书中，引用了美国学者艾伯特·梅拉宾博士的研究成果，人们在交流中接受信息的路径是：所使用的言辞占 7%；言辞的表述方式——语调、音量、音高和其他副词成分的质量占 38%；非语言的面部表情、手势、身体的姿势等占 55%[①]。由此看来，人的形象包含有非常重要的交流信息。而影像对人物的表现，恰恰是非语言的形象因素。

影像的特殊之处还在于，无论面对怎样的题材，终究是记录了人、景、事及其关系，其中的景可基于实物的诠释方法，而影像中人的形象则正如艾伯特·梅拉宾的研究成果，包含大量的有用信息，并且可以被诠释、被解读。如此看来，基于影像来诠释中华民族的形象的选题既有需要，也十分可行，关键是需要有科学的诠释路径和诠释方法。

三、中国近代影像总貌

本书以中国近现代 1840 年至 1949 年遗存的影像文本为研究对象，主要包括这一时期中外摄影家在中国境内以具有代表性的中国题材拍摄的影像。因此，本书的起点工作在于影像的搜集与整理。中国近代影像具有十分庞大的数量，分散于世界各地的图书馆、博物馆、档案馆，及至私人收藏，情况十分复杂也无法穷尽。因此，本书采用二次文献的收集方法，即

---

① 孙秋云：《文化人类学教程》，北京大学出版社 2018 年版，第 139 页。

与死亡，1976)，由此而形成了当代影像诠释的主流观点。此外，台湾学者陈怀恩等所强调的"图像'揭示出一种文化空间的公式，以及同一个现象如何出现在不同的文化产品之中'"的观点也值得我们重视。综上所述，笔者认为：一方面，影像的诠释应当逆影像建构的途径而进行；另一方面，所有的影像诠释都是后来者对影像的解读。因此，我们有必要进一步关注影像诠释路径与工具的研究成果。

影像诠释的基本思路如图 1-1 所示。

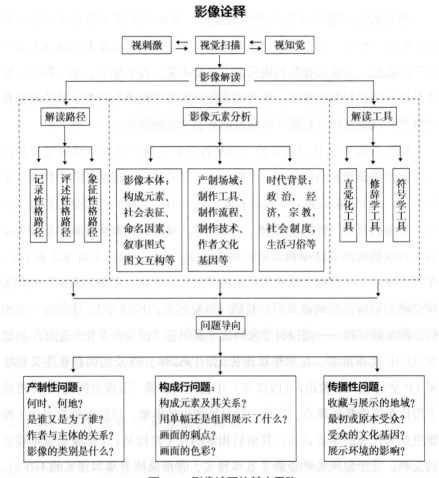

图 1-1　影像诠释的基本思路

（二）影像诠释工具

中外学者对图像的诠释工具进行了一定研究，可以迁移至影像诠释领域。笔者以为，主要有三种诠释工具的综合运用：直觉化工具、修辞学工具和符号学工具，他们分别解读影像中所包含的明示性内容、隐含性内容和象征性内容。

1. 直觉化工具

直觉化工具是人们视觉经验的运用。直觉是指直观感觉，没有经过分析推理的观点，许多学者把直觉看作从事实到理论、从旧理论到新理论转变的一种思维工具。早在古希腊时期就已出现两种基本的直觉创造类型：一种是欧几里得式的，即在经验基础上的直觉创造；另一种是阿基米德式的，即在冥思苦想之后直觉创造。很多影像文本，无论是纪实类还是画意类的创造过程都可归于直觉创造。因此，对这类影像文本的解读，直觉化是一种行之有效的工具。

2. 修辞学工具

修辞学工具是基于法国哲学家、符号语言学家罗兰·巴特提出的"图像修辞"概念而发展起来的图像修辞学理论。修辞本是语言学概念，早年被运用于图像创作方面。罗兰的学生杰克斯·都兰德在其老师的研究基础上对图像修辞理论做出了较大贡献，他对近千幅广告图片进行了分析，并借鉴语言修辞的概念，在视觉成分运用的现象中寻找传统语言学研究中已经基本确定的各种修辞手段。或更简单地说，就是在视觉传播领域中寻找语言学修辞手段的图片性对应物。在此基础上，人们通常可以借用语言修辞中的夸张、比喻、象征、拟人、借代、对比以及剪裁、拼接等图像修辞方式来创造图像。自影像诞生后，人们借用图像修辞概念，在影像创作时就进行了一定的修辞。因此，在诠释过程中，也就必须反借影像修辞学工具。

3. 符号学工具

符号学从符号的角度认为，某些影像所反映的对象本质上不是物象自身，而是属于事与物之间的关系，属于人们阅读影像后所产生的意义。符号既是一种象征物，用来指称和代表其他事物；也是一种载体，它承载着交流双方发出的信息。影像自身的发展不但带来人类文化形态的一种转换，而且意味着人类认识方式、思维方式乃至意识形态的转变，从而具有了符号学特征。正如 W.J.T. 米歇尔在《图像转向》一文中所指出的，图（影）像文化"不是向幼稚的模仿论、表征的复制或对应理论的回归，也不是一种关于图像'在场'的玄学的死灰复燃；它更应该是对图像的一种后语言学的、后符号学的再发现，把图像当作视觉性、机器、体制、话语、身体语言之间的一种复杂的相互作用。我们的认识是，观看行为（观看、注视、浏览，以及观察、监视与视觉快感的实践）可能与阅读的诸种形式（解秘、解码、阐释等）是同等深奥的问题，而基于文本性的模式恐怕难以充分阐释视觉经验或'直觉识别能力'。"① 在他看来，图（影）像文化与阅读文化有着本质的区别，语言研究的范式并不能用以解释"视觉经验"。因此，影像可以是众多符号中的一种符号，它通过阐释和归纳的动力程序来表达"文化意义"。影像建构者使用符号工具建构影像，其后人就应逆向使用符号工具对影像进行诠释。

（三）影像诠释路径

本书立足于影像受众，从文化人类学的角度出发，依据影像"记录性、评述性和象征性"三重本质的路径进行影像的诠释。有鉴于此，影像诠释的路径是逆影像建构的路径，即运用四个术语——形式、主题、形象到象征，它们相互叠合，构成了诠释的一个三维模式：从"原始或自然主题"的"视觉记录"到"分析或表达主题"的"影像评述"，再到"内在意义或内容"的"影像象征"。这是一场"影像表意"运动的发展轨迹，它涵盖了从表层到深层，从感觉到理念，从直接的细节到"用特殊主题和

---

① ［美］W.J.T. 米歇尔：《图像理论》，北京大学出版社 2006 年版，第 7 页。

概念表达人类精神的重大倾向"的深刻洞察。其每个阶段并非对上一阶段的取代，而是并存。因此，当试图对历史影像做出诠释的时候，也就必须兼顾各个影像建构维度的基本规律。

影像的记录性特征源于影像产制的原始动力是通过人自身的视觉系统而对客观世界进行"临摹"。因而，影像也就是客观世界的"模仿物"，具有与事物的共轭关系，这就是影像原始的视觉记录性。因此，影像的视觉记录性的表现，其产制场域的直接性和真实性是基本前提。即使影像产制的技术手段产生了数次革命性的变化之后，影像的视觉记录特性并未丢失，仍然是影像的基本特性之一。

影像的评述性特征是指：在许多场合，尤其是认知活动中，提供给人们的许多影像是"人或影像建构者"对客观对象的反映，是人为地将事物的存在与变化转换为影像而呈现。一方面，这是影像与现实的相似；另一方面，如此过程已经不可避免加入了画面构成、视点选择等等人的主观因素。因而，其产制出的影像可以被认为是一种传播者的视觉"评述"。影像的评述性特征使影像具备了指涉功能。按照符号传播学理论，所谓指涉功能，是指探究信息的"真实"意图。

影像的象征性特征是指：呈现在眼前的影像无论是否与某对象相对应，都指向了一种实质意义的表达。对此，韩丛耀先生在其著作《图像——一种后语言学的再发现》中从图像的视觉语言角度认为：视觉界面处于媒介与图像的紧张作用之中，视觉的画面构成都有其共轭的物理元素，视觉既参与了"物理源"的寻定，也参与了"心理场"的合成。因此，这类影像是源于人们的意象或心像而具有象征性本质。也就是说，影像表现的对象虽然不一定是现实世界，但对于传受双方而言仍然具有现实意义。

五、影像中的民族形象诠释

所谓民族形象，其内涵指向一个民族多数成员共有的主流形象，是反复起作用的文化精神、心理和性格特点，有学者亦将其称作国民性，包括民族关系、民族政治、民族经济、民族文化、民族与宗教、民族习俗等等。民族形象是一个不断演化与提升的过程，对中华民族而言，是优秀传统文化传承与西方近代进步思想的整合，并随着近代马克思主义思想的宣传与深入，中华民族形象又有了较大的提升。1840 年，西方的坚船利炮在毁灭了中国"天朝上国"的梦幻之后，严重冲击了中国的传统文化体系。中国文化的出路何在，成为了近现代中国有识之士思考的核心问题。并产生了以梁启超、胡适、陈独秀、李大钊、鲁迅等等为代表的各类思想文化流派。尽管当时这些文化派别的观点错综复杂，文化价值取向南辕北辙。但是，他们都是站在中华民族一元文化的角度来思考中国文化之未来。最终，以马克思主义思想为基础的先进思想文化引领了中华民族的新发展。

本书从"民众精神形象"、"社会制度形象"和"物质生活形象"三个维度展开了具体的研究。民众精神形象的挖掘将为本项目的重中之重，一方面，由于精神形象的变迁所涉及的因素较为广泛，变迁的跨度也较大；另一方面，精神形象往往不能依靠直觉化工具直接诠释，而需要结合具体影像产制时代的广泛背景、作者的观念立场，并在直觉化工具的基础上，运用修辞学工具和符号学工具进行深度挖掘。需要特别强调的是，民族形象的三个维度之间是一个完整的体系，既有区别亦有关联。比如，衣食住行本属于民众的物质生活层面，但在很多情况下恰恰反映了国民的精神面貌、价值取向的与时俱进。因此，从这一角度上看，衣食住行的变化似乎置入民众精神层面的讨论中更为恰当。

（一）近代影像中的民众精神形象

民族大众的精神形象，首先，源于其直观的衣食住行、婚丧嫁娶等民间风俗、社会风气，事实上，生活习俗及其流变是一个较大的研究范畴；其次，中国近代的重大历史事件都对民间风俗、社会风气的流变产生了重要影响，甚至是颠覆性的影响，比如缠足、留辫等陋习的革除；再次，从纵向上看，一方面，数千年中华文明的文化积淀具有根深蒂固的传承特征；另一方面，近代中国又有一百余年的时间跨度，受西风东渐的影响，处于数千年以来未有的大变局之中，产生了中西方文化的碰撞与融合，国民的秉性发生了一定程度的变化。从横向上看，民间风俗、社会风气的形成还与中华民族的民族多元性不可分割。我们从诠释历史存留的影像角度，结合时代背景和影像作者的认知倾向来认识民间风俗、社会风气中所蕴含的民族形象，并非以偏概全，而是尊重历史真实的一种认识方法。总之，社会风气中既有流变又有不变的优秀精神，而忠义孝德等则是智慧勤劳的中华民族的基本秉性。

在民众精神形象的诠释中，近代中国的女性形象及其流变是不可忽略的内容。从摄影的角度来看，各个时期留存的各阶层的女性影像，在社会意识上都有十分明显的特征表现。清末民初以来，近代国家观念与女权思想在国内的传播，天赋人权取代传统纲常伦理，男尊女卑渐为男女平等所取代，女性被赋予了"女国民"的期待，被鼓励开始走出家门接受教育，谋求职业，财产也不再为男性所独占。与这种进步相适应的是，女性在进步男性的帮助下，向以贞节观为代表的封建道德礼教发起冲击，在男女社交、婚姻恋爱等方面的主体意识渐强，女性由身体被任意模塑的客体成长为主导身体的主体。作为女性世界中的知识阶层，女学生主导了自身的解放运动。

（二）近代影像中的社会制度形象

社会制度产生于社会关系之中，而社会关系又表露于各种社会行为之中，影像的直观性特征主要表现于人的行为表征之中。人的行为是由人的社会属性所决定，并具有一定的目标指向。由此，反观影像中人的行为就可以判断行为主体与客体发生联系的客观环境，即一定的社会关系。此后，以社会关系作为基础，进一步从影像中诠释其社会制度，即认识影像产制时代的制度文明。囿于影像记录的时代局限性，也就只能从现存的影像中诠释一定的社会制度现象，其中包括政务管理现象、司法管理现象和军队管理现象等方面。而在不同文化时代产制的影像都表现出时代与区域的政务管理特征。比如，由于存在国统区、解放区、伪满区和汪伪区，其政务管理大相径庭。总的来说，中华民族在良好的社会道德规范和社会价值观的引领下，具有良好的社会关系。并在100余年中，社会制度从封建社会、半殖民半封建社会逐步过渡到新民主主义社会。

在社会制度的认识过程中，特别体会了通过影像诠释确认"中华民族多元一体"的重要特征和历史事实，这是形成中华民族社会制度文明的根本基础。并具体表现在四个方面："辽阔的疆域是各民族共同开拓的、悠久的历史是各民族共同书写的、灿烂的文化是各民族共同创造的、伟大的精神是各民族共同培育的。"一部中国发展史，就是一部各民族交融汇聚成多元一体中华民族的历史，就是各民族共同缔造、发展、巩固统一的伟大祖国的历史。

（三）近代影像中的物质生活形象

在古代中国，有令世人骄傲的四大发明，但于近代，科学技术已经远落后于西方列强。为了国家和民族的振兴必须从科技学习开始，近代影像全面反映了中国近代的科教兴国事业，学校教育逐渐取代了中国延续了两千多年的私塾、书院和官学教育模式。由于不断的学习与探索，促进了物质生产领域的门类与质量的进步。影像反映了工业企业数量的快速增长和工业门类的增加，由此而推论近代中国的工业经济比例逐渐上升，进而弱化了对自然经济的依赖，这是社会物质文明进步的重要表现。当然，根本性的进步仍然在于新中国的成立之后。

物质文明进步另一个重要表现是近代城市的发展，也是民族形象进步的重要标志之一。依据城市的众多影像，充分诠释了近代中国的沿海、沿江等城市率先得到发展与进步，它们对中国近代化进程具有极为重要的推动作用。当然，中国城市在这场变革中发展很不平衡，并有三种基本类型：一是由租界而带动发展的城市，如上海等；二是由列强独占后发展起来的城市，如青岛等；三是旧城市发生了新变化，如北京、杭州等。在此，主要追寻那些产生较大变化的相关城市，并非试图说明在影像产制的年代中，中国的所有城市都有所变化。

通过对中国近代影像的深入诠释，我们能够清楚地认识到，中华民族是一个民族多元一体的伟大民族，既具有数千年的古代文明，也具有在近代逆境中奋力拼搏、不怕流血牺牲的精神境界。勤劳朴实、聪颖智慧、英勇顽强、礼仪谦让构成了中华民族的总体形象。

第一章　影像采集与概述

摄影术的发明，中国并没有直接的贡献。虽然如此，但令我们骄傲的是，有文字记载表明早在两千四百年前，中国古代思想家墨子在他的《墨子·经下》中描述了小孔成像现象。但遗憾的是，一方面，还没有证据能说明西方的摄影术研究是在此基础上展开的；另一方面，此后的进一步研究后继乏人。直到一千多年后的宋代科学家沈括（1031年—1095年）在《梦溪笔谈》中才又述及这一光学现象。又经过大约八百年，才有清朝近代科学家邹伯奇（1819年—1869年）在独自的研究著作《格术补》中注释道"密室小孔，漏光必成倒景。云鸟东飞，其影西逝。"而此时，西方学者对摄影已有相当成熟的深入研究，不只是一般的理论论述、文字表达，更有技术发明创造与实验实践活动。

发生在中国最早的摄影事件，有资料认为是1842年，但遗憾的是仅有文字记录而无实际照片留存[①]。另据胡志川等考证：实际存留最早的照片应该是起始于中英第一次鸦片战争后的1844年，首先由法国来华的公务人员于勒·埃及尔（Jules Ltier，1802—1877）传入，他使用达盖尔银版摄影术为时任晚清五口通商大臣的耆英拍摄了近代中国的第一张肖像照片[②]。显然，当时的摄影术只是少数贵族阶层的专享权利，但随着国门的

---

① [英] 泰瑞·贝内特：《中国摄影史（1842—1860）》，中国摄影出版社2011年版，第1页。

② 胡志川、陈申：《中国早期摄影作品选（1840—1919）》，中国摄影出版社1987年版，前言第1页。

进一步打开、时间的推移、摄影技术的成熟，摄影也逐渐普及起来，惠及社会各阶层人士及众多题材。截至 1949 年新中国成立，前后相继的许多中外摄影师产制了无数的影像作品，并散存于世界各地的公共图书馆、博物馆、档案馆及至私人藏书室等场所，也陆续编辑出版了许多相关著作，积累了丰富的研究成果。

本书从事"中国近代影像中的民族形象"诠释研究工作，因此，对影像文本收集的重要性不言而喻。值得强调的是本研究并非从史学的角度去进行影像资料的收集与整理，而是充分利用二次影像文献，即努力收集在境内已经正式出版的资料中具有代表性的影像，以及中国摄影家协会官方网站展出的经典影像作为研究对象，也就是突出强调研究文本的代表性、经典性和权威性。

第一节　影像二次文献的收集

本书所涉的影像文献首先是来源于现有关于中国摄影史类研究的图书，再根据图书的引用文献，而采用追溯方法，寻求更多的影像资料。

影像二次文献主要有三类来源：一是历史影像图册；二是中国摄影史类研究的相关著作中的插图；三是官方网络影展资料。对于这三类影像中的重复部分将利用智能图像识别软件，并结合人工研判的方式予以剔除。特别说明的是，对组照形式的作品主要是采集其中的一幅代表性作品，以防太多的重复。

一、中国摄影史类的研究著作

长久以来，中国摄影史的研究相对于其他专门史研究较为滞后，更未形成摄影史学研究。摄影史的研究起点在于史料的收集，其次是史学研究方法的运用，更重要的是研究的视野。由于摄影学科的艺术性与媒介性的双重属性，常常导致摄影史的研究视野摇摆不定。本书中影像文本的收集并非摄影史的研究，而是挖掘、诠释影像中所包含的中国民族的文化人类学因素。在此，依据自1984年以来至2016年正式出版的八部摄影史类研究著作（表1-1）作为研究的引擎性资料，未收录早期中国摄影史研究中未成系统性成果的资料。

表1-1　中国摄影史类的研究著作

序号	图书名	图书作者	出版社	出版年代
1	中国摄影史话	伍素新	辽宁美术出版社	1984
2	中国摄影发展历程	吴群	新华出版社	1986
3	中国摄影史（1840—1937年）	胡志川等	中国摄影出版社	1987
4	中国摄影史（1937—1949年）	蒋齐生	中国摄影出版社	1998
5	中国红色摄影史（上、下册）	顾棣	山西人民出版社	2009
6	中国摄影艺术史	陈申、徐希景	中国摄影出版社	2011
7	中国影像史（1840—1949年十卷本）	韩丛耀、赵迎新	中国摄影出版社	2015
8	中国照相馆史	仝冰雪	中国摄影出版社	2016

（一）中国影像史

《中国影像史》是由韩丛耀、赵迎新主编，并由全国十余位影像史学者领衔分册主编，历经三年编撰而成的十卷本丛书，由中国摄影出版社于2015年正式出版。本书具有重要的史料和文献价值，入选"十二五"时期（2011—2015年）国家重点图书、音像、电子出版物出版规划。该丛书以影像叙事为主线，深入揭示了在近代文化变迁的引导下，摄影在中国的发展历程，影像涵盖中国近现代史上几乎所有的重大历史事件，同时涉及近现代中国的经济生活、文化教育、风土人情、社会习俗、宗教信仰等各个方面，是一部活生生的中国近代历史的影像读本。

该丛书涵盖了中国电影与摄影的近代影像史（电影部分不在本研究范围内）。众所周知，影像能够记录历史文明，而通过影像我们又能反观文明延续的脉络和传承的路径。在中国史学界，一直有"左图右史"的传统，而在西方史学界也早就有"以图证史"的方法。该丛书正是秉持了这样的原则，因而该丛书对影像史的研究，不是对影像内容的单纯研究，而是把影像放在历史的语境下进行解剖，包括影像产生的背景、现场和传播形式，从影像的三种形态"技术性形态、构成性形态和社会性形态"和影像意义的三个场域"影像产制的场域、影像自身的场域和影像传播的场域"，进行分析和整理而展现出各个时期的影像创作。

《中国影像史》以时间为序分成八个历史阶段，从第一卷到第八卷分别书写不同时段的影像发展状况。依次为：古代卷、1839—1900 年卷、1900—1911 年卷、1911—1919 年卷、1919—1927 年卷、1927—1937 年卷、1937—1945 年卷、1945—1949 年卷。第九、十卷则从编年史的角度，分别梳理了 1839—1911 年、1912—1949 年间中国影像的主要事件、影像作者、影像作品、影像出版等。

（二）中国照相馆史

《中国照相馆史》由仝冰雪编著，中国摄影出版社 2016 出版的中国第一部摄影分类专门史。全书从中国摄影早期的摄影主体——传统照相馆切入和分析，从照相馆的传入、营业、本土化探索、与社会的关联互动以及多家知名照相馆的个案特点等方面，展示了中国特色照相馆的时代影像，呈现了世界摄影史中这一道独特的风景线。更以其丰富的影像收藏和长期的学术研究，填补了中国早期摄影历史的部分缺失。

从时限上来看，该书根据中国文人王韬在《蘅华馆日记》（稿本）中的确切记载：罗元佑于 1859 年在上海开设照相馆，这也是目前为止发现的中国照相馆业开业最早的直接佐证。因此这成为该书的时间上限。此后，照相馆由南往北，从沿海向内地次第发展，跨越晚清、民国，直到本研究所关注的新中国成立的时间节点。从地域上来看，该书作者把笔触更多地集中在大陆地区。从结构上来讲，该书每篇独立成章，每个章节选取中国照相馆发展的一个侧面来剖析，最后选择了六家典型的照相馆和《申报》上出现的照相馆传略作为个案调查。

正如作者仝冰雪所自述的，中国照相馆史，不仅关心中国人开办的照相馆拍摄的影像、关心中国人消费的影像，还包含了在本土的外国人经营的照相馆为中国人拍摄的影像。所有这些影像，不仅代表了摄影师的技术水准和艺术追求，更展现了中国人自我观看的前因后果。影像里的每一个构成因素，都体现着中国人的文化涵量和审美情结。这种涵量和情结，在不同的时期、不同的地域、不同的阶层，都会有不同的风格特质。这种风格特质，也不是独立于寰宇之上，唯我独尊，就如同中华文明的包容性一样，有对传统的坚守，更有兼容并蓄。正是这丰富多彩的可能性，共同构筑了一部中国人认知摄影、自我观看的大历史。这种对中国早期摄影史的独特书写，是对历史的忠实，更是为了一个民族敢于正视自身历史的文化自信。

总之，《中国照相馆史》通过大量珍贵的原版图片，也参阅了大量历史报刊和行业文献，实证了后来成为服务行业的照相馆曾经辉煌的一段历史，作者也着力进行了较为深入的文化分析，呈现了中国人现代以来的视觉文化观念的形成和摄影对中国现代性进程的贡献，从而使其成为一部通晓中国早期摄影史的重要新著。

二、影像图册及著作

影像图册及著作主要是指以影像反映为主的出版物，其中很多图册兼述影像故事，而成为具有社会学意义的影像著作。这类图书数量较多，本研究就收集的四十余册国内代表性资料情况进行一定的概述，如表 1-2 所示，并在其中掇取更具代表性的出版物加以简介。

表 1-2 代表性影像图册及著作

序号	图书名	图书作者	出版社	出版年代
1	故宫珍藏人物照片荟萃	刘北汜、徐启宪	紫禁城出版社	1997
2	法国珍藏早期台湾影像	王雅伦	台湾雄狮图书股份	1997
3	旧中国影录	欣闻	民族摄影艺术出版社	1998
4	中国早期摄影作品集 1840—1919	胡志川，陈申	中国摄影出版社	1999
5	黑镜头（昆明晚清绝照 1896—1904）	方苏雅	中国文联出版社	1999
6	窥视中国：20 世纪初日本间谍的镜头	乌丙安等	辽海出版社	2000
7	辛亥革命大写真	章开沅	湖北美术出版社	2001
8	城市及其周边——旧日影像	方霖，锐明	山东画报出版社	2003
9	马达汉西域考察日记	马达汉 / 王家骥译	民族摄影艺术出版社	2004
10	沙飞摄影全集	王雁	长城出版社	2005
11	内战结束的前夜：美国《生活》杂志记者镜头下的中国	伯恩斯 / 吴呵融译	广西师大出版社	2005
12	1937—孙明经万里猎影记	孙明经 / 孙建秋译	外文出版社	2006
13	羌戎考察记	庄学本	四川民族出版社	2007

续表

序号	图书名	图书作者	出版社	出版年代
14	1900，美国摄影师的中国照片日记	利卡尔顿／徐广宇译	福建教育出版社	2008
15	庚子事变摄影图集（北清事变写真帖）	小川一真	学苑出版社	2008
16	摄影大师郎静山	摄影出版社编	中国摄影出版社	2008
17	庄学本全集	李媚等	中华书局	2009
18	透过硝烟的镜头	高琴	中国摄影出版社	2009
19	影像民国 1927—1949	秦风	广西师大出版社	2009
20	晚清碎影	约翰·汤姆逊作	中国摄影出版社	2009
21	天城记忆	费佩德／沈弘译	山东人民出版社	2010
22	1942—1945 国家记忆	章东磐	山西人民出版社	2010
23	香港最早期照片 1858—1875	狄瑞景，黎健强	香港牛津大学出版社	2010
24	视觉百年——澳门摄影	李树峰	文化艺术出版社	2010
25	从鸦片战争到军阀混乱的百年影像史	刘香成	后浪图书出版公司	2011
26	经典影像背后的晚清社会	杨红林	中国青年出版社	2011
27	敦煌旧影：晚清民国老照片	敦煌研究院	上海古籍出版社	2011
28	历史的暗室	周海婴	广西师大出版社	2011
29	亲历中国革命	埃德温·丁格尔	浙江大学出版社	2011
30	中国摄影史 1842—1860·西方摄影师	泰瑞·贝内特	中国摄影出版社	2011
31	中国抗战画史（上下册）	曹聚仁，舒宗侨	中国文史出版社	2011

续表

序号	图书名	图书作者	出版社	出版年代
32	莫里循眼里的近代中国（三册）	沈嘉蔚／窦坤译	福建教育出版社	2012
33	中国摄影史 1861—1879·西方摄影师	泰瑞·贝内特	中国摄影出版社	2013
34	中国摄影史 1844—1879·中国摄影师	泰瑞·贝内特	中国摄影出版社	2013
35	北洋北京——摄影大师的视界	唐纳德·曼尼	中央编译出版社	2013
36	中国与中国人影像	约翰·汤姆逊／徐家宁译	广西师大出版社	2015
37	风雨如磐西德尼 D 甘博的中国影像	邢文军、陈树君	长江文艺出版社	2015
38	东方照相记	南无哀	三联书店	2016
39	1938—1948：大卫·柯鲁克镜头里的中国	王烁、高初	民族摄影艺术出版社	2016
40	北京光社	陈申	民族摄影艺术出版社	2017
41	中国摄影大师	赵迎新	中国摄影出版社	2017
42	孙明经纪实摄影研究：影像精选集	孙明经、孙健三	浙江摄影出版社	2017
43	伊莎贝拉·伯德——中国影像之旅	德博拉·爱尔兰／马茜译	中国摄影出版社	2018
44	外国人拍摄的中国影像 1844—1949	张明	中国摄影出版社	2018

（一）《故宫珍藏人物照片荟萃》

《故宫珍藏人物照片荟萃》是由刘北汜、徐启宪主编，紫禁城出版社于 1997 年出版的影像志类图书，作品主要由清朝驻法国公使裕庚之子裕勋龄所摄，但书中并未对每幅作品明确署名。内容主要包括：①故宫博物院收藏的大量人物照片，如慈禧、逊帝溥仪和同时期居住在故宫的晚清重要人物照片；②溥仪住在天津张园和静园时所拍的一批照片；③民国时期部分人物和故宫博物院建院初期的一些照片；④八国联军侵占北京、晚清新式军队、清末某地水灾与灾民的照片等。⑤其他一些难得的历史镜头：如1924年印度诗圣泰戈尔在故宫拜见溥仪、在御花园四神祠前合影留念、在景山莊士敦家中与诗人林徽因、徐志摩及当时的民国政府总理颜惠庆等十二人合影；以及张学良、于凤至与美国人端纳等参观故宫乾清宫的照片等。所有这些照片的记录，在中国近代史中处于承前启后的特殊位置，从而对研究中国近代史、宫廷史、文化史、社会史、民族形象史及帝国主义侵华史，都具有十分重要的历史文献价值。

（二）《外国人拍摄的中国影像 1844—1949》

《外国人拍摄的中国影像 1844—1949》是由张明编著、中国摄影出版社于2008年出版的影像档案类著作。1844至1949年是中国历史上最为风云变幻的时代，1842年甚至被一些学者认为是"帝制中国"与"近现代中国"的分水岭。该书中介绍了60余位这一时期旅华的外国摄影者，如于勒·埃及尔、费利斯·比托、弥尔顿·米勒、约翰·汤姆逊和乔治·厄内斯特·莫里循，等等。纵观他们的摄影活动，无意中留存了一部关于近代中国较完整的影像档案。我们可以这么认为：摄影发明之前的历史记录是不完整的历史记录。从而这本外国人拍摄的关于中国的影像书，事实上就是一部关于近代中国的影像档案，既印证了许多重要的历史事件，也重现昔日风景、建筑、百姓生活景象。因而，在反映中国百余年社会的发展进程、记录历史，以及帮助后人研究历史、了解过去提供了珍贵的史料佐证，同时也在中国摄影的发展史上留下了深深的、不可涂抹的痕迹。

（三）《庄学本全集》

《庄学本全集》由李媚、王瑞生、庄文骏编辑，中华书局于 2009 年出版。全集选用了庄学本（1909—1984 年）于 1934 至 1942 年间，在当时的四川、西康、甘肃、青海四省少数民族地区进行的影像考察活动中的三千余幅影像作品编撰而来成，此次历时九年的考察活动共拍摄了近万张摄影作品，并写作近百万字的考察日记。全集讲述了此次考察成果。庄学本的照片展示了那个年代少数民族的精神面貌，为中国的多民族史留下了一份可信度极高的视觉档案与调查报告。但直至近年，他的影像价值才被逐步挖掘，在影像史、人类学史、社会学史上的贡献和地位被重新定义。

（四）《孙明经纪实摄影研究：影像精选集》

《孙明经纪实摄影研究：影像精选集》是由孙建三收集整理其父亲孙明经的摄影作品，并由浙江摄影出版社于 2017 年付梓出版的民族影像志类著作。本书所收录的照片，是孙明经纪实摄影作品的精华，近 180 幅照片涵盖风景摄影、肖像摄影、建筑摄影等多个门类，既具有纪实性，也颇具艺术性，是早期中国纪实摄影的典范之一。该书还对孙明经纪实摄影风格的形成过程做了详细的背景剖析。

（五）《乔治·莫里循眼里的近代中国》

《莫里循眼里的近代中国》是沈嘉蔚、窦坤根据莫里循在中国收藏的影像资料精心编辑而成，对应其生活的三个阶段而分三个分册，分别是《北京的莫里循》《目击变革》《世纪之交的战乱》。澳大利亚人乔治·厄内斯特·莫里循（George E.Morrison 1862—1920）于 1894 年，怀揣母亲寄来的四十英镑，以一副地道的中国本土打扮，从上海出发向中国的南方诸地重庆、云南、贵州一路旅行而去，直到缅甸。他把沿途见闻写成了一本图文并茂的著作《一个澳大利亚人在中国》，并于 1895 年在伦敦正式出版，一时好评如潮。由于这个原因，直接导致他于 1897 年成为英国《泰晤士报》驻北京的特派记者。1912 年被北洋政府任命为袁世凯的政治顾问，在中国生活了 20 多年，是中国近代史上许多重大事件的亲历者和参与者。作为记者，他用手中的笔亲历了戊戌变法、义和团运动、辛丑签约、清末新政、日俄战争、帝后之丧，直至辛亥革命的全部历史变迁。据莫理循的大儿子阿拉斯戴厄·莫理循所言，他的父亲在 1910 之前并不直接从事摄影工作[1]。但事实上他又收藏了大量的那个时代的原版影像，据此，我们有理由认为绝大部分影像作品是他的雇员所作，或至少是在其指导下的创作。因此，将此所有藏品视为乔治·莫理循的作品并不为过，这些极其珍贵的影像史料见证了中国那一段极具变革意义的历史阶段。

三、中国摄影家协会官网作品展

本研究除了收集上述的纸质二次影像文献外，还将收集的目光转向了国内互联网，这是对纸质作品收集的一个重要补充。为确保摄影作品的典型性与代表性，笔者主要收集了中国摄影家协会官网（http://www.cpanet.org.cn/）的相关作品。官方网站自 2009 年 3 月以来设置"大家名作"板块，主要介绍与展示中国摄影师的经典作品，截至 2020 年 1 月在线"大家名作"信息计有 88 条共 76 人次参展。根据本研究的需要，即统计 1949 年之前的摄影作品，共选用了 29 位中外摄影家作品。

（一）作者综述

在所选用的 29 位摄影家中，华人摄影家 27 位，外籍摄影家 2 位，他

---

① 沈嘉蔚：《北京的莫理循（第三版）》，福建教育出版集团 2012 年版，前言第 3 页。

们是萨姆·塔塔和亨利·卡蒂埃·布列松，但这并不表明近代中国的摄影队伍是华人摄影师占主导地位。另有数据表明，自摄影术传入中国，在相当长的时期内，至少在民国政府之前，仍然是以旅华外籍摄影师为摄影主力军。29 位摄影师中男性 26 位，女性仅为 3 位，仅从这一数据可以说明，早期的中国摄影活动是以男性为主，这使得现存近代摄影作品将主要是男性视野的成果。

在 27 位华人摄影师中，出生成长地绝大部分集中在广东（含香港）、江苏、浙江、上海等地，这是经济相对发达地区。这也说明了大众摄影的热情与经济状况密切关联，甚至说明了人们的艺术行为与地域经济之间的关联度。从出生年代上看，最早出生于 1891 年的刘半农堪称中国摄影本土化的先驱，他不仅有丰富的创作实践活动与作品留世，而且撰写出版了中国第一部摄影理论著作《半农谈影》。

在 27 位华人摄影师中，有沙飞、吴印咸、郑景康等 8 人明确投身于中国共产党领导的革命根据地的创作中，他们原本也是风花雪月摄影队伍中的一员，但最终做出十分正确的决定而投奔延安，成为最早期的红色摄影家。

（二）作品综述

所择选的 29 位摄影师作品，有明确年代反映的是从 1920 至年 1949 年，跨度近 30 年，"大家名作"板块选登的作品总数约为 450 幅左右。当然，在这一时间段发生中国大地上的摄影作品已不胜计数，然而这也是一个创作缩影，尤其是对于华人摄影家而言。

通过进一步审视影像作品自身，我们可以发现在这一作者群体中所关注的摄影题材主要是新闻摄影、艺术摄影和民族志摄影，当然这与作者的社会角色密切相关。比如红色摄影家群体主要是从事战地新闻摄影和根据地的乡村生活；而其他的华人摄影师则从事艺术摄影创作的居多，但其中的庄学本、孙明经等则以反映民族形象为己任。在这 29 位摄影家中的两位旅华摄影师都表现了中国在一个特定时期、特定地点的社会现象及底层百姓的生活真实。以后世的眼光来看，虽然是特定时间的局部影像反映，却也很具时代的中国代表性。

29 位摄影师的创作地点也表现出一定的特点，绝大部分都是拍摄身边的人、景和事，并以自己生活的城市为主要表现对象，而乡村生活的表现较少，这或许局限于交通的条件或经济的承受能力。法国摄影家布列松来自于遥远的法国，他的中国摄影之行当属于另有工作背景，但 20 世纪三十年代的民族摄影家庄学本、孙明经从事民族志摄影是一个特别的现象。

第二节　近代影像库的建立

经过本章第一节所述的影像著作及像册的收集工作之后，获得由11500 余幅有效影像作品构成的"中国近代影像库"，此后简称"近代影像库"。了解影像在各时期的产制数量方面的信息，是为从事近代影像中民族形象诠释研究而进行的前期准备工作。因此，对产制时期进行"历史阶段的划分"则成为其首要问题。基于文化人类学的民族形象研究，其自身及其流变受制于许多因素的共同影响：民族的文化历史、民俗传统、社会政治、国际影响，等等。本研究综合各方面学者的先前著述，总体上遵循张昭军等所著《中国近代文化史》（中华书局，2012 年）的基本观点，即中国近代文化阶段为 1825—1895 年的近代封建文化时期、1895—1927 年的新文化自觉时期和 1927—1956 年的新文化发展与新民主主义革命时期。对应这一观点，根据现有收集的中国影像作品及其特点，可划分出三个影像产制阶段，分别是① 1844 年—1899 年；② 1900 年—1927 年；③ 1928 年—1949 年 10 月新中国成立。此三个影像历史阶段的划分也是本著作关于时代划分的基本框架，分别简称为封建文化时期、新文化自觉时期和新文化发展时期。

一、封建文化时期的影像产制特征

对已建立的近代影像库进行进一步筛选后，在 1900 年前的 56 年间，共收集有近 1600 幅影像作品。

（一）创作队伍

从作者因素来看，旅华外籍摄影师来自当时的世界列强：包括英法德日意俄美奥地利，以及澳大利亚等国，共创作了近 960 幅作品留存，占当时中国影像创作总量的 71.2%。华人摄影师作品 256 幅，均为香港、上海、北京等地的照相馆作品。此外，尚有佚名作者的 130 余幅作品，其中亦不可排除尚有部分作品是非华人摄影师所摄。

（二）创作时段

从创作时间的进一步细化来看，1844 年至 1860 的第二次鸦片战争期间共有近 170 幅作品，其中旅华摄影师作品近 120 幅，占比 71%，并以外景为主，仅数幅人像；华人摄影师作品 40 余幅，其中仅 2 幅为外景，其余均为照相馆内或室内人像摄影。

以洋务运动开始的 1861 年，到 20 世纪前的 40 年间共产生 1323 幅作品，期间影像高产作者、英国著名摄影家约翰·汤姆逊先生的来华创作，留下一批宝贵的纪实性影像，并大大提升了旅华摄影师作品的基数。由此，旅华摄影师仍然是创作主角，他们共产制了近千幅作品，占比高达 75%。这一阶段的内地照相馆业开始萌芽并发展，华人摄影师及照相馆共产制了近 200 幅作品，占比 16%。与上一阶段相比较，较为突出的是阿芳照相馆，可能出于售卖摄影作品的需要，明显有目的的拍摄了大量明信片式的外景照片。综上所述，如表 1-3《封建文化时期的中国影像作品统计》所示。

表1-3　封建文化时期的中国影像作品统计

创作 阶段	作品 总数	旅华摄影师 作品	华人摄影师 作品	佚名摄影师 作品	题材主要 特征
1844—1860 年	167 幅	118 占 71%	43 占 26%	6 占 3.5%	人像、风景、 时事
1861—1899 年	1323 幅	994 占 75%	209 占 16%	230 占 17%	时事、风物、 人像
作品总计	1590 幅	1115 占 70%	252 占 16%	236 占 14%	

（三）创作地点

从创作地点上看，摄影进入中国起始于第一次鸦片战争的失败，1842 年签订了第一个不平等条约《南京条约》，其中要求中国割让香港岛，开放广州、福州、厦门、宁波、上海五处为通商口岸。随着不断地对外战争的失败，直到 1905 年中日会议的《满洲善后条约》等一系列不平等条约的签署，开埠通商的口岸不断增加。中国对世界列强的国门洞开，台湾、琼州、潮州、北京、牛庄（营口）、登州（烟台）、台南、淡水、潮州、琼州、汉口、九江、南京、镇江、大连、张家口、库伦、喀什噶、沙市、重庆均先后开埠。于是，许多西方人士得便于在此进行摄影创作。

应该说明的是，这一时期的"被摄影"是一种时尚消费活动，能够留存影像的人大致有两种情况：一是达官贵族的家庭式合影或在照相馆的摆拍；二是旅华摄影师的猎奇之作；比如在 1872 年，约翰·汤姆逊行走至江西九江，影像表现了农村中的一位普通老妪，较为真实的反映当时社会这一阶层的生活现实①。

---

① ［英］约翰·汤姆逊：《中国与中国人影像》，广西师范大学出版社 2015 年版，第 385 页。

二、新文化自觉时期的影像产制特征

1895 年中日甲午战争的中国战败，极大地刺激了晚清朝野，由此带来了国民普遍的忧患意识和举国的文化思想反思与求变。19 世纪末国人文化思想的巨变，也必然反映到 20 世纪初逐渐普及的摄影活动中来。

（一）影像的时代反映

1900 年至 1927 年，是中国近代史上是极具动荡的时代，实属多事之秋：甲午战败的新添国耻、戊戌变法失败的阴影笼罩、义和团运动席卷全国而无序抗争、抗击八国联军入侵惨败、帝后之丧、辛亥革命成功、袁氏窃国、五四新文化运动、军阀割据、国父驾鹤西去、国民政府建立……本研究共获得在此期间的约 4000 余幅影像作品，这些作品都一定程度上反映了当时的时代风貌、时事新闻、人文风情、百姓生活，等等。

（二）影像作者

这一时期依然有大量的西方人士旅行中国，直接或间接地进行摄影创作活动，其中有澳大利亚人乔治·莫里循，日本人山本赞七郎和小川一真，英国人埃德温·丁格尔，美国人西德尼·甘博，奥地利人约瑟夫·洛克等等近 40 人，他们创作了大量作品留世，在近代影像库中收集有 1263 幅，占比这一时期的约 31%。明确为华人摄影师的作品仅为约 340 幅，高达 60%的作品的作者信息散失而成为佚名作品。

当然，在此期间，由于自西方学习或生活的归国人员增加，师出于中外人士开设的照相馆徒工，或本土美术专业学生，他们中间也产生了一些独立的华人摄影师。如前所述的慈禧御前摄影师裕勋龄，自 1903 年后，拍摄了大量的包括慈禧在内的晚清皇宫人像或纪念照片，但目前未发现他有其他题材的作品留世。又如吴印咸、刘半农、郎静山等。其中许多华人摄影师更多地关注于画意摄影，是风花雪月类的艺术摄影或照相馆的人像

摄影，题材较为单一，与当时的世界艺术摄影潮流相比，仍属于自我发展阶段。比如中国著名摄影家郎静山的作品，主要是将中国画风结合到摄影创作中去，其作品与时代生活基本无关，也较难直接反映出民族形象，仅能说明艺术摄影在中国已有所发展。

与早期华人摄影师相比较，旅华摄影师的关注点截然不同。他们较多地关注中国时局变化，并以"客位或他者"的眼光观察并记录中国普通人的生活，具有较为明显的视觉人类学、文化人类学倾向。因此，无论从创作数量还是涉及的地域范围、题材的丰富性，旅华摄影师仍然是当时中国影像创作的主力军，综合看来，这一时期与1844年至1899年间的封建文化时期相比，仅27年的时间，但摄影作品总量有了较大幅度的提升，这得益于摄影经济成本、技术成本一定程度的下降，以及摄影知识开始普及，使摄影这一贵族享受已经惠及普通大众。

三、新文化发展时期的影像产制特征

1927年之后，中国国内政治格局发生了巨大变化，并与国际社会的交流日益广泛，导致人们的思想文化呈现多元化的变化。反映到摄影创作领域，一方面表现为数量的激增，截至1949年新中国成立，共收集到近5900幅作品；另一方面，华人摄影师创作了大量作品，计有近4700幅，占比78%。由此说明一批华人摄影家已经成长起来，比如以沙飞、吴印咸等为代表的红色根据地摄影家们就创作了大量反映边区生活的作品。

早在1923年，随着以刘半农、陈万里为主要推手的中国第一个民间业余摄影团体"北京光社"成立；随后与上海的摄影家们取得联系，实现了南北摄影家的会合与沟通，在其共同推动下，1928年，在上海成立了中华摄影学会（简称华社）。此外，于1930年元旦上海还正式成立了影响较大的业余摄影团体"黑白影社"，并定期开展艺术摄影的创作与交流，并举办影展，极大地推动了艺术摄影活动在中国的发展。而他们中的许多

作品并非是本研究所关注的对象，忠实于民族影像志创作的庄学本、孙明经等人的作品才是我们的关注重点。

1927 年之后，仍然有许多西方摄影师来到中国，他们广泛游走于中华大地进行各种目的的摄影创作，目前我们共收集到约千幅作品，其中还包括由章东磐在美国国家档案馆收集整理并编著的《1942—1945：国家记忆》（山西人民出版社，2010 年）一书中的 400 余幅作品，绝大部分为十余位美国随军新闻摄影师创作。这一影像作品集性质的图书单独反映了中国远征军赴缅甸和中国大西南抗日的宏大场景，这是针对特定对象的追随创作，具有较大的题材局限性与特定性。而其他全部旅华摄影师在这一阶段的创作仅收集到 600 余幅。由此可以说明，在这一时期旅华摄影师相对华人摄影队伍，其影像创作数量占比已经大幅下降，但题材的丰富性仍然不可忽视，甚至十分重要。

第三节　摄影技术进步的应用

影像产制技术的进步深刻地影响了影像生态，也直接影响了后世对影像的解读，根据收集的现有影像进行研判，所有的技术进步都直接反映在了中国近代影像之中。在世界影像领域公认：摄影术是于 1839 年 8 月 19 日，由法国科学院院长阿拉贡（D.F.J.Arago）宣布为法国化学家、美术家路易斯·达盖尔所发明，摄影术带来的是图片影像。事实上，当年达盖尔所发明的摄影术只是银版摄影术，即每次拍摄只能得到一张铜版照片，中国的第一张肖像照片"耆英肖像"即为银版摄影。但随后摄影术即蓬勃发展起来，并在技术、应用与艺术的相互推动下，逐步发展成为摄影艺术门类。中国近代的影像产制技术仍主要依赖于西方的技术进步，甚至直到 20 世纪 60 年代前后，中国许多中小城市的照相馆仍然是以玻璃干板为主的摄影工艺。

一、相机构造的进步

根据小孔成像的光学原理，理论上的摄影成像并不需要真正意义上的照相机。据考证，由法国中部小城沙隆人尼埃普斯（Joseph-Nicephore-NJEPCE，1765—1833）于 1826 年摄制的人类的第一张照片《窗外》就是利用小孔成像的原理而产生的。[1]然而，由于种种原因，照片的质量欠佳，使人们不得不思考摄影工具的重要性。于是，追溯到 1558 年由意大利物理学家波尔塔（Giovanni Battista della Porta，1535—1615）设计的"黑盒子"成为了照相机的雏形。[2]

（一）达盖尔相机

与达盖达银版显像技术相匹配的相机，即被称之为"达盖尔相机"是摄影术诞生的必备条件之一。其基本构造为木制密闭"黑盒子"，它的前端装有乌拉斯顿新月型凸透镜作为光学成像镜头，安装银版感光材料的后背可以有一定幅度的前后伸缩构成风箱式结构以实现聚焦，这是世界上第一台真正意义的照相机。第一位来华摄影的法国官员于勒·埃及尔使用的就是达盖尔相机。达盖尔相机笨重，摄影工艺过程苛刻，技术掌握的难度较大，导致摄影的普及十分缓慢。

（二）大中型相机

1841 年，卡罗摄影术获得专利，直至发展为湿版摄影术，随后发展为干版摄影术，其相应的相机也产生了一系列进步。更进一步，1843 年匹兹伐镜头的使用则极大地改善了透镜成像质量，以它为代表的大中型相机成为当时照相机研发的主流，这也是在缺少照片放大设备情况下的最佳

---

[1]　吴钢：《摄影史话》，中国摄影出版社 2006 年版，图 2—28。
[2]　吴钢：《摄影史话》，中国摄影出版社 2006 年版，第 6 页。

选择。然而，也有许多研究人员在不断努力尝试将相机小型化。当 1900 年前后美国摄影师詹姆斯·利卡尔顿来到中国时，仍然携带着笨重的大中型相机，需要雇佣一个苦力小组为其运送摄影器材，旅行十分不便。

（三）便携式相机

随着小尺寸胶卷的出现及其感光度的极大提高、大口径镜头的研制成功，相机的小型化日益趋近。1888 年美国一位叫做乔治·伊斯曼的银行职员在将板式感光材料改造成胶卷的基础上，发明了使用胶卷的柯达 1 号相机，这是一次里程碑式的相机改良，并极大地导致摄影活动的大众化。

1913 年生产出第一台使用 35 毫米胶卷的莱卡 U 型相机；1920 年生产出取名 Ermanox，并使用 2×3 英寸干板的小型相机，它使普通的室内摄影成为可能。随着小型相机的广泛使用，也使隐蔽摄影、运动摄影、动态摄影成为可能，它们极大地改变了影像生态，使影像呈现了无限丰富的形态。孙明经在抗日期间即使用了这类相机，它们也逐渐成为红色摄影师重要的摄影工具。

1947 年，德国蔡斯公司生产的康泰时 S 型屋脊五棱镜单镜头反光式照相机将小型相机的构造推向了一个极致的高度。它解决了前期照相机中的一系列的技术问题，并使用了全金属机身结构，小巧而坚固。以至于直到今天的单镜头反光式数码相机也仍然采用其基本的机械与光学结构。此后，中国摄影师周海婴所使用的相机即属于这类相机。

至此，完整意义上的机械相机已经完全成熟，它有机械和光学两大系统构成。并包括镜头、光圈、快门及按钮、胶卷行走机构和取景器等几大部件。而其中的镜头则是具有各种焦距的定焦镜头，它是由若干镜片组成的透镜组，已具有完善的制造工艺和较高的质量，当年简陋的达盖尔相机已不可与之相提并论了。此外，还有流行于 19 世纪中叶的立体摄影，因其对影像意义的诠释几乎不产生影响，在本书中未予专门讨论。

二、摄影感光材料的进步

自达盖尔银版照相机即开始使用银盐感光材料，显然这是以化学材料获得的永久影像的途径。随后，针对感光胶片和感光相纸的涂布技术、多层乳剂技术的成熟，片基材料的优化，以及感光度、感色性、颗粒度等一系列的材料基本参数发生了无数次的性能提升后，极大地优化了影像生态。至 1949 年新中国成立时，胶卷最终成为了世界上的主流感光材料。

（一）黑白胶片工艺的发展

在 1949 年之前的近代中国，占绝对多数的是黑白影像，在近代影像库中仅存 28 幅彩色摄影影像。因此，重点回顾黑白摄影及其印相工艺在中国的运用。

1. 银版感光材料

以银版摄影术的发明为标志的摄影术，所使用的为碘化银材料。具体制作步骤如下：把一块抛光洗净的镀银铜板在碘蒸汽下熏蒸，使其镀银层与之发生化学反应而产生碘化银层。再将此板置于达盖尔相机的暗箱中，接受摄影过程中的曝光而在碘化银层中产生"潜影"。

2. 湿版负片感光

1841 年由英国科学院院士塔尔波特（Fox Talbot，1800—1877 年）获得专利的卡罗摄影术，最初是一种通过拍摄工艺之后得到一张纸质半透明负像的摄影术，所谓负像就是黑白灰与原景物颠倒了的影像。于是，基于卡罗摄影术引出了两个问题：一是如何提高负像的品质；二是如何以负像为母版而转印成正像。后续许多人努力解决问题的结果是：一是将卡罗摄影中的纸质片基更换为玻璃板，增加通透效果，同时改感光剂为火棉胶材料，以提高负像品质，并革命性地提高了感光速度，以至可以拍摄"运动中的物体"；二是发明了黑白印相纸及其与印相过程相配套的暗房环境、设备、化学药品及其工艺过程。英国摄影家约翰·汤姆逊在中国的创作就属于典型的湿版摄影运用。

3. 干版与胶卷

1855 年，意大利物理学教授陶配诺（J M Taupenot，1824—1856）以鸡蛋清作为火棉胶的保护层，解决了火棉胶易干燥的问题——从而诞生了干版感光材料，此后有研究者进一步提高了干板的感光度。从此，摄影师们外出拍摄时可以不必携带许多玻璃板及其涂布药品、器材和移动暗房设备。轻装简便的干版法大受欢迎，许多人投身于这种新摄影方法的学习。

1884 年，聪明的美国银行职员伊斯曼（George Eastmon，1854—1932）将干板的片基材料从玻璃改为软性而透明度较高的纸基材料，并发明了感光剂的涂布机器，纸基的"可卷"性使其成为"胶卷"的原型。此后更将纸基一路改良，直至为硝化酸酸纤维材料，并优化了感光剂的感光度及其它性能指标、发明了柯达 1 号相机，从而完全建立了现代便携式摄影的模式，并促使摄影走向大众化。

随着胶卷的正式面市，又产生了除散页胶片之外的多种规格，如 120 胶卷、135 胶卷和 110 胶卷，并由此生产出与之相配的照相机，如 135 相机。在相机与感光材料日臻完善的技术条件下，大约在 20 世纪二三十年代开始，中国涌现出一批真正意义上的本土摄影师，开启了中外摄影师并存的二元时代，并开始使用胶卷进行摄影。

（二）照片着色与彩色照片

在达盖尔摄影术发明之后，人们追求"留下镜像"的目的实现了一次巨大的成功。然而，美中不足的是，黑白照片不能留下自然色彩。于是，许多科学家又投身于后来被称之为的"彩色摄影"这一领域的研究之中。在研究成功之前，最简单而直接的方法就是在黑白照片上着色，在现存的近代中国影像中，我们看到了为数不少的"着色照片"。现有影像资料表明，由丽昌照相馆制作于 1853 年的晚清名将、御前大臣僧格林沁肖像照片为中国第一张人工着色照片。

在 1866 年，法国科学家克雷尔（Alexandre Edmond Becpuerel，1820—1891）为真正的彩色摄影做出奠基性的贡献。直到 1942 年柯达公司推出了面向大众市场的彩色胶卷，随后 1946 年推出了埃克塔克罗姆胶卷，使其更加适用家庭。[①] 在现有影像资料中，也发现了少量真正的彩色照片的遗存。总的来说，近代中国影像留存中真正的彩色影像十分少见。

此外，西方还发明了"一次成像"和"反转片"的感光材料，他们都是经过拍摄和显影过程后，直接获得了正像，但在中国近代极少运用，而不再涉及。

三、洗印放技术的进步

早期的黑白摄影过程通常有两个阶段，首先是前期的拍摄获得潜像；然后是将曝光后的底版（后为底片）进行化学冲洗以获得显像，并洗印或放大出照片。后者则是在被称为"暗房"的工作环境中完成。有证据表明，在近代中国的摄影活动中，与世界同步，并与感光材料进步相匹配的三类典型暗房均投入使用过。

（一）达盖尔暗房

达盖尔银版经在相机内曝光后，将移入暗房取出感光版，开始对拥有潜影的银版进行"显影"，尔后利用海盐水或硫代硫酸钠溶液实现"定影"而获得银版"影像"。此种工艺过程将一次性获得正像，即黑白灰程度与景物相对应。银版感光材料实现了永久性"留下"影像的终极目标，但不具备复制性，对摄影光线的强度要求也较高，在景物的色彩呈现上表现为黑白影像。

---

① ［美］内奥米·罗森布拉姆：《世界摄影史》，中国摄影出版社 2012 年版，第 628 页。

（二）湿版显影暗房与接触印相

紧随达盖尔银版技术，在经历卡罗"负—正"摄影术的短暂时期后，一种新的"负—正"摄影术——湿版摄影术异军突起，它几乎囊括了达盖尔摄影术与卡罗摄影术的全部优点。只留下了全部技术过程必须在感光玻璃板干燥之前完成的不足。湿版材料在经历了曝光之后，将被送入暗箱中取出，放入焦倍酸或硫酸亚铁溶液中进行显影，此后再经历硫代硫酸钠溶液的定影，一张负片就此形成。湿版摄影必须有流动暗箱跟随摄影师而随时操作，现场性的操作增加了技术难度，这是由湿版感光负片必须在干燥前完成显影与定影过程的化学特性所决定，而照片的洗印则可在固定暗房内进行。此后，负片将成为母版或称底片，用来复制——即接触洗印或放大正像照片。其工艺过程是相纸经历"显影→定影→水洗→干燥"，在显影过程中可以灵活控制照片的反差、灰度等效果。

（三）胶卷及其冲洗工艺

当摄影术发展到以胶卷为主流感光材料的时代，成熟的胶卷罐式冲洗工艺也就同步形成。20世纪二三十年代，摄影化学的研究进步很快，显影剂与定影剂的配套发展，不仅大大缩短了摄影暗房中的照片制作时间，而且也大大提高了照片的质量。所谓"百年之内难模糊"就是对这一时期的评价。随着1926年美国卡普斯塔夫公布了自己发明的D76微粒显影液配方，而正式奠定了现代黑白暗房的工作基础。至1949年前，黑白摄影中的黑白暗房药品性能已基本达到现代黑白暗房的一般水准，广泛使用米吐尔、亚硫酸钠、几奴尼、硼砂、碳酸钠、溴化钾、硫代硫酸钠、冰醋酸、硼酸、硫酸铝钾等暗房药品，配置各类显影液和坚膜定影液。

第四节　影像传播生态

在摄影术诞生之前，西方人对中国的想象多源于道听途说、口耳相传、文字游记（如 13 世纪意大利商人的《马可·波罗的游记》）、绘画景观、工艺制品等。而摄影影像则以最直接的方式呈现了东方帝国的风韵，但影像也需要传播才能实现其目标。传播除传播者之外还将涉及主题、途径、方式、受众和功能等相关要素，他们共同构成了影像传播生态。

重要的是，早期中国影像的产制多出于旅华摄影师，因此，影像传播范围也就由国内走向国际，其民族形象也由此传播于世界各地。尤其是由于西方世界对中国始终充满新奇与神秘感，由此而使传播动力更加强劲，并进一步带来了西方大量的新闻记者、传教士、旅行家、地理学家、农学家、社会学家、探险家和贸易商人等来华，也促进了中外交流，部分满足了西方世界对中国的了解与认知。

一、传播方式与途径

摄影术的诞生，导致个人肖像照片拍摄与制作的盛行，并主要呈现为单幅照片和多幅组照两种方式。与此同时，相互交换肖像照片也成为一种时尚，由此标志着近代影像传播的开始。这是人类近代文明进步的重要事件，而影像传播依赖于影像的产制和影像媒介的发展。一方面，影像的产制过程中天然地携有产制者的文化基因；另一方面，影像媒介的发展也经历了漫长岁月。近代早期中的影像传播的载体主要为照片和照相贴册，通过直接传看及各种规模的摄影展览进行传播，近代晚期出现了近代报刊、画报出版发行、电影幻灯放映等。

（一）洗印传播途径

影像是从互赠单幅照片拉开其传播的大幕，摄影师们为了扩大时事或纪实照片的影响范围，早在19世纪下半叶，即在照相铜板技术出现之前，国内受限于印刷条件的简陋，已经开始流行起"照相贴册"，即采用裱贴的方法将选择和编辑完成的一组（或一套）照片制作成册，其观赏效果优于最初的照片印刷品。从现有资料来看，中国在1900年前后已经陆续编印了各类时事摄影专集，与此同时，一些摄影团体与个人也在相关影展之后直接出版影集画册以满足读者的阅读需求。到上世纪二三十年代，随着摄影术在中国逐渐普及，风景摄影渐成热门。于是，又有人编辑出版了多种摄影集，目的是使人们足不出户便得以饱览天下胜境。如《中国影像史·第五卷》中就对1919年至1927年间出现的，经洗印而成的风景摄影集进行了梳理。[1]

（二）印刷传播途径

在辛亥革命以前，普遍采用制作摄影相册的方法报道时事。从1875年中国最早的画报之一《小孩画报》开始，至1919年共出现过140种左右的画报。但随着照相制版技术的传入、报纸发行渠道的畅通，并受西方办报思想的影响，报纸摄影副刊与画报的兴起也就势在必然。从五四运动开始，中国新闻摄影事业随着国内反帝反封建革命斗争的进行，反映历史事件、历史人物的摄影事业蓬勃发展，也有了长足的进步，出现了大量报刊摄影或画报副刊，如影响巨大的《时报图画周刊》、《晋察冀画报》、《良友画报》、《北洋画报》[2]，等等。

---

[1]　范文霈：《中国影像史·第五卷》，中国摄影出版社2015年版，第170—171页。

[2]　韩丛耀：《中国近代图像新闻史：1840—1919》，南京大学出版社2012年版，第2068页。

（三）影展及幻灯播放途径

影像传播的另一个重要途径是举办摄影作品展览。当然，在当时的历史环境下，局限于物质条件与人才条件，影展对于大部分中国人来说是一件十分罕见的公共活动，但难能可贵是依然出现了虽为数不多，但极具示范性意义的影展。值得一提的是，华人摄影师在这一阶段已经出现了作品交流活动的雏形，比如据徐希景考证：早在1892年9月13日福州成立了摄影俱乐部，并在1893年、1903年分别举办了影展，这两届影展可被认为是中国摄影史上有据可考的最早影展。

1919年，由黄振玉、陈万里主持的北京大学影展是迄今被发现中国最早的面向大众的公共影展。1918年至1919年间，英国人Dr.Dent在上海创立了"上海摄影会"，于1920年在博物院路（今虎丘路）的"亚洲文会"举办过一次摄影展览会。参加展出的作者除大部分是外国人士外，中国摄影家郎静山的《苏州西园》和《乡村落日》，胡筠秋的《西湖风景》等作品也参加展出。展览形式极为简单，也就是把照片放大成10×12英寸，既不装镜框也不张贴或悬挂，只将它陈列在书桌上，供观众观赏而已。虽说形式极为简陋，但比19世纪末西方"影像会"的作品在会员中"传看"的形式，已有了很大的改进。尤为难得的是中国摄影家的作品也在展览中占了一席之地①。1923年北京光社（初名为"艺术写真研究会"）成立后，把我国摄影作品展览工作推向新的起点。摄影展览活动成为该社团的一个重要的组织工作，并促使摄影展览活动逐渐面向广大群众，逐渐正规化和定期化。

二、传播主题设置

摄影的首要任务，就是要明确影像是用来干什么的？正所谓"影像诉

---

① 胡志川、马运增：《中国摄影史 1840—1937》，中国摄影出版社1987年版，第199页。

求"。事实上，从摄影术传至中国的第一天起，这种主题性就十分明确：晚清大臣耆英在给皇帝的奏折中提到他把"小照"分赠给英、法、美、葡四国使臣。显然，他赠送照片的行为多少带有与四国使臣笼络情感的主题。不同领域的影像创作具有不同的诉求，普遍而言，摄影者要想对受众传播一种信息，就要使画面中的大部分资讯服从于一个传播的主题，这个主题又必然由被视对象——影像——来承担。

在现实生活中，人们的主题诉求来源非常广泛，反映在摄影领域，其主题的内容也就千变万化。通常来说，如下一些诉求常常成为影像主题的来源：纪录的诉求、宣传的诉求、教化的诉求、信息传播的诉求、情感表达的诉求，等等。比如，当年旅华摄影师来华的目的之一是猎奇，因此他们感兴趣于中国及中国人，而拍摄百姓生活、自然风光、城市风景和文化遗迹；另一些人则带有文化传播的目的，于是反映教会传教与举办教育也成为主题之一；照相馆业主为了招揽生意，艺术人像也成为传播的主题；此外，时事新闻当然是社会生活的重要主题。

毫无疑问，所有这些主题诉求都在遗存的中国近代影像中得到了印证。而这些主题的实现都依附于一定的题材，比如自然风光、人物肖像、画意摄影、新闻摄影等。正如英国艺术史家约翰·伯格（John Berger）所提醒的：画家对于题材的选择并不是始于画架前的摆设或画家记忆所及的某些事物，题材是开始于画家发现那样才有意义。近代中国的中外摄影师在摄影创作过程中也充分体现了这一观点，他们对题材的选择，往往取决于他所要表达的主题。

三、传播功能体现

影像的传播功能是考察影像对受众的影响，并主要表现在社会政治功能、舆情导向功能和艺术鉴赏功能等几方面。

（一）社会政治功能

摄影术的发明，将图像的纪实性推向了极致，因而，影像的重要价值之一就在于它的纪实性。纪实功能所展示的是其真实的力量，传达了我们这个社会生活所需要的各种真实性的信息，从而促进全人类的社会交流与进步。正所谓今天的新闻就是明天的历史，因此，一方面，史实证明和新闻传播在其本质上完全一致，我们可以把他们作为同类现象看待；另一方面，影像在社会舆论建构与引导方面具有特殊的功能，它们共同构成了影像的社会政治功能。

1.影像新闻传播

以摄影的方式报道新闻事件通常被称之为新闻摄影，产生的是影像新闻。1844年，埃及尔为参加中法谈判并签署《黄埔条约》的官员留影纪念，这也可以看成是中国的第一张新闻摄影[1]。1884年3月27日，广州《述报》首次将"用西国映相法拍得刘提督（晚清黑旗军首领刘永福）小像"印成单张随报赠送也成为较早的影像新闻；1904年创刊的《东方杂志》是国内最早使用照片的杂志；1906年3月29日，北京《京话日报》发表"南昌教案"被害者江召棠县令的遗体照片，揭露法国传教士杀害县令的真相。由此开始，中国人接触了一个新事物——新闻摄影。影像新闻的实时性表现为能够在最短的时间内，将新闻事件通过影像的方式在大众媒体上传播，事实上，实时性不仅仅是表现在"快"上，而更主要的是能够让受众对新闻事件做出即时反应，从而导致新闻效果的强化与互动。

2.影像证史现象

先于影像时代的绘制图像，虽然它不如影像作品那样更具有纪实性的说服力，但诸如研究舞蹈、体育运动、戏剧表演、服装流变等专门领域的历史学家，他们都会十分仔细地研究某个时代的这类题材的绘画作

---

① 张明：《外国人拍摄的中国影像 1844—1949》，中国摄影出版社 2018 年版，第 13 页。

品，以便从中寻求证据。因此，历史，除了书面文字和口述记录之外，图像也占了一席之地，正如前述，摄影术发明之前的历史记录是不完整的历史记录。19世纪下半叶，英国摄影家约翰·汤姆逊周游东南亚的许多地方，进行人物风情摄影创作，并驻足中国较长时间。回英国后，出版了在世界摄影史亦有相当影响的摄影集 *Illustrations of China and Its People*。此举正如法国学者早在1888年所呼吁的，应当系统地收集摄影照片，因为它们"在可能的范围内最充分地描绘了我们的土地、房屋和生活方式"。

3.舆情建构与引导

影像无论其产制的纪实程度如何，充其量只事实的翻译。影像的传播者往往根据自身利益的需要对影像世界进行操控，它使受众对事件本体的关注变成了对该事件影像的关注，并在此基础上引导社会舆论的发展。舆论的发展将引导出舆论导向的主动性问题，它是一种运用舆论及其工具操纵人们的意识，引导人们的意向，从而控制人们的行为，使他们按照社会管理者制定的路线、方针、规章从事社会活动的传播行为。自从产生了影像新闻这一新生事物，舆情建构与引导也就自然产生了。

（二）认知教育功能

从符号学的观点来看，许多影像是一种承载着一定信息的视觉符号。正是由于这种特点，影像也必然深刻地影响着人类的认知行为。正如瓦尔特·本雅明所说："在漫长的历史长河中，人类的感性方式是随着人类群体的整个生活方式的改变而改变的"[1]。1920年，受美国教育改革的影响，中华民国政府在镇江成立了最早的"电化教育馆"。从此，在中国教育体系中出现利用影像从事"幻灯教学"的模式，但遗憾的是由于连年战乱，电化教育的发展时断时续而极为缓慢。

---

[1]　[德] W.本雅明：《机械复制时代的艺术作品》，浙江摄影出版社1993年版，第9页。

(三) 文化传播功能

影像在文化传播领域主要体现出艺术消费、文化传承等方面。在百余年的中国近代影像创作中，虽然以肖像、风景和时事新闻等题材为主，但不容忽视的是，在近代影像库中也有近400幅的艺术摄影创作，由此向人们了提供一定的艺术鉴赏作品，其中主要是画意风景摄影和少量的地理风情摄影，出于研究目的的需要，本研究中的人像摄影未被归入艺术摄影范畴。艺术摄影作品，是静态视觉形式，其展览与收藏是其主要消费形式，此外还包括摄影海报作品等。

在影像传播的大幕被拉开之前，文字传播和说唱表演是人类文化传播的主要方式。但是，利用影像"现实性"的身份，在那些离奇古怪、不可思议的煽情叙事和说唱表演中，往往穿插点缀了许多以真实的名义出场的影像，以此提升其"真实性"来吸引受众。在此过程中，影像与文字及其说唱形式相融合而建构信息传播新体系，充分表现了影像的文化价值之所在。

本章结语

中国近代的早期并没有本土摄影师，大部分时间里也没有自己的影像民族工业体系，而它们是影响影像产制的两个前提性因素。但令后世意外的是，中国近代的影像产制量却十分丰富，也几乎可以肯定，散存于世界各地表现中国的影像将无法穷尽收集。因此，任何以中国近代影像为对象的研究，借助于影像二次文献是一种必然的可行路径。事实上，即使是二次文献的收集也难免百密一疏，问题就归结为对权威性的、影响深远的影像是否都能够穷尽。本研究基于这种考虑，努力收集了目前在国内已经正式出版的影像文献，并从中提取了11500余幅具有研究价值的影像资料，基本满足了本研究的研究需要。

第二章　影像作者与题材分析

摄影术发明的时间恰逢中国百年战乱的开始，而此前已有近五个世纪事实上的闭关锁国。一方面，这导致了不只是科学技术也包括艺术领域的某些方面，中国逐渐落后于西方世界；另一方面，西方世界也对这个古老的东方帝国充满好奇与猜测。于是，当摄影术随各类旅华人员进入中国时，其摄影题材及其表现思想都充满了西方摄影师的思维。此后，才逐渐培养了本土摄影师，题材范围也逐渐拓宽。

第一节　影像作者

中国摄影历史的发展表明，近代有难以计数的中外摄影师涉猎中国，仅据境内正式出版的作品收集就获得了 1 万余有效作品而建立近代影像库，此外，世界各地的各大图书馆、档案馆、博物馆等机构，甚至私人藏书室还留有大量未经出版的影像资料。事实上，众多的摄影师留下的不仅是客观世界的视觉记录，更是他们对世界的主观评述。因此，影像中的民族形象诠释研究问题，必然要结合具体影像作者的文化基因、创作理念及其思想方法。在此，我们先做出作者的宏观描述，此后，进行影像个案作品分析时再结合具体作者的情况进行诠释。

一、旅华摄影师

近代百余年来，随着闭关自守的晚清政府被迫一步步打开国门时，许多西方人士以摄影师、外交官、探险家、情报员、植物学家、传教士、商人、社会学家、作家、记者、国际友人等不同身份来华。他们来华的目的各不相同，如摄影师多去通商口岸；探险家多往中国西部地区；地理学家多去新疆西藏；植物学家和医学博士多去云南或西南；通讯员、情报人员多去山东等中部偏北的地区；记者多去北京、南京、延安、重庆等地。他们的拍摄内容和涵盖范围也不同，但是，他们的摄影活动也都反映了中国百余年的社会变迁和历史现实，并在帮助后人了解当时社会状况等方面起到了积极的补充作用。

（一）旅华摄影师统计

旅华摄影师在中国的摄影活动主要体现在两个方面：一是旅行摄影；二是在开埠城市开设照相馆。前者有代表人物意大利随军摄影师费利斯·比托、英国摄影师约翰·汤姆逊，后者有如美国摄影师弥尔顿·米勒、日本摄影师山本赞七郎等。如表 2-1 所示，表中反映出旅华摄影师均来自于世界列强国家，从中也可以体验他们的文化价值观。统计资料来源于表 1-2 所示的著作及图册，并参考了泰瑞·贝内特所著的《中国摄影史》（徐婷婷译，中国摄影出版社 2011 年版）相关内容。

表 2-1　被收集作品的中国近代旅华摄影师名录 [1]

旅华起始时间	姓名	国籍与身份
1844	于勒·埃及尔	法国海关总检察官
1856	丹尼斯·路易·李阁郎	法国摄影师

---

[1]　姓名后带"*"为照相馆经营者。

续表

旅华起始时间	姓名	国籍与身份
1857	约翰·阿什顿·帕比隆	英国皇家军事摄影师
1858	皮埃尔·约瑟夫·罗西耶	瑞士摄影师
1858	威廉·拿骚·乔斯林	英国外交官，业余摄影师
1859	贾科莫·卡内瓦	意大利摄影师
1859	查尔斯·杜宾	法国军事摄影师
1859	J.C.沃森少校	英国业余摄影师
1860	费利斯·比托	意大利战地摄影记者
1860	弥尔顿·米勒*	美国肖像摄影师
1860	威廉·托马斯·桑德斯*	英国，商业摄影师
1861	朱利安·休·爱德华兹	出生于马六甲，著名摄影师
1862	约翰·汤姆逊*	英国街头摄影师
1863	西尔维斯特·迈克尔斯*	美国摄影师
1863	约翰·德贞	英国教会医生，汉学家
1864	约翰·雷迪·布莱克	英国歌手，主编，摄影师
1864	威廉·普莱尔·弗洛伊德*	英国摄影师
1864	洛伦佐·F.菲斯勒*	美国摄影师
1865	查尔斯·兰登·戴维斯	英国籍，主管，电力工程师，主编
1865	保罗·尚皮翁	法国著名摄影师
1867	亨利·查尔斯·坎米奇*	英国摄影师
1867	尼古拉·普尔热瓦尔斯基	俄国探险家
1867	恩斯特·奥尔末*	德国人，清朝海关工作，私人秘书
1869	威廉·伯格	维也纳，官方摄影师
1870	托马斯·查尔德*	英国商业摄影师
1871	埃米尔·瑞斯菲尔德*	丹麦摄影师

旅华起始时间	姓名	国籍与身份
1872	大卫·诺克斯·格里菲斯 *	英国商业摄影师
1875	雷蒙德·拉特尼兹	奥地利外交官、企业家旅行家画家
1878	伊莎贝拉·伯德	英国女探险家、作家、博物学家
1886	奥古斯特·弗朗索瓦	法国摄影师
1889	乔治·拉比	法国旅行家
19世纪80年代	阿绮波德·立德	英国摄影师
1890	斯文·赫定	瑞典，地理学家，地形学家，探险家
1894	乔治·厄内斯特·莫里循	澳大利亚，记者
1895	山本赞七郎 *	日本著名摄影师
1899	欧内斯特·亨利·威尔逊	英国著名植物学家、探险家
1899	唐纳德·曼尼	英格兰商人，风景摄影师
1900	詹姆斯·利卡尔顿	美国摄影家
1900	小川一真	日本摄影师，文物摄影师
1900	阿方斯·施瓦茨恩斯坦茨	德国驻华公使，摄影师
1900	山根倬三	日本摄影家
1900	怀特兄弟	美国摄影师，传教士
1902	恩斯特·柏石曼	德国建筑师
1903	锅岛荣子	日本东洋妇人会会长
1903	约翰·克劳德·怀特	英国官员，随军摄影师
1903	威廉·埃德加·盖洛	美籍英国皇家学院地理学会会员
1905	弗兰克·尼古拉斯·迈耶	荷兰人，农业考察
1906	足立喜六	日本土木工程师
1906	卡尔·古斯塔夫·艾米尔·曼纳海姆	芬兰探险家

续表

旅华起始时间	姓名	国籍与身份
1907	吕吉·巴津尼	意大利记者
1909	亨利·博雷尔	荷兰东印度公司汉文翻译、记者
1909	阿尔贝·肯恩	法国银行家
1909	阿尔贝·杜帖特	法国籍，私人司机
1909	罗伯特·费利斯·费奇	美国传教士，旅行家
1910	路得·那爱德	美国助理教授
1910	约翰·詹布鲁恩 *	溥仪御用美国摄影师
1911	埃德温·J. 丁格尔	英国传教士
1911	威·杰伊	英国服役士兵
1912	斯提芬·帕瑟	法国摄影师
1913	爱德华·佩利	美国宣道会传教士
1917	汉茨·冯·佩克哈默	德国摄影家
1917	西德尼·戴维·甘博	美国社会经济学家、摄影家
1921	奥斯瓦尔德·喜仁龙	芬兰哲学博士、学者评论家
1922	约瑟夫·F. 洛克	美籍奥地利植物、地理、文化人类学家
1923	查尔斯·帕特里克·非茨杰拉尔德	生于英格兰，澳大利亚汉学家
1925	安娜·路易斯·斯特朗	美国著名进步女作家
1927	E.布莱克洛	德国侨民
1928	艾格尼斯·史沫特莱	美国记者、国际主义战士，社会活动家，
1928	埃德加·斯诺	美国助理编辑，特约通讯员
1920	岛崎役治	日本情报人员
1931	海伦·福斯特	美国女作家，记者
1931	威廉·史密斯	加拿大传教士

续表

旅华起始时间	姓名	国籍与身份
1931	瓦尔特·博萨特	瑞士独立记者
1933	乔治·海德姆	性病,麻风病专家
1933	海达·莫里循*	德国摄影师
1935	塞姆·塔塔	生于上海
1936	查普曼·斯潘塞	英国外交使团成员
1937	莱瑟姆夫人	英国摄影记者
1938	大卫·柯鲁克(夫人伊莎白)	美籍英国人,教师
1938	罗伯特·卡帕	美国摄影家
1938	罗曼·卡尔曼	苏联时事纪录片制作人
1940	卡尔·迈当斯	美国摄影师
1941	玛格丽特·伯克—怀特	美国战地女记者,空军官方摄影师
1945	克林顿·米勒持	美国医学博士
1945	保罗·伯彻	美国记者
1946	阿瑟·罗斯坦	美国摄影师
1946	玛格丽特·史丹尼	美国国际公益服务员成员
1947	杰克·伯恩斯	美国摄影师
1948	亨利·卡蒂埃—布列松	法国摄影大师

(二)早期旅华摄影师代表

自第一次鸦片战争后,就已经有一些西方人士从开埠的五座通商口岸城市进入中国,更大规模的进入则是发生在第二次鸦片战争之后,如意大利摄影师费利斯·比托、美国摄影家弥尔顿·米勒、英国摄影家约翰·汤姆逊,以及此前已作介绍的澳大利亚籍英国《泰晤士报》记者乔治·莫理循等知名旅华摄影师。

1. 费利斯·比托

费利斯·比托（F. Beato，1832—1909 年，亦有音译为贝托）意大利摄影师，后加入英国国籍。1859 年起，比托以半官方身份参加英法联军，1860 年随军向北京进军，此后不仅拍摄了清军战败后的惨烈场面，并以此来炫耀联军的武力，还拍摄了萧条的北京全景及被毁后的圆明园，甚至拍摄了恭亲王奕䜣而成为拍摄中国皇室成员的第一人，但几次意图拍下谈判言和的与会大臣未获成功。比托拍摄的 19 世纪中国遭受战争摧毁的照片，虽令人印象深刻，但拍摄过程中不允许收殓牺牲清军士兵的遗体，并将此场景称之为"美丽"而表现出侵略者的傲慢与冷血。此后四十年间，直到义和团事件前，在亚洲的任何西方人都没有拍摄过如此真实的视觉报道。

2. 弥尔顿·米勒

弥尔顿·米勒(Milton Miller)，美国著名人像摄影大师。1861 年来华，主要在广州、上海等通商口岸从事照相馆业活动。他的作品以表现中国人的日常生活为主，拍摄技巧比较娴熟。

3. 约翰·汤姆逊

约翰·汤姆逊（John Thomson，1837—1921 年），英国摄影家。1862 年汤姆逊从英国爱丁堡来到新加坡开设个人摄影室，开始了他为期十年的亚洲纪实摄影之旅。在 1869 年到 1872 年初的三年时间里，汤姆逊经香港从福建开始启程，由沿海到内陆，从南方到北方，他的足迹漫游了中国多个省份，精力集中于中国各地的旅行与拍摄，总行程 5000 多英里。他不仅拍摄沿途的风光与建筑，还以当时英国流行的人类学视角记录了大量晚清达官贵人与普通百姓生活状态。上至清廷高官如恭亲王奕䜣、李鸿章等，下至街道上的贩夫走卒乃至藏身墓穴的乞丐，为 19 世纪中后期的中国留下的极有价值的人文影像遗存，堪称最为早期的视觉人类学者。游历结束回到英国后，出版了在英国与中国都影响深远的 *Illustrations of China and Its People*（现由徐家宁译为《中国与中国人影像》，广西师范大学出版社于 2012 年出版）。

4.西德尼·戴维·甘博

西德尼·戴维·甘博（Sidney David Gamble，1890—1968 年）美国社会经济学家，业余摄影师。从 1917 年到 1932 年三次来到中国，他对伟大的东方文化深深着迷，也为她的贫穷而震惊，对她勤劳好客的人民留下深刻的印象。作为一名志愿者，先后任职于北京基督教青年会、中国平民教育运动会、燕京大学基金会。后来主要在河北等地，采用当时很先进的问卷调查、实地访问、拍摄照片和影片等方法来进行社会学调查。甘博所拍摄的照片是以同情的角度来研究及了解当时的中国。在甘博去世后很多年的 1984 年，他的后人在一个鞋盒内发现了部分从未公布的相片，并于 1989 年首次在北美十九个城市及中国内地十三个城市巡回展出，展览在中美两国引起极佳的社会反响。

5.约瑟夫·洛克

约瑟夫·洛克（Joseph Charles Francis Rock，1884—1962 年），生于奥地利维也纳，美籍人类学家、植物学家、纳西文化学者。1919 年为夏威夷学院植物学教授。从 1922 年起先后六次到中国，并以云南丽江为据点，度过了他此后生命中的 27 年。期间深入到滇、川、康一带民族地区活动，拍摄了大量植物标本和地质地貌照片。自 1929 年起以较多时间和精力研究纳西族东巴仪式、经文、历史、语言等文化文献资料。因此，他在云南丽江的系列人文摄影作品较为真实地反映了纳西族的风土人情及文化特征。

（三）同情红色中国的旅华摄影师

在新民主主义革命的初期，国际范围内一些同情中国革命的新闻摄影记者和职业摄影师先后来到了中国，他们对向世界客观公正地介绍中国共产党领导的红色革命和红色根据地起到了重要作用。如埃德加·斯诺、乔治·海德姆（中文名马海德）、大卫·柯鲁克夫妇等人。

1.埃德加·斯诺

埃德加·斯诺（Edgar Snow，1905—1972 年），美国著名记者，也是第一个采访中国红色政权的西方记者。他于 1928 年来华，先后以记者、通讯员和燕京大学新闻讲师的身份活动于中国的上海、北平和西北地区。斯诺始终同情中国革命，1935 年"一二·九"运动时斯诺夫妇则紧跟游行队伍，认真报道了游行的真实情况。1936 年 6 月在宋庆龄的安排下，斯诺访问陕甘宁边区，拜访了许多中共领导人，写了大量通讯报道来展示真实的红色根据地。1937 年 3 月在燕京大学临湖轩借学术交流之机放映他拍摄的反映苏区生活的影片与摄影幻灯片，让国统区青年看到了毛泽东、周恩来、彭德怀等红军领袖的形象，看到了"红旗下的中国"。同年 10 月《红星照耀中国》（《西行漫记》）在英国伦敦公开出版，在中外进步读者中引起极大轰动。1942 年斯诺去中亚和苏联前线采访，离开了中国。

2.大卫·柯鲁克夫妇

大卫·柯鲁克（David Crook，犹太裔英国人，1910—2000 年），其妻子伊沙白·柯鲁克（Isa-bel Brown，加拿大人，1915 年—）。大卫出生于英国伦敦的一个中产阶级家庭，1934 年大学毕业后的翌年加入英国共产党。1938 年，作为第三国际的特工被派往上海，并以特工的敏锐目光、工作需要及个人兴趣，在上海期间拍下数百张照片。1947 年底，受英国共产党的派遣，前往中共西北地区进行了 8 个月的土地改革调查研究。在华北村庄十里店，柯鲁克夫妇以人类学家和社会学家特有的敏锐眼光捕捉了发生这片土地上的巨大变化。期间拍摄了 900 余张照片，后又出版了《十里店：一个中国村庄的革命》《十里店：一个村庄的群众运动》两本专著。2016 年中国民族摄影艺术出版社出版了由王烁和高初收集整理的《1938—1948：大卫·柯鲁克镜头里的中国》一书。

3.亨利·卡蒂埃-布列松

亨利·卡蒂埃-布列松（Henri Cartier-Bresson，1908—2004 年），法国摄影家，因"决定性瞬间"的理念而闻名世界摄影界，成为 20 世纪全球最有影响力的摄影师之一。1948 年 12 月初，他以美国《生活》杂志特派摄影记者的身份飞抵北平。在这段从 1948 年底一直持续至 1949 年约半年的旅程中，布列松用徕卡相机见证了北平、南京、上海等核心城市在中国命运"转折年"的社会场景。在返回法国后，他立即出版摄影作品集《从一个中国到另一个中国》。布列松的日记声称对中国政权的更迭不作任何评论，这看似没有任何偏见的视觉公正反映，但从影像评述的角度解读，实则忠实地表现了中国普通大众在新中国成立前的苦难与庆祝解放的欢乐。

二、华人摄影师

1839—1860 年间出现的中国摄影师有邹伯奇、林箴、赖阿芳、梁时泰、罗森、罗元佑、罗以礼等。邹伯奇因独自研究摄影术而闻名遐迩，其他人则或有过出国经历，或身处于香港、广州等早期开埠的城市，从外国摄影师那里学会摄影术，此时的中国摄影事业尚处于最初阶段。1861 至 1879 年间，中国本土摄影师纷纷踏上摄影历史舞台，为中国照相行业的发展起着推动作用。而后，刘半农、陈万里、张印泉、郎静山等人对于中国近现代摄影的发展以及在摄影语言的开创上做出了历史性贡献。方大曾、庄学本、孙明经等人，则都态度鲜明地拥抱、接受摄影的记录功能，并且通过各自的实践发展出各人独特的取向。投身民族救亡图存大潮中的沙飞、吴印咸、郑景康、徐肖冰、石少华、齐观山等人，意识到了摄影传播的重要性，并以他们在宣传动员与报道记录的两极来回摆荡的探索，成就了摄影的政治宣传功能[1]。

（一）早期照相馆从业摄影师

据考证，中国境内的职业照相馆最早出现在香港，此后由广东开始

---

① 赵迎新：《中国摄影大师》，中国摄影出版社 2017 年版，第 4—5 页，

向内地扩展。在香港开设华芳照相馆的赖阿芳更以其精湛的摄影技术和看穿市场的洞察力，经营照相馆时间横跨 1859 年至 1941 年，长达 82 年之久。然而这一时期的摄影师仍未摆脱匠人的身份，所以他们的名字及生平很少被史料记载下来。由于干版摄影法降低了摄影行业入门的门槛，19世纪 60 年代，各开埠城市出现了为数众多的照相馆，如宜昌、苏三兴、华兴、同兴、时泰、日成、英昌、日昌、吴萃和、群贤阁、味莼园、悦来容、蓉镜轩、天然氏等[1]。以及在此服务的摄影师，如宝记照相馆的欧阳石芝，宁波摄影师王子铭，创办北京丰泰照相馆的任庆泰和摄影师刘仲伦、徐子和，创办耀华照相馆的施德之，开设北方地区第一家华人照相馆的梁时泰等[2]。对早期有关照相馆事业的重要事件整理，如表2-2《中国境内早期照相馆业主要事件》所示。[3]

表 2-2 中国境内早期照相馆业主要事件

年代	重要事件
1846—1848 年	香港出现中国最早期的照相馆，员工仅两三人，采用银版照相法。1849 年后期，他们开始在香港或其他沿海商港开设照相馆。
1859 年	罗元佑在上海开业照相馆。 赖阿芳经营的香港"摄影社"照相馆开业。
1867 年	梁时泰经营的上海时泰照相馆开业，后移至天津续业。
1870 年左右	日本人木林夫妇来到福州，开设了庐山轩照相馆，招收了陈岳甫、张叔和等十余位中国学徒。
1872 年	广东荣华、江苏鸿图二照相馆相继开业
1881 年	武昌黄鹤楼前设有显真楼照相馆。
1889 年	欧阳石芝在上海创办宝记照相馆。

---

① 仝冰雪：《中国照相馆史》，中国摄影出版 2016 年版，第 287—288 页。
② 陈申、谢建国：《中国影像史·第二卷》，中国摄影出版社 2015 年版，第 103—138 页。
③ 仝冰雪：《中国照相馆史》，中国摄影出版 2016 年版。

续表

年代	重要事件
1892 年	北平第一家照相馆"丰泰"开业创办人为任景丰，职工达十多人，规模较大，以拍戏照、合影著名于京城。 广东人童月江在重庆开设了一家照相馆。
1900 年初	蒋丹于云南昆明开设水月轩照相馆； 施强在台湾鹿港创立"二我写真馆"；

根据《中国照相馆史》（仝冰雪编，中国摄影出版社 2016 年版）所述，早期照相馆从业人员有如下一些重要代表人物。

赖阿芳（或音黎阿芳），广东人，是早期在香港拍摄人像和本地风光的著名职业摄影家。他于 1859 年在香港开设他的第一间"摄影社"，专拍人物肖像。店门前挂出"摄影家赖阿芳"的巨幅招牌，很引人注目。赖阿芳还雇了一个葡萄牙人帮忙，以招揽来香港旅游的欧洲顾客。与当时香港的其它照相馆展开激烈的竞争，继任者连续营业到 20 世纪 40 年代初，比任何中外竞争者时间都长。赖阿芳的摄影技巧堪称一流，英国著名摄影家约翰·汤姆逊曾给以高度评价，他赞扬"赖阿芳有较好的艺术修养，有高超的艺术鉴赏能力"[①]。赖阿芳在人像摄影方面有独到见解。他主张，肖像作品在造型和画面处理上，不应该完全按照自然中的面貌。他还认为，由于审美习惯和外国人不同，中国人拍摄肖像要求画面平衡和对称。因此，赖阿芳的作品不仅受到中国人的欢迎，它所体现的风格也使外国人产生新鲜之感。赖阿芳除了拍摄人物肖像外，风光摄影也是他的擅长，如《香港风光》《香港风帆》《广州街道》等，这些精湛的作品作为纪念品出售给来港旅游的游客。

梁时泰，他是广东最早从事摄影报道工作的摄影师。早在 19 世纪 60

---

① 美国材料研究实验室：《摄影史》（History of photography）第 4 期，1980 年 1 月版。

年代，他就在香港得到西方人士的传授而精通摄影术。他先在香港设馆开业，光绪二年（1867年）迁居上海创办了时泰照相馆，并在《申报》上刊登广告招揽生意。不久，他的照相技能得到清廷洋务派官员的赏识，于是梁时泰就把照相馆由上海搬到天津，同时兼任起拍摄津门新闻纪实照片的工作，用影像记录了当时发生京津的许多重大事件。如1879年美国前总统格仑来华参观访问，在天津与北洋通商大臣、直隶总督李鸿章会见时，他就为中美两位名人拍摄了合影纪念照片。为此，天津海关道兼北洋行营翼长周馥在当年所写的日记中，曾多次提到"照相粤人"的相关事项①。此外，梁时泰曾在北京拍摄过一些风光静物照片。如《北海承光殿中之宝座》《宫苑之琉璃牌坊》等。他所拍摄的"宝座"，注有"光绪十三年粤东梁敬照"字样。这表明当时入宫拍照并不容易，他是诚惶诚恐地怀着敬意拍摄宝座的。这些老照片，在40多年后才公诸于世，在《北洋画报》上署名陆续发表。被人们誉为"弥可珍视"、"名贵非凡"的"中国初有摄影之创作"。

　　罗元佑，广东人，19世纪50年代在上海开业的职业人像摄影师。罗元佑本为上海道台吴建彰属下会计，1856年因官场生变而辞去官职，转而向外国摄影师学习摄影，1859年开业执镜。王韬在1859年3月的日记中曾有记述："晨同小异、王叔、若汀入城。往栖云馆，观画影。见桂、花二星使之像皆在焉……"其中的"桂、花二星使之像"是指1858年6月与英法两国签订《天津条约》的清朝钦差大臣、大学士桂良和吏部尚书花沙纳二人的肖像图片。由此可见，这两位清朝大员的照片不仅出自罗元佑之手，而且被作为招揽生意的招牌。罗元佑是在中国最早开业执镜的中国摄影师。

　　李白贞，湖北黄陂人，年轻时爱好美术、摄影。1910年在汉口开设"荣昌"照相馆，1911年加入湖北秘密革命团体"共进会"。于是，"荣昌"

① 吴群：《广东摄影史话（续）》，《摄影之友》1993年6月，第1页。

照相馆又成为革命的联络点和筹划武昌起义的秘密据点。在武昌起义临近时，"荣昌"照相馆还作为起义的临时指挥部。在武昌起义中，李白贞参与战地摄影工作。武昌光复后，清军南下，在多次的激战中，李白贞携带照相机深入战斗阵地，冒着敌人的炮火，进行战地摄影。从1911年10月19日至24日，拍摄了许多珍贵的照片。遗憾的是，所有照片一部分为冯国璋纵火所毁，另一部分又为日寇炸弹所毁。

欧阳石芝（生卒年代不详），为戊戌变法领袖康有为的学生，1889年在上海开设宝记照相馆。因与具有变法维新思想的文人雅士过从甚密，加之他为人慷慨好客，结交了不少来沪出差旅游的京官，所以清末不少社会名流都爱光顾宝记照相馆。宝记照相馆开业之初即为三楼三底，规模较大。欧阳石芝经营思路活络开明：既面向达官贵人、名流雅士，又不忘招徕市井商民；既在馆舍拍照，也做应召外拍的生意；所拍照片种类丰富，既拍单人像、化装照，也拍家族纪念照、社团集会合影。同时宝记照相馆还提供一系列如照片的加印、剪裁、放大、着色等后续加工服务，并摄制出售名伶佳人、风光名胜等照片。其次子欧阳慧锵更将经营范围扩展至新闻摄影、美术摄影、广告摄影、电影摄影等领域。康有为赞扬他对照相"童而习之，久而神明之"，且"沪上之为摄影，精妙者应无出欧阳生上"。1922年欧阳慧锵总结自己的经验体会，撰写了《摄影指南》一书，由宝记照相馆出版发售。《摄影指南》十分畅销，频频再版，更受到沪上名人欣赏，康有为、张元济等人纷纷为此书作序，康有为还题写书名，为附录的美术作品写赏析文章，1933年宝记因战乱被迫停业。

（二）早期知名摄影家

早期的照相馆从业人员启动了华人摄影师的培养。根据《中国摄影大师》（赵迎新主编，中国摄影出版社2017年版）一书的介绍，刘半农、陈万里等中国人都为中国摄影的起步做出了开创性的贡献，在中国摄影领域的影响极其深远。而与此同时，民族志摄影家庄学本、孙明经等为中华民族大家庭的视觉记录做出后世难以企及的特殊成绩。

刘半农（1891—1934 年），江苏江阴市人，是中国新文化运动倡导者之一，著名的文学家、语言学家、教育家。博才多学的刘半农兴趣广泛，摄影是爱好之一。1926 年，在北京大学执教的刘半农加入了以北京大学职员为骨干的北京光社。1927 年，刘半农对北京光社以及我国的摄影发展，感触颇多，撰写出中国首部摄影理论专著《半农谈影》。同年，出任《北京光社年鉴》的编辑并为此作序，深受市场及读者喜爱，第二本《北平光社年鉴》仍由他代笔。

陈万里（1892—1969 年），江苏吴县人，中国早期著名摄影家，北京光社创始人之一，摄影文化学者。1919 年，陈万里与黄振玉、褚保衡、吴缉熙等人在北大校园里成立了中国第一个摄影艺术团体——北大摄影研究会，并在北河沿的北京大学第三院举办过三次摄影展览。1923 年冬，校外的吴郁周、钱景华、老炎若、刘玄虎等加入研究会，研究会更改为北京光社。1924 年 6 月 14 日，北京光社在中央公园今雨轩举办了国内被广为记载的第一次公共摄影展览，陈万里有 60 余幅作品参展，影展过后，他筛选出 12 幅作品，自费出版了个人摄影画册《大风集》。1924 年，废帝溥仪被逐出故宫，陈万里曾以摄影记者的身份参加了宫闱的清点工作，随后出版了《民十三之故宫》和《故宫图录》两本纪实性的摄影画册。1926 年，陈万里在上海慕尔堂举办了国内最早的个人摄影展览，相继出版了《秋雪集》《西陲壁画集》《云冈图录》三本摄影集。1928 年初，在陈万里的热情推动下，与郎静山等人共同筹建了上海中华摄影学会（摄影史称华社）。

张印泉（1900—1971 年），河北丰润县人，擅长风光，人物摄影，精通摄影科学，为我国早期摄影事业的发展，做出了不可忘却的贡献。1919年前后，张印泉开始学习摄影和探索摄影技术技巧。1919 年爆发的五四运动之后点爆了他的摄影创作热情，而于 1927 年拍摄的早期作品《荷花》，已具有新即物主义摄影的基本特征，实在是难能可贵。

庄学本（1909—1984 年，上海市人），中国影像人类学的先驱，纪实摄影大师。他放弃原先安定的生活，独自从战乱的 1934 至 1942 年间，在四川（西康）、云南、甘肃、青海四省少数民族地区进行了近十年的考察，涉及了羌、藏、回、土、东乡、撒拉、保安、彝、纳西、普米等十多个民族。历时长、区域广、民族多的考察特征实属中外罕见。期间拍摄了万余张照片，并写下了百万字的调查报告、游记以及日记，这些文字和图片的一部分曾在当时的《良友》画报、《申报》《中华》画报、《西南边疆》《康导月刊》等刊物发表，出版了《羌戎考察记》等专著。并于 1941 年举办西康影展，20 万人前去参观。郭沫若、陈立夫、陈果夫、于右任、张继、顾颉刚、翁文灏、常任侠等题词，足见社会各界关注度之高。其他代表作品还有《十年西行记》《尘封的历史瞬间》等。

孙明经（1911—1992 年），出生于南京，山东莱州人。1934 年毕业于南京金陵大学物理系，是我国摄影高等教育的创始人和奠基人。30 年代，我国陆续引进了美国理科教学影片，孙明经对此发生了浓厚的兴趣，自此就投身以影像记录为主的电影教育活动中。1935 年受金陵大学理学院之邀，开始自行摄制我国教育电影。同年，金陵大学教育电影部成立后，他酝酿摄制大型系列电影《中华景象》一片，并于 1937 年奔赴外景地，抗日战争爆发后，自贡盐场则成为抗击侵略的重要支柱。1938 年 4 月，孙明经一行从重庆来到自贡，把当时的井盐生产状况，拍摄了一部 22 分钟的纪录片和 800 多幅记录当地风土人情、技术水平、民众生活的照片。回到重庆后，孙明经将这些影像资料公开展示，极大鼓舞了国人士气。

（三）红色摄影家

红色摄影家特指中共解放区内从事摄影工作的群体，根据《中国红色摄影史录》（顾棣主编，山西人民出版社 2009 年版）所介绍，早期红色摄影家的代表人物有吴印咸、郑景康、沙飞和徐肖冰等人。

沙飞，1912 年出生于广州，原名司徒传，1935 年 6 月参加上海黑白影社。1936 年 9 月考入上海美术专科学校西画系。1936 年以"沙飞"为笔名在《生活星期刊》《作家》《光明》《良友》《时代》《中华图画》《中流》等报刊发表鲁迅的照片；1937 年在《中华图画》《生活星期刊》发表"敌人垂涎下的南澳岛"、"南澳岛——日人南进中的一个目标"组照；1936 年、1937 年先后在广州、桂林举办个人影展。1937 年 10 月参加八路军，正式改名为沙飞，成为人民军队第一个专职新闻摄影记者。先后担任晋察冀军区政治部编辑科科长兼《抗敌报》社副主任、新闻摄影科科长、《晋察冀画报》社主任、《华北画报》社主任等职。

石少华，1918 年出生，广东番禺人，早年投身革命。1939 年后历任冀中军区宣传部摄影科科长、晋察冀军区晋察冀画报社副主任。1945 年 2 月底，石少华带领摄影训练队搬迁到坊里（距洞子沟 5 公里）继续开课。1945 年 8 月 24 日，日军伪蒙疆自治政府所在地张家口解放，石少华随先头部队攻城，拍下了《攻克张家口火车站》《八路军开进大境门》《大好河山重放光明》等珍贵镜头，还拍摄了八路军和苏联红军张北会师的照片。按照沙飞嘱咐，石少华走进张家口，首先就接收了日军司令部一个印秘密文件的印刷厂，又接管了日本人开办的一个照相馆，还缴获了日军 3 部电影放映机。

吴印咸，1900 年出生，江苏省沭阳县人。1920—1922 年在由中国美术大师刘海粟等人创办的上海美术专科学校学习，在校学习期间，用三块银元买了一台勃朗尼方匣式旧照相机，开始自学摄影。后于 1938 年投奔延安，1946年之前在延安八路军总政治部电影团任摄影师；1942 年后担任电影团领导工作。1946—1948 年在东北电影制片厂任技术部长及副厂长；1947 年曾以摄影记者的身份赴捷克斯洛伐克参加第一届国际青年节。

郑景康，1904 年生，广东中山人。曾就读于上海美术专科学校，课余兼习摄影。1930 年在香港开设景康摄影室。擅长人像摄影，兼拍风光、百姓生活及新闻照片。1934 年在北平举办个人摄影作品展览，是中国较早举办个人影展的摄影家。抗日战争爆发后，从香港到武汉，任国民政府国际宣传处摄影室主任，拍摄了大量有关抗日救亡活动和揭露侵华日军暴行的照片，曾赴台儿庄战役前线作摄影报道。1940 年底赴延安，在八路军总政治部宣传部等单位工作，拍摄了大量反映党中央和边区军民革命斗争、生产建设的珍贵照片，并举办了个人摄影展览。1942 年起，在延安开办摄影训练班，培养了大批革命的摄影工作者。同年，作为摄影界代表参加了延安文艺座谈会，在会上发表了关于开展抗日民主根据地摄影工作等重要意见。1945 年加入中国共产党。第三次国内革命战争时期，先后在《晋察冀画报》《山东画报》《东北画报》担任摄影记者和报社领导工作。郑景康著有《景康摄影集》《摄影讲座》等，其中《景康摄影集》于 1958 年 4 月，由上海人民美术出版社出版。共收录了 75 幅摄影作品，其中有抗日战争和解放战争时期的作品，有新中国初期的风光和剧照作品，最多的还是人像作品。

徐肖冰（1916—2009 年），浙江桐乡人。1933 年起在上海电通影片公司、明星影片公司和西北电影公司任摄影助理。参加拍摄《风云儿女》《马路天使》《塞上风云》等影片的摄制工作，同时参加上海左翼戏剧活动。1937 年全面抗战爆发后，在太原参加八路军，同年赴延安。在延安抗大学习期间，他拍摄了毛主席给抗大学员讲课的珍贵历史镜头。此后拍摄了大量反映根据地的摄影作品，后又调入延安电影团，参与拍摄大型纪录片《延安与八路军》。1942 年加入中国共产党。抗日战争胜利后到东北电影制片厂工作。

三、华人摄影记者

1906 年以后，国内报纸开始大量刊载时事照片，据《中国近代图像新闻史研究：1840—1919》（韩丛耀主编，南京大学出版社 2012 年版）所述，有王小亭、顾淑型等知名摄影记者，以及在此前后的一些重要事实，如表 2-3 所示。

表 2-3 中国早期新闻摄影重要事件统计

时间	重要事件
1902 年	上海土山湾印书馆已能制造照相铜版； 上海石印绘画《图画新报》的一期上就刊出了《议和大臣王中堂小像》和《德国亨利亲王小像》照片各一张；
1903 年	《图画新报》刊出《中国拱桥》照片一张； 上海文明书局则利用赵雪鸿的仿摄影绘画技术印制画册；
1904 年	上海商务印书在创办《东方杂志》时，利用已经掌握的照相制版技术，刊出了"自制铜版图"——实质上就是刊印照片；
1905 年	同盟会在日本创办的《民报》，在刊行的二十六期中，就刊有时事新闻和革命领袖人物孙中山、邹容、秋谨的照片数十张之多。 潘达微、高剑父等在广州主编鼓吹革命的《时事画报》，以绘画为主，但也刊登少量照片
1906 年	北京《京话日报》第 570 号刊登了在"南昌教案"中被法国教士杀害的江召棠县令的遗体照片； 《时事画报》第一期刊出"广东前后督办肖像"；
1907 年	《时事画报》第二期刊登"广东将弁学堂军乐队"照片；此后，刊登的时事照片相对就多了起来
1909 年	《时事画报》刊登了"秋谨墓"照片一幅，编者悲愤地写道："嗟呼，秋风秋雨瞬两年唉，而社会仍如是其沉沉也，悲呼！"

随着摄影技术的逐渐普及，许多中国人不仅掌握了摄影技术，而且拥有了必要的摄影器材，从而也涌现了一批摄影新闻工作者，是他们推动了摄影新闻业的迅速发展。我国早期的报刊上刊登的照片，一般都不署名。但 1907 年在上海创刊的《神州日报》打破了这个惯例，多次刊登李少穆拍摄的署名新闻照片。于是一些报史学者认为李少穆应成为中国有名可考的摄影新闻第一人。此后的代表人物有戈公振、王小亭、李白贞、潘达微等人。1919 年的五四运动，不仅给中国带来了民主与科学，也给摄影带来了发展契机。中国的摄影事业有了显著的进步，涌现了一批又一批的摄影记者。

王小亭，1900年生，又名王海升，北京人。早年任英美公司电影部新闻短片摄影师。1923年，王小亭随美洲探险团赴蒙古、新疆、西藏等地考查，历时两年多，他"渡漠越岭，饱受风霜，始得将此地风土名胜，拍成影片"。返沪后，受万国新闻通讯社的聘请，任该社摄影记者，作美国摄影师范济时的助手和中文秘书。不久，北伐战争开始，又奔赴前线摄影。1926年创刊的《良友》画报，发表了他在内蒙古和新疆、西藏等地考察及有关北伐战争的不少珍贵照片，一举成为著名摄影记者。

顾淑型，女，1897年生，江苏无锡人，是我国的早期女摄影家之一。1926年，北京发生震惊中外的"三一八"惨案，她带领学生参加示威游行，并用照相机拍摄了这次反帝爱国运动的珍贵照片。同年，经李大钊介绍，去苏联中山大学学习。1946年4月再次赴美，在纽约从事摄影、电影工作。她先后在印度、美国等国放映幻灯片《延安风光》、《中国人民领袖毛主席》等，反映解放区军民斗争生活，介绍中国共产党的主张和解放区的成就。

俞创硕，1911年生，浙江平湖人，早年考入刘海粟创办的上海美术专科学校，毕业后曾进入《良友》画报社工作。1937年七七事变后，改变了中国历史的进程，26岁的俞创硕则义无反顾地奔赴在华北抗日前线，成为上海《良友》画报的战地摄影师、重庆中央通讯社战地摄影记者。1938年3月，俞创硕在台儿庄战役的长辛店、良乡前沿阵地，拍摄了将士们严阵以待、同仇敌忾的抗日士气，拍摄了抗日名将、名噪一时的孙连仲将军。为了唤起民众，这些作品在当年7月17日至25日的上海南京路大新公司四楼举行了一次展览。1946年，俞创硕回到上海，先在《申报》馆工作，上海解放后进入《解放日报》任摄影记者。

魏守忠，1904年生，北京人。中学时代即喜好摄影，青年时代就先后受聘为《世界日报》和《晨报》的摄影记者，又兼任《新光画报》编辑工作。当时的许多报刊画报都采用过魏守忠的摄影作品，逐渐成为名噪一时的"旧都名摄影记者"之一。抗战爆发后，先在武汉从事摄影的相关工作，后在重庆中央通讯社摄影部任记者，不久，就到美国新闻处（重庆办事处）担任摄影部主任，直到抗战胜利。1946 年，他在上海与舒宗侨合编《第二次世界大战画史》画册。1947 年，他参加上海《大公报》工作，负责筹建摄影部。1949 年 5 月，解放大军进入上海，《大公报》从此获得新生。

吴宝基，1911 年生，安徽歙县人。1929 年高中毕业后，曾进入《申报》摄影部当练习生，在《申报》摄影部主任王小亭的指导下，学习暗房冲洗放大技术和摄影部的工作，从此走上了摄影之路，并在抗日战争中拍摄了大量的战地照片，以揭露日军的侵华暴行。杭州解放后，已身为自由摄影人的吴宝基写信给上海市市长陈毅请求学习和为新中国工作，翌年从上海解放日报社调到北京人民画报社任摄影记者。

周海婴，1929 年生，是鲁迅先生与许广平唯一的儿子。周海婴一生酷爱摄影，1938 年 10 月拍摄生平第一帧照片；1943 年 11 月正式开始学习摄影；1944 年 11 月拥有第一部照相机；1948 年 11 月拍摄第一帧彩色照片；一生共拍摄照片两万余张，其中以上海难民、上海"2·6"轰炸、民主人士秘密前往东北解放区、辅仁大学和北京大学校园生活等四五十年代上海与北京的系列照片尤为珍贵。周海婴早年的摄影作品更多的是关注民生，在 1945 年之后，一批个人作品都与普通老百姓的生活息息相关。如《淮海路发大水》系列照则十分生动地再现了作为大都市的中国上海繁华路段的淮海中也遭遇了大水的侵犯，百姓生活为此深受影响，而孩子们则乘机嬉戏其中，画面生活气息浓郁。

第二节　影像题材

摄影题材及其分类是摄影学科的基本问题，不同的时代、不同的思辨方法都必然导致分类结果的不同。可以肯定的是，目前尚无统一的分类体系。本书根据研究的需要，并根据收集的现有影像资料，本着摄影是对人、景、事及其关系的形象表述的基本思想，概括出了如表 2-4《近代中国摄影题材分类体系》所示的题材分类。

表 2-4　近代中国摄影题材分类体系

序号	一级要素	二级要素		
1	人物肖像	单人肖像	双人合影	多人合影
2	城乡风物	物质生产	日常生活、风俗仪式	城乡景象、历史遗迹
3	社会时事	军事新闻	民生新闻	文化、教育、宗教类新闻
4	艺术摄影	画意摄影	风景摄影	广告摄影

事实上，如此分类仍然遇到了难题：比如 1879 年到访的美国总统格兰特与晚清重臣李鸿章的合影，既具有双人肖像的留念性也具有时事新闻性；一幅西方传教士在教会学校教学的影像应该归于宗教还是教育事业？对此类问题的最终解决方案是，对任何一幅作品依据其主题的主要特性而只被归于某类题材，但同时再加贴关键词标签，也就是某张特定的影像在影像库中只拥有唯一的物理位置，但可以拥有多个关键词标签加以链接，以满足不同维度的研究需要。

一、人物肖像类

人物肖像摄影，其思想源于绘画的肖像画，无论在中国还是在西方都具有丰富的创作基础与艺术积淀。在西方，摄影术初期的应用就在于试图取代肖像绘画而进行肖像摄影，具有强烈的艺术表现基因。此后的 30 年间，出于人们对自身形象稍纵即逝的顾影自怜，肖像摄影取得了摄影的绝对统治地位。摄影术传至中国，也仍然是从肖像摄影开始，产生于中国的第一张照片即为晚清五口通商大臣耆英的肖像照。此后的很长一段时间，以人物具体形象留影为目的的摄影活动彻底冲击了绘画肖像的真实性而成为其摄影主流题材。人物肖像类摄影主要包括单人肖像、双人合影和多人合影三类。据统计，近代中国影像中的人物肖像影像达 3000 余幅，接近收集总量的 30%。

（一）单人肖像

根据前述历史文化阶段的分期，三个阶段的肖像作品收集 1830 余幅，具体情况如下。

在 1844—1899 年间，共收集到的单人肖像影像 240 余幅，其中男性影像 130 幅，而一些男性社会名人，如李鸿章、孙中山等人则一人多幅；女性影像也达到 110 余幅，因而，涉及的男女人物数量几乎不分仲伯。而这一事实可能会说明：贵族阶层中的女性家庭地位也许并不是我们过去所想象那样低下；女眷们也许并非完全足不出户。但同时应该清楚，在封建文化时代的摄影作品大部分为旅华摄影师所留，这也许是他们对东方女性的猎奇心比男性多，所以想法设法拍摄女性影像用于商业领域……对影像的造型性因素进一步观察，并参考文献记载，可以发现，这其中大部分为高级官员、商业买办的女眷或贵族夫人，还有部分高级妓女，真正的平民女性能够得到摄影的机会十分稀少。

在 1900—1927 年的历史阶段，共收集近 1030 幅个人肖像照，清末民初身处北京、天津、广州和上海等中心城市的中国政治精英几乎都能从中找到，显示出他们纷纷留影的特征。慈禧、逊帝溥仪、婉容，仅这三人就有共计 80 余幅肖像作品，这些数据说明了晚清皇室极其热爱摄影，且有大臣裕庚的次子裕勋龄专司摄影之职。此外，李鸿章、孙中山、袁世凯、黎元洪、蒋介石等众多时代人物都留下了肖像影像。

与此同时，很多普通百姓由于各种原因也留下了个人肖像。这得益于旅华摄影师的各种目的，他们的足迹遍及从港澳台开始的南方，越过长江黄河一路向北直至内、外蒙古，并东西延伸至东北三省和西北的甘肃、新疆。其中更有一些代表性的摄影师值得关注：除了前面已经介绍的旅华摄影师外，还有英国随军摄影师约翰·克劳德·怀特，他在 1903 年已经走进了西藏；1904 年起芬兰探险家马达汉的西部之行，他们都不同程度地留下了当地人的许多个人肖像照片，而成为我们今天了解当年各地民族形象的宝贵文献。此外，时尚人物摄影已经在上海、北京等核心城市开始流行，如创刊于上海的时尚杂志《良友》画报和创办于天津的《北洋》画报最为典型。

在 1928—1949 历史阶段，是中国近代纷繁战乱的时代，从北伐酣战开始，历经东三省沦陷、伪满洲国分裂、抗日战争全面爆发、国共破裂，直至全国解放。显然，这一阶段的摄影作品绕不开国内民族救亡的主题事件及其重要人物。与此同时，民族调查工作开始启动，其中以影像为调查工具的，先有庄学本，再有孙明经。根据统计，这一时期共收集了 560 余幅个人肖像照片。相较于前一个文化时期，个人肖像的数量减少并不意味摄影的萎缩，只是许多摄影师将精力转向了反映社会现实生活领域了。此时肖像中的战争人物，民族志人物，以及时尚人物为主要部分。比如民族志摄影家庄学本在"青甘川康"四个地区拍摄的个人肖像多达近 230 幅，第一次系统性地向世人展示了中华民族的民族多元化特征而显示出重大意义；另外比较典型的是上海《良友》画报，出版 172 期，其封面时尚人像摄影则有 146 幅之多，而男性肖像仅为 4 幅，这些封面女郎被注入了全新的含义和伦理价值，代表的是一个新时代女性的新形象，引领了当时的社会大众审美观。马国亮认为"《良友》封面，从创刊开始，一直是以年轻闺秀或著名女演员、电影明星、女体育家等的肖像作封面的。"① 由于摄影的进一步普及化，导致这一时期的肖像人物社会层次丰富，从国家领袖、军事将领到社会名流、伶人娼妓、平民百姓、难民乞丐都有所表现。

此外，在单人肖像中还有一些或坐或站在"大镜"（专指类似屏风的全身镜面）前的人物肖像，仿佛这是近代中国的一种时尚摄影模式。这类影像引起了一些学者从"物／镜／画"的视野下的特别关注。

---

① 马国亮：《良友忆旧》，生活·读书·新知三联书店 2002 年版，第 236 页。

（二）双人肖像

双人合影的肖像照是人物摄影的传统题材，通常来说，参与合影的两者具有较为亲密的关系，家人、情侣、朋友、闺蜜、伙伴、主仆都可以成为合影的对象。据统计，在1844年至1949年共收集400余幅传统意义上的双人肖像照片，收集的原则被确定为较为正式的摆拍合影，并以肖像留念为拍摄目的，一些明确倾向于时事新闻性主题的影像，被归于"社会时事"摄影的类别中。电影或舞台剧照的双人合影也不在此列，双人合影无论是总量还是各历史时期的数量都远小于单人肖像。

在1844—1899年间的80幅双人肖像，绝大部分为照相馆内摄影。显然，室内摆拍摄影以形象性为主要创作指向，能够一定程度上反映出时代的人物外在形象特征，其环境设置也可以表现出一定的物质生活取向，但叙事性则不足。20世纪初年至1927年的新民主主义文化的萌芽期，收集了140余幅双人肖像。这一阶段得益于世界摄影技术的提高，对双人肖像的被摄者动作协调性要求大为降低，因此也就出现了较多的室外抓拍照片，也极大地拓展了摄影表现题材。但此时的双人肖像仍以人物的静态、直视镜头的表现为主，动态的抢拍效果并不理想，俩人之间情感性表现的镜头语言较为匮乏。1928年至1949年间共有双人肖像类作品近190幅，而庄学本个人作品几近百幅，再除去各种特殊环境下的即时留影式的双人肖像，其他就所剩无几了。这似乎是国内战乱频频，人们日常生活中普遍无心于柔情蜜意的双人肖像留影。

（三）多人合影

合影，尤其是多个人的合影应该是一个此时、此地、此情、此景的缩影，而一个时期的合影排列，某种程度上则是这个时代变迁的佐证之一。在1844年后的百余年间，共收集到肖像类的多人合影影像760余幅。

从被摄对象的构成上看，家庭合影，即全家福是其主要题材，全家福照片中的人物通常会着正装，并且多为照相馆内照。拍摄时依辈份分前后左右，或坐或站是最常见的形式，这一形式会体现出一定的中国家庭传统文化，后世也可以从中解读出一定的时代文化背景。从被摄对象的精神面貌上看，一般合影照片的表情都趋于严肃，只有友人、同学或家庭的合影稍显轻松。如此精神面貌的呈现，一方面，体现出对摄影活动自身的重视程度；另一方面，也体现对个人形象修养的重视，与今天的人们参加合影的心态并无二致。

综上所述，人物肖像类影像在各时期的创作数量如表 2-5《人物肖像类题材数量统计简表》所示，同时分别统计了旅华摄影师和华人摄影师创作数量的占比，这将是后续影像诠释中的一个重要因素。

表 2-5 人物肖像类题材数量统计简表

人物肖像类	总数	旅华摄影师作品占比	华人摄影师作品占比	佚名摄影师作品占比
单人肖像	1836	233 幅	590 幅	1031 幅
双人合影	409	104 幅	197 幅	108 幅
多人合影	767	194 幅	360 幅	213 幅

二、城乡风物类

城乡风物摄影主要表现的是人们的生活环境和生活状态，出于对中国这个神秘的东方古国的急切了解，近代百年的旅华摄影师尤其热衷于中国城乡风物的表现。而澳门、广州、上海、北京和福州等开埠较早的城市，则率先进入旅华摄影师的视线，随后进一步的开放，全国各地乃至边陲小镇均有影像表现。城乡风物摄影在此被界定包含有三个方面：日常生活与风俗仪式、城乡景象与文化遗迹，以及物质生产。本书在此题材下共收集到 3300 余张影像。

（一）日常生活与风俗仪式

日常生活与风俗仪式的影像表现，主要是指用影像表现百姓的日常生活，包括衣食住行、婚丧嫁娶、祭祀仪式、民间风俗活动等诸多题材。在第一次中英鸦片战争之前，西方各国对古老的东方帝国充满了好奇与敬畏。此后，当第一批旅华摄影师来到中国后，对中国人的日常起居生活充满了极大兴趣，而中国又幅员辽阔，民族众多，给这类摄影带来了丰富的表现题材。本书在这一题材下共收集影像 1540 余幅。

在日常生活仪式化的行为中，往往包含有明确的民族性及文化性符号，在做进一步分析时，则需要注意其作者从"他者"逐渐过渡为"本土"的基本特性，即影像作者的文化属性不断发生变化。从摄影的技术层面看，真正的百姓生活照片只能出现于 19 世纪 80 年代干版摄影术之后。此前的生活纪实摄影其实都是经一定的摆拍而成。英国摄影师约翰·汤姆逊在中国的湿版摄影创作在传说中的是个例外，他

图 2-1　船家姑娘（约翰·汤姆逊摄，1869 年）

十分习惯于街头摄影——抓拍。事实上，对他的照片仔细整理后发现，同一个对象有多个版本的照片，其中十分著名"船家姑娘"就是如此，如图 2-1 所示。

这说明即使久负盛名的约翰·汤姆逊也仍然免不了摆拍，但应该明确的是，尽管摄影师如此摆拍，但照片中的人物服饰、生产劳动工具、交通工具等都是真实的，包括神态表情均与当时的社会生活真实相符，具有较高的可信度。因此，此类影像仍可看成是"纪实摄影"。随着干版摄影术的普及、胶卷的发明，生活摄影也就越趋于生活真实。

其中值得注意的是，在中国进入到 1928 年至新中国成立的新文化发展初期，共收集 900 余幅作品，其中旅华摄影师约为近 260 幅，占比为 28.1% 左右，与他们在华摄影的总量占比 28.8% 大致相当，由此也许说明，旅华摄影师对中国百姓生活的关注热情没有明显变化。

（二）城乡景象与历史遗迹

从社会文化学的角度看，中国近代社会仍然属于乡土社会，并以农耕、游牧生产为主。因此，田园景色与乡村文化之间存在十分紧密的关联。所谓田园景色主要是针对城市之外的田园风光，既有农耕田园、山川牧场，也包括了内河及湖泊水面景色，均以景为主。城市景象中最重要的题材之一是城市建筑。与西方风格迥异的中式建筑，无论是城市街景还是其中的园林、宅院建筑，及至相嵌于中国繁华都市中的西式洋房都成为了旅华摄影师追寻的对象，而其动力之一则是他们远在故乡客户的风景名片需求。繁华绮丽的中式私家园林宅院、宏伟庄严的北京皇家寓所、各地的亭台楼塔等，这些都成为早期建筑景观中最为频繁出现的题材。除了城市建筑外，港口风景、地标建筑也是城市风物表现的题材，它们直接表现了一座城市的繁华与文化品位，也间接地反映出生活于此的人们的精神世界。毫无疑问，城市外在的直观形象也是反映国人生活状态的重要指标。此类题材共收集近 1340 余幅影像。

在近代影像库中反映出，最先被表现的城市是先后开埠的广州、上海等；进入 20 世纪后，旅华摄影师除了在上述各开埠城市继续拍摄之外，还有个别西方人士已深入滇川藏，以及北方广大地区从事各种探险、调查、测量等活动，同时也兼职摄影师，留下了一些城乡影像，但其中的绝大部分影像资料被各所有方列为保密资料未予公开。尤其是 1888 年英国发动第一次在西藏地区的侵略战争；1903 年英国又发动了对西藏的第二次大规模武装侵略，这些影像资料并未见诸于公开出版物，以免暴露自己早已觊觎西藏的野心。进入新文化发展期后，摄影活动在中国已经相对普及了，城乡之间也出现了许多新生事物，吸引了摄影师们用影像去表现，从而使城乡景象题材的影像与此前有了大幅度的增加。

历史文化遗迹主要是城市内外具有特别文化意义的建筑、碑刻、祠堂等。在这类题材的影像中，摄影师们更关注牌楼牌坊、古桥古塔、万里长城等都富含中华文化的元素，比如闻名中外的北京颐和园十七孔桥，在收集的作品中，分别于 1872 年、1879 年、1900 年、1920 年四次受到约翰·汤姆逊、赖阿芳等中外著名摄影师的表现，并被收录、出版；而长城的居庸关关门则在同一视点下前后三次得到表现。所有这些文化遗迹遍布中国的从南到北、从东到西的城乡内外，他们自身都书写了中国民族的文化形象与文化基因，而近代影像库则构成了一幅宏大的视觉叙事结构。令国人痛心的关于圆明园被毁后的数十张遗迹影像，则向世人悲愤地叙述着她过去曾经的辉煌。

（三）物质生产

众所周知，人类的生存离不开物质生产。中华民族经历了漫长发展过程后，形成了以农耕生产、游牧生产和海洋生产为主体的自然经济生产体系，并在进入 19 世纪中叶后，逐步拥有了近现代工业生产体系，开始步入工业经济时代，历史留存的影像也深刻反映了时代的社会物质生产烙印。在物质生产这一题材下，以农耕、游牧、海洋、工矿、制造、食品加工等等为关键词，共收集影像作品 450 余幅。

从影像产制的年代上观察，可以发现在 20 世纪前，几乎没有近现代民用工厂的影像，从而说明当时的物质生产就是依赖农田、牧场、大河与海洋等三类自然条件。此外，还有依赖手工业作坊生产的各种生活必需物资，比如近代影像反映的自三千多年前就出现的青铜器，说明了中国采矿及其加工业的历史源远流长，但也只是作坊性质。显然，自然经济土壤下的物质生产虽然技术发展缓慢、生产效率低下、难以产生商品经济规模，但恰恰养育了中华民族共有甚至是特有的农耕文明、游牧文明和海洋文明及其融合的关系。他们的精神内涵与表现形式各不相同、各有特色、并不断地产生碰撞与整合，从而在世界范围内形成了特有的中华民族精神。影像所反映的物质生产的历史变革也就反映出这种优秀民族品质的流变与进步。

从物质生产的内容上看，军事工业是中国最早开始建设的工业体系，显然，它涉及了采矿、冶金、机械制造、能源与电力、化学化工等等上下游工业；纺织工业则是最早得以发展的民用工业体系，由于中国是人口大国的因素，纺织工业也是最为繁荣的物质生产之一。

由此我们可以看出，城乡风物类题材的近代影像能够反映出：第一，能够从百姓的生活现实和风俗仪式上追寻中华民族总体的人文精神；第二，从全国城乡不同空间断面的影像，就能够体验与佐证中华民族的历史变迁；第三，物质生产技术与方式的进步较为强烈地表现了时代进步，并一定程度冲击、改变了国民的传统精神面貌与思想方式。

三、社会时事类

摄影是当下的记录，记录的则是作者眼前的事物，因此，社会时事类题材成为众多摄影师必然涉足的领域，也留下了大量影像。然而，当后世的我们来诠释影像时，"当下"就成为了历史，正所谓今天的新闻即为明天的历史。社会时事摄影中充分体现出作者的"人文关怀"而与"纪实报道摄影"紧密相关，显然，社会时事摄影只有更多地针对社会问题，提出需要社会大众正视的影像才具有现实意义，因而它具有强烈的时代特征。本书所提出的"社会时事摄影"题材，包括战争与军事新闻、社会与民生新闻、文化教育与宗教时事三类。

（一）战争与军事新闻

新闻摄影，是以影像的方式传播新闻，近年来亦有学者重新定义为"摄影新闻"。在 1840 年中英爆发了第一次鸦片战争之后，中国就此走上了百年战乱的历史阶段，并发生了无数次的战争战斗。因此，无论对旅华摄影师还是华人摄影师而言，战争报道都是其中的重要题材。战争摄影的图片通过摄影画报、画册及传单的方式在战争的前后散发。这种"眼见为实"的形式具有更大的可信度与说服力，充分地发挥了新闻摄影的长处和优势。战争摄影可分为战前、战时、战后三个阶段，其中战时活动是最主要的战争新闻摄影，它受种种条件限制，拍摄创作艰难而危险，战地摄影师因以生命为代价进行战争报道而倍受世人尊重。

1858 年，在第二次鸦片战争中败北被俘的两广总督叶名琛生活照，也可以被认为是中国最早与战争有关的纪事影像。随着 1858 年后一些旅华摄影师的到来，战争与军事新闻摄影逐渐普及起来，其中以美籍意大利随军摄影师费利斯·比托所拍摄的第二次中英鸦片战争表现最为突出，但他对中国人民而言也最为冷血，在拍摄现场竟将清军陈尸战场称为"美丽"而不允许挪动[1]。

进入 20 世纪后，从世纪之交的八国联军侵略中国开始，按照历史进程，影像题材涉及了晚清的新军训练、在中国东北的日俄战争、直奉战争、北伐战争、广州起义、抗日战争以及第三次国内革命战争等，但对于

---

[1]　张明：《外国人拍摄的中国影像 1844—1949》，中国摄影出版社 2018 年版，第 50—53 页。

1928 至 1937 年之间的国内局部战争影像表现较少，如二次北伐、蒋桂战争、中原大战等，尤其是国民党军队五次围剿红军苏区的历史性影像更为少见。

（二）社会与民生新闻

社会纪实摄影或民生新闻摄影的概念雏形在摄影术发明的初期就被提出，创作实践也伴随摄影的普及而不断成熟与丰富。但理论的成熟始于1935 年前后，美国大萧条时期的 FAS 摄影计划实施后的进一步摄影理论总结。笔者以为：社会与民生新闻摄影反映的是摄影行为发生的当下，并为将来作影像实证，同时符合新闻的基本要素。它所反映的是人与人、人与社会的关系；以人的社会活动为记录主线，描绘人类影响社会生活制度的行为与方式。社会纪实与百姓生活的区别在于对社会生活与制度的影响程度。简单地说，如某三五人步行于街头属于百姓生活场景，而三五人为某一共同诉求游行于街头则已属于社会新闻事件。

根据上述关于社会纪实与民生新闻题材的基本定义，在近代影像库中共收集约 1870 幅作品。从作品所反映的内容看，法国摄影师比朗格拍摄于 1857 年间的被毁坏的英国商船为中国近代这类题材的第一张照片①，这在当时应该是一件重大的社会事件。此后，在中国近代史上的许多重要事件亦多有反映。除了反映国家重大变革、外交重大事件、五四运动外，还有中国近代交通工具的发展、近代军工业的萌芽、灾荒难民等重大民生事件，等等。

令人感兴趣的是中外摄影师对中国司法行为的诸多影像表现：从审判方式上看，从晚清的官府审判到民国的法庭审判；从刑拘方式上看，有枷锁、捆绑、镣铐等；从处罚方式有杖刑、示众、牢狱、犯人工厂；从处决方式上看，有晚清的凌迟、站笼、斩首到民国的斩首、枪决的演变。显

---

① 泰瑞·贝内特：《中国摄影史 1842—1860》，中国摄影出版社 2011 年版，第 176 页。

然，司法形式的演变也是文明发展的一种体现。

（三）文化、教育与宗教时事

在近代中国，教育与宗教是两个十分"活跃"的领域，也留下了较多的影像；但文化事业、体育运动与娱乐活动受到很大制约，因此，这类摄影作品相对较少。虽然如此，除球类、运动会等大众项目外，游泳、赛马、摔跤、棋类博弈等体育活动也仍有影像存世，本书共计收集到1150余幅相关影像作品。

在教育领域，封建时代遗留的教育模式"官学、书院与私塾"都有其影像留存，而近现代学校模式的教育事业有较为充分的反映：从幼儿教育到大学教育、从沿海沿江城市到边陲小县、从传统国学到近代科技教育都有所表现。在宗教领域，中国传统宗教道佛两教和民间信仰，以及儒学和伊斯兰教的历史遗迹较为丰富。而西方宗教的近代进入则是绕不过去的现象，此后的影像表现了宗教文化的渗透、冲突与交流，教会所属的育婴、学校、医院等机构及其活动都有一定数量的影像反映。

四、艺术创作类

随着旅华摄影师的不断涌入，同时也从西方带来了以平面造型艺术为基础思想的各种艺术摄影流派，在与本土文化相融合后，许多对中国普通受众而言构思新颖的摄影作品开始出现，这一现象表明了单调的"以貌图貌"摄影形式已不能满足人们的需要，无论是照相馆的职业摄影师还是业余摄影爱好者，都在努力探索新的表现形式，力求作品有更强的视觉表现力。

（一）画意摄影

从五四运动开始，一部分奉美术绘画原则为圭臬的知识分子型摄影家们抱着"将文艺当作高兴时的游戏，或失意时的消遣"的目的开始从事摄影活动，从而产生了一批以艺术创作为宗旨的摄影作品。如郎静山、黄振玉、陈万里等人的早期多数作品仍沿袭传统绘画造型概念，随着作品内容的逐渐广泛和文题的不断深化，也出现了一些具有创新精神抒发自己独特的审美感受的作品[1]，这类摄影作品表现出了作者一定的民族文化底蕴。

总的来看，中国近代百年的画意摄影作品数量较少，基本为中国早期摄影家所摄。1870 年约翰·汤姆逊逗留中国期间创作了一幅题材例外的《水果》作品，颇具画意意味[2]，这也可以看被看作是在中国境内拍摄的第一幅画意摄影作品。此后 30 年间，中国并无画意摄影作品出现，再此后才由旅华摄影师创作了数量有限的山水画意摄影作品。直到 1914 年，才由华人摄影师黄炎培、吕天洲合作，创作了第一幅具有中国山水画风的《黄山》[3]。在这一历史阶段上，中国的画意摄影发展与西方不可同日而语。

难能可贵的是，对于画意摄影理论，中国艺术家们已有所探索。1927 年刘半农出版了的《半农谈影》进行了摄影理论探讨，探讨了"写意"照相，也就是艺术摄影，或称美术摄影[4]，这种美术摄影作为一种摄影理念一直被流传。此后又出现了一些华人艺术摄影师，但其作品留世不多，仅以郎静山为高产作家。

（二）风景摄影

风景摄影，几乎是与肖像摄影同时出现。中国最早的风景可以追溯至 1844 年于勒·埃及尔在澳门和广州拍摄的一批港口照片。但这里的风

---

① 李伯钦、郑连杰：《中国传世摄影·第一辑》，吉林摄影出版社 2003 年版，第 73 页。
② 约翰·汤姆逊：《中国与中国人影像》，广西师范大学出版社 2015 年版，第 283 页
③ 徐希景编：《中国影像史》第四卷，中国摄影出版社 2015 年版，XXX 页。
④ 胡志川、马运增：《中国摄影史：1840—1937》，中国摄影出版社 1987 年版，第 227 页。

景主要被界定为自然风光，而中国幅员辽阔，山川壮丽，优越的自然条件给摄影爱好者提供了广阔的创作天地。尤其是随着一些摄影艺术团体，如北京光社、中华摄影学社、黑白影社纷纷形成，提出摄影艺术"不仅须有自我个性的表现、美术上的价值观；更重要的，还能表现中国艺术的色彩，发扬中国艺术的特点"。这个时期出现的风景摄影作品，尽管表现手法比较单一，但内容十分丰富，受到人们的喜爱。风景摄影作品的流传，对激发人们热爱祖国河山、提高艺术鉴赏力、繁荣艺术创作都产生了积极的推动作用。

本书收集到的风景摄影，在地域范围内看，从东南沿海的香港、广东、福建直到西北的甘肃、新疆；从西南的云南、川藏直到东北大地都有所表现，也涵盖了山川峡谷、大海湖泊、草原沙漠、溪流瀑布等地貌，作品整体上反映了中华大地的大好河山。

（三）戏剧与电影剧照

戏剧与电影剧照多用于海报的大众宣传，因而属于广告摄影。严格的广告摄影创作均要有巧妙的艺术构思和设计理念才能达到宣传目的。如画报封面上的人像摄影，正如《良友》画报，被摄对象多为年轻貌美的明星女性，画报以此为自身风格定位，美化封面，吸引读者的目光，提高知名度。除《良友》画报的封面照之外还收集到150余幅戏剧与电影剧照。纵观百年影像中，其他题材的广告摄影并未受到运用，商品广告摄影更是极为罕见。

戏剧影像中既有数量较多的国粹京剧表演，也有如《白毛女》等新型歌舞戏剧，还有如《雷雨》等话剧表演，甚至还有街头戏剧如《霸王鞭》的表演等。电影剧照则是各个不同时期上演的电影，通常以海报形式与电影同时发行。

本章结语

从历史影像中诠释民族形象，首先必须对影像的产制有充分的了解与研究，在第一章讨论的影像产制技术性、器材性因素之后，影像作者与题材也是产制场域中极为重要的因素。本章特别强调了旅华摄影师的因素，因为他们作为"他者"，其自身拥有的意识形态必将影响影像画面的呈现，也就是说，影像画面是他们的一种"视觉评述"，有必要予以特别关注。

在宏大的影像收集中，题材是个十分复杂的因素，本书主要是从文化人类学的视野下进行的影像分类，这样的分类比较符合"民族形象"诠释的需要。事实上，这是侧重于影像的"媒介性"而非"艺术性"特征。然而，在此过程中仍然遇到了为数不少的影像难以认定为某一类的情况，为此，又对每幅影像都加贴了1—4个关键词，以备实际研究之需。限于本章篇幅，没有对关键词加贴的过程展开讨论。

第三章　影像诠释方法

　　影像属于图像的一个基本种类，图像与人类文化学的结合性研究，甚至可以追溯到自"柏拉图洞穴"所开启的图像文化人类学的研究。1839年法国人达盖尔发明摄影术带来的影像，最初，它只是人们从事绘画的辅助工具、替代肖像绘画的造像工具，以及表述事实性"信息"的新"文本"。这使得人们不一定要去事件发生的现场就能了解事件的一些真相，并携有天然的绘画基因。此后，进一步发展成为影像艺术而具备了媒介性和艺术性的双重特性。当影像作者将其作品留存于后世，一方面，由于影像文本的图像基因，使其自身的诠释具有一定的多义性甚至歧义性；另一方面，更由于影像产制场域相关信息的大量缺失，也使影像的后世解读出现了困难。于是，影像诠释理论成为一个专门性的研究话题。总的来说，影像诠释理论的研究是在借鉴绘画诠释理论的基础上，再融合影像创作的技术性、即时性等特征而形成。

第一节　影像的意义及其诠释

　　摄影的首要任务，就是要明确影像是用来干什么的？正所谓"影像诉求"。显然，不同领域的影像创作具有不同的诉求。普遍而言，摄影者要想对受众传播一种单向性意义，就要使画面中的大部分资讯服从于一个传播的主题，这个主题又必然由被视对象——影像——来承担。所以，影像作者既是形象的产制者，也是意义的产制者，并往往以形象携带意义。

一、影像诠释观点的发展

摄影术诞生之后，很快就分别于 1851 年与 1853 年形成画意摄影和纪实摄影两条创作主线。传统的纪实摄影认为影像应与现实具有共轭性关系；画意摄影则奉绘画原则为圭臬，认为影像是作者的自省。因此，由最初的影像创作理念而产生了原始的影像诠释观点。此后随影像创作的发展而导致诠释理论的进一步发展。

（一）早期的影像诠释

纪实摄影中，人们对影像的追求是"求真"，传统的纪实摄影观点认为，摄影必须是"真人真事真场景"的自然反映，它应真实地反映生活。即"摄影在场、画面选取、典型意义"成为纪实摄影的创作指南。基于直观性原理，也就产生了早期的纪实摄影诠释理论，并概括为影像是生活的真实"再现"。画意摄影则认为摄影作品是通过形象来具体地反映社会生活、表达作者思想感情的一种艺术形态。正是由于画意摄影不再是所谓的"真人真事真场景"的"真实再现"，因此，其摄影作品的解读则重在诠释影像作者借助影像对世界的"表现"。显然，原始二分法的影像诠释思想并不能长久地适应后续时代的影像作品。

（二）现代的影像诠释

随着摄影理论的百家争鸣与实践的日益丰富，更由于科学技术的进步、照相机的改进、新型感光胶片的研制成功，使得摄影家能够采用各种技巧进行摄影创作。进入 20 世纪后，渐次出现了现代主义、超现实主义的等等艺术摄影观念，并逐渐衍化出了多种摄影流派。总而言之，现代影像充当着一种视觉发现的角色，于是，以犹太裔美籍哲学家、图像学家欧文·潘诺夫斯基为代表的学者，形成了以"形式、主题、形象到象征"的相关理论为基础的现代影像诠释理论。他的这一思想可追溯至其导师——德国哲学家阿比·瓦尔堡"图像—文化—记忆"的思想以及法国存在主义哲学家J.P.萨特在《影像论》中提出的影像"五度空间论"。

影像的现代诠释强调了"对影像的视知觉与受众个性存在极大的关系"，正如英国艺术史学家 E. H. 贡布里希所认为的，"观众的角色"是一个极其积极的角色，"认识"的视觉构建、"回忆"简图的应用是两者的集中，以使视觉构建能够与影像整体一致。从某种程度上说，我们完全有理由将影像自身看成是一个"图式"，受众应在图式理论的基础上展开对影像的诠释。

（三）当代的影像诠释

当受众看到影像之后，最直接的反映是影像与现实的关系如何？受众内心的现实其实是一种经验。影像对客观世界而言具有再现性和表现性特点。值得借鉴的是，在图像研究史上，比利时画家马格利特（René Magritte）的一幅"这不是一只烟斗"的烟斗图画引起关注，仿作示意图如图 3-1（王勇仿作）。

此后，法国思想家米歇尔·福柯（Michel Foucault，1926—1984年）以此为例深刻阐明了图像与现实的关系。一幅关于烟斗的图像并不代表它就是烟斗本身，而仅仅在于它像"烟斗"，或者说它表现

图 3-1　这不是一只烟斗

了"烟斗"。即使如此，我们也足以籍此建立起关于烟斗的意识，并导致图像不可避免地走进了认知领域。正如 16 世纪中医学家李时珍在《本草纲目》一书中绘制的一千六百余幅药草植物插图，就是希望读者借此能够建立起关于"中草药"的认识。然而，理论和实践都反复证明，对影像的观看并不能要求人们相信影像就是现实。换句话说，"看"并不代表就相信，而是诠释，影像视觉的成败取决于我们能在多大程度上成功地诠释它们。

关于影像与现实的关系问题，法国学者让·鲍德里亚在其著作《象征交换与死亡》中看来，影像中的形象前后相继的几个阶段是：

①形象是基本现实的反映。

②形象掩盖和歪曲了基本现实。

③形象掩盖基本现实的不在场。

④形象与任何现实无关：它是自己纯粹的仿像。

鲍德里亚针对仿像进一步指出，模仿是再现存在的东西，而模拟则是臆造尚不存在的东西。前者意味着对真实的再现，后者意味着虚拟的事物；模仿是确证现实原则，因为真假之间的差异很明显，模拟则相反，它"威胁到真与假、真实与想象物之间的区别"。也就是说，形象与现实的关系有可能由对等反映到完全无关，那就是形象随着各种视觉技术的出现，导致了从追求形象与现实的一致或相似，向两者距离越来越远进而使形象成为自身仿像的转变。

综上所述，影像的当代诠释可以概括为运用四个术语——主题、形式、形象到象征，它们相互叠合，构成了诠释的一个三维模式：从"原始或自然主题的影像记录"到"分析或表达主题的影像评述"，再到"内在意义或内容的影像象征"。这是一场"影像表意"运动的发展轨迹，它涵盖了从表层到深层，从感觉到思想，从直接的细节到"用特殊主题和概念表达人类精神的重大倾向"的深刻洞察。其每个阶段并非对上一阶段的取代，而是并存。因此，当后来的人们试图对已有的影像做出诠释的时候，也就必须兼顾各个影像建构维度与时代的基本规律。

二、影像的意义场域

影像负载的视觉信息是影像意义传播的重要元素。而意义则是我们日常生活中的一个普通术语，但意义究竟是什么？它是如何产生的？围绕这些问题存在着各种不同的观点。自柏拉图以来的形而上学理论中，意义一直被看成是"超自然的、独立的、不变的实体"，是"绝对精神"的产物，这是典型的唯心主义观点。历史唯物论认为，意义并不是什么神秘的、虚无缥缈的东西，相反，它是人的社会存在和社会实践的产物，"意义体现了人与社会、自然、他人、自己的种种复杂交错的文化关系、历史关系、心理关系和实践关系"。①

（一）影像意义的认识

意义活动是属于人的精神活动的范围，但它与人的社会存在和社会实践密切相关。在与自然和社会打交道的过程中，人们不断地认识和把握对象事物的性质和规律，并从中抽象出意义。正因为意义在不同的学科领域有不同的定义，在日常生活中也有多种多样的理解。在此，参照郭庆光在《传播学教程》所述的观点，从视觉人类学的角度对意义做出如下界定：所谓意义，就是人对自然事物或社会事物的认识，是人为对象赋予的含义，是人类以影像形式传递和交流的精神内容。在影像传播活动中，影像所呈现给我们的，是将影像元素和意义一同推置在一个平面上，两者并存。日常生活中，人们会觉得影像首先呈现的是它携带的意义，而实际上影像就是影像，诠释影像，从本质上说是由影像受众借助影像的指陈来赋予意义。

---

① 张汝伦：《意义的探究：当代西方释义学》，辽宁人民出版社 1986 年版，第 2 页。

（二）修辞手法下的意义强化

运用一定的影像修辞手法，在影像创作全过程中对原初影像进行的修辞，必将满足于修辞者的主观愿望，而进行更为精辟的意义表达。这种现象，我们可称之为影像修辞的"积极意义"。

原初影像，是人们在影像传播中看到一种视觉符号的最初能指，他们被受众解读为某种所指。而影像修辞者则为了进行创新表达，对影像元素或内容进行了有机的整合。这一过程是对符号的解构与重构，重构的过程将更迭甚至推翻意义原有的浅显表达，而将平常的符号意义换挡加速到更深一层内涵意义的表达。这种重构是积极的而非破坏性的，往往通过剔除非主要视觉信息甚至是干扰信息，来强化有用信息的表现。也正是通过这种影像修辞进行某些相似、相关的关系性质的联想和想象，来进行更精辟地表达意义。

在利用影像进行意义表达时，在影像建构者的头脑中往往已经有某种影像创意，也有某种想要表达的意义。此时，该意义就是所要表达的所指，该所指必定要选定与之相适应的视觉能指，其能指该如何选定呢？影像修辞的各种手法，如比喻修辞、夸张修辞，等等，进行积极的重构，将其所指表达得更巧妙、更精辟，更深入，这就是"旧元素，新组合"的巧妙之处。

（三）表现性意义与情感性意义的诠释

西方文化中，某个人对另一个人的"举帽动作"是件很容易被读懂的事件，如果换用影像来表达这一动作，则对于一个富有经验的影像受众是来讲，影像除了表现了一次比较传统的招呼意义之外，还暗示了气氛，并透露出"人格"因素——这就是全部的意义。虽然并不能从他单一的礼貌问候动作去架构他全部的精神层面，但受众只要配合自己大量的观察经验，再使用知识、文化及科学的态度（如对其时代、国家、文化、阶级、传统、族群、风俗等的了解），与直接观察结合起来加以诠释，将会获得更多的信息。

在此，我们显然是从表现性和情感性的两个层面对意义进行了探究。情感性的意义深藏于表现性的关系中，比如人的情感意义表达主要有面部表情、体态表情和语言声调表情等三种显现方式。显然，前两者有利于以影像的方式进行表达，而它的解读可分为三种基本途径：完全准确的途径、夸张掩饰的途径、完全相反的途径。

三、影像诠释的局限性

以上我们具体讨论了影像的诠释过程及其产生的意义。然而，从辩证唯物主义的角度看，我们也不可忽视影像诠释行为中的另一面，即影像于认知行为中的不足，如信息表达的不足、对认知的误导，等等。因此，只有充分认识影像在认知活动中的正反两方面的基本特性，才能更科学地诠释影像携带的意义。

（一）影像表达的局限

我们必须承认，有许多事物的存在与变化既可以由言语来表述，也可以由影像来表述。"例如女爱神把她的神圣武器授给她的儿子，这个行动可以由诗人来描绘，也可以由艺术家来描绘。"[①] 然而，这样的事例不能就此说明所有的事物都可以符合这一规律。正像语言取代不了影像一样，影像也一定不能取代语言。因为这两者在信息的表达上存在天然的不同。影像通常擅长于表达事物的瞬间，而语言则擅长于表现事物的情节。虽然，后来的影像又发展了电影与电视，以连续播映的方式来表现情节，然而这只能是在一定程度上的努力，并不表示影像就可以抛弃语言而独立

---

① 　[德] 莱辛:《拉奥孔》，人民文学出版社 1979 年版，第 54 页。

地以"情节"让受众获得系统的认知启示。结合电影理论家伊芙特·皮洛"任何感知都会受到我们已有的知识的修正。视觉域生成在我们的视网膜上，它来自不断变化的光影结构，而从这些光影结构出发，我们创造自己的视觉世界"等众多影像艺术家的观点所推演出的结论：① 即"看"不是像我们通常所认为的只是一个纯粹感性地接受、被动刺激的机械过程，而是与"语言"、"概念"等有着天生的伴生关系。因而，普遍说来，影像的表达往往需要借助于言语或文字。

具体地看，影像对事物表述的局限性主要表现在：①单纯以影像的方式难以对同一表现对象同时表达善与恶、美与丑、聚与散、痛苦与幸福等矛盾的双方，这不利于事物的客观表现。②影像对抽象概念的表达有极大的局限性。如果一定要以影像表达抽象概念，影像就要借助于一些象征性符号，使抽象概念变成可以被辨认。而象征符号并不就是抽象概念本身，所以就往往变成一种寓意的形象。对受众而言，这种寓意的形象极易产生歧义。③影像难以把握形式与内容的关系。影像的形式与内容的完美结合只是一种理想状态，那些认为只要有影像的"光影色形"等造型元素的存在就会有美的存在，其实是一种幼稚的思维表现。影像往往为了表达而牺牲美，或为了美而牺牲表达，这两种情况都导致受众对影像的排斥。④源于影像表达的非逻辑性。影像往往只是一种浅表的语言，只能表达某些情绪、倾向和基本的诉求，无法承担更加复杂丰富、更加深刻细微的表达。影像语言之所以无法达成更加深入的交流，是因为影像和人们由语言文字发展起来的观念尚未建立起稳固的联系。

（二）影像信息的隐性失真

所谓影像信息的隐性失真应该理解为：由于影像自身存在隐性缺陷，导致受众在解读时所产生的信息与影像自身所试图表达的信息之间产生了

---

① ［匈］伊芙特·皮洛：《世俗神话》，中国电影出版社1991年版，第53页。

偏差的现象。

　　第一，断章取义——写实的转喻性隐性失真。当我们使用影像进行认知传播时，它给受众的感觉是：画面所反映的内容就是全部的信息所在，它与用语言或文字的表达不同，它没有特别的信息范围界定而表现出写实的转喻特征，转喻是部分代表全部。虽然影像在一般受众眼里最"一目了然"，也最容易被接受和理解。然而，影像也最容易将有关信息分离在画面之外，使受众无从获得完整的信息而不留任何痕迹。日常影像表达中有意或无意的剪裁，都会使影像失去了其"产制环境"的基本信息，往往使影像观众不再感受到"在去语境化"事件发生的历史渊源和现实隐情，正所谓"断章取义"。这一现象的出现，一定会给影像受众的认知造成偏差。当然，这并不意味着一幅影像或一幅新闻摄影影像就应该包罗万象，而是要准确辨别有用信息与无用信息。

　　第二，移花接木——视觉的隐喻性隐性失真。移花接木，本质上是一种影像修辞手法，本来是广告摄影中经常出现的镜头，是将某个场景中的画面安置于另一个场景中，其实质是将一个系谱轴的元素放置于另一个系谱轴元素组成的毗邻轴里。所谓系谱轴是被选用的符号所构成的符号组，而毗邻轴则是从符号组里选用符号组成的资讯。如此一来，它们的组合便以一种新的面目出现在受众面前，结合了两个系谱轴的特性，从符号传播的角度看，这是一种视觉的隐喻[1]。然而，如果是在影像诠释过程中，由于将两个并无直接联系的事物表现在同一画面中而必然直接导致隐性失真，给受众的认知行为带来严重的负面影响。极为典型的事例之一是 2007 年 10 月 12 日由陕西省林业厅确认并引起了巨大争议"华南虎"照片，已被李立春等人通过摄像测量方法证实：这一组照片实际为"平面虎"放置在自然环境下的摄影自然成像[2]。对此事件可以作进一

---

[1] 　[美] 约翰·费斯克：《传播符号学理论》，台湾远流出版 1995 年版，第 139 页。

[2] 　李立春：《"华南虎"照片摄像测量研究》，《科技导报》2008 年第 1 期。

步设想，即使是使用一只真老虎，人为地安排在自然环境中拍摄成像，以此达到华南虎并未在自然界灭绝的视觉效果，当然也是一种隐性失真，只是鉴别更为困难而已。对此类人为造成的影像隐性真失，在认知过程中应引起高度警觉。

（三）影像诠释的失误

影像诠释是一种传者与受者之间的信息互动过程。如果他们分属于两个不同的文化场域，则有可能使受众在解读信息时产生与传播意义相异，甚至相悖的信息感知，这种情况属于文化错位所造成的结果。在"香农—韦佛"的传播学理论中，以冗赘性来描述传者和受众之间共同的文化基础，所谓冗赘性就是指在信息传播中传者和受者可以预测和约定俗成的部分[1]。当冗赘性呈现正效应时，影像传播者利用它来帮助受众正确理解影像所传达的意义所在。一方面，是受众受视觉经验惯例的作用。对于某幅影像而言，它不可能单独存在，它必然是我们文化经验的一部分，我们解读其他与此类似影像的经验，必然影响我们对这幅影像的解读。推而广之，我们对任何一份文本的解读，一定会受到解读类似文本的经验的影响，它使受众易于理解符号所产制的意义。另一方面，是时代精神的体现所在，时代精神既有传者与受众共同文化背景下的随时代发展而发展的价值内涵，也有跨文化背景下的价值内涵，我们很难想象如果抛弃了它会意味着什么。问题就在于冗赘性所体现的负效应，思维的惯性容易误导我们。因此，要格外小心把同一幅影像放在不同时代背景去解读的误读，也不能希望在跨文化背景下去对同一幅影像作完全相同的解读。

毫无疑问，影像会引起人的不同情感，情感与联想思维、认知学习之间的错综复杂关系已为许多认知心理学家所研究。然而莱辛的一段论述

---

[1] ［美］约翰·费斯克：《传播符号学理论》，台湾远流出版 1995 年版，第 24 页。

对我们今天的影像诠释极有启示意义："自然界从来就没有任何一种单纯的情感，每一种情感都和成千的其它情感纠缠在一起，其中任何最细微的一种也会使基本情感完全发生变化，以至例外之外又有例外，结果那个所谓普遍规律就会变成只是少数几个事例的经验。"① 由于上述种种原因，就产生了关于影像诠释的多义性观点。对此，法国影像传播理论家罗兰·巴特有精彩的论述。巴特认为图像或影像与其他许多符号一样具有多重意义，可以自由地让人解读。为此，应适当地借助于文字的陈述将影像多重意义明确化，以此引导受众对影像做出特定的"解读"，或者为观众暗示一条解读之路。对所附加的文字说明，巴特用"锚"的"定锚效应"来类比其功能。

第二节　诠释的记录性路径与直观性工具

影像的创作是从记录客观世界开始的，虽历经数次革命，但记录性一直延续至今并未消亡。因此，记录性仍然是影像诠释重要路径，正所谓在影像发明之前的历史记录是不完整的记录。因此，记录性影像与所记录对象之间存在事实的紧密关联，对记录类影像的直接观察也能够诠释其中的基本内涵。换句话说，在记录性诠释这条路径上，将更多地使用直观性工具。

一、影像的记录性表达

摄影自 1853 年起就确立了纪实摄影是其中的创作主线之一，影像视觉记录性的表现，其产制场域的直接性和真实性是基本前提。记录，即面

---

① ［德］莱辛：《拉奥孔》，人民文学出版社 1979 年版，第 29 页。

图3-2　我为爸爸买酒去

对真实事物或事件的客观描述，语言显然是重要的记录符号。由此，让我们首先重新品读一下法国摄影家亨利卡·蒂埃-布列松拍摄于1958年的《我为爸爸买酒去》的摄影作品，如图3-2。在这幅脍炙人口的名作画面上，是一个踌躇满志的少年，两只手里各抱一个大酒瓶，欢快地行走在回家的路上，作品的题材十分普通，但观众对其认可与赞赏是源于被表现对象的真实可信。

一般情况下，我们可以确认：影像的记录性是以事物的客观存在为前置条件。也就是说，记录性是存在的反映。反过来，当作为后来者的人们见到这类影像时，该如何看待它与存在的关系？存在主义认为，哲学意义上的存在是不以人的意志为转移的实在，既包括物质的存在和意识的存在，也包括属性、关系的存在。自然辩证法则认为存在与意识之间存在辩证关系，存在是第一性的，是意识的根源；意识是第二性的，是对存在的反映。由影像记录性的产生过程来看，我们应该清楚的是，在影像领域讨论其记录性与存在的关系时，指的是事物的存在。

二、记录性的诠释路径

记录性的影像诠释源于影像自身的记录性，而影像记录性则有其一定的限制条件。当通过人自身的视觉系统，并使用相机对客观世界进行"临摹"，影像也就是客观世界的"模仿物"，具有与事物的再现性关系。

接下来的问题是，产制于现场并具有纪录性特点的影像，都表现了现场的真实吗？笔者亲历了这样一次事件：在某偏僻的小山村，一群大学生正在摄影采风，忽见一个五六岁的小男孩从孩子群里迅速地跑回自己的家里。旋即又冲出来，而手中多了一本字典，一本正经地用双手打开，坐在老屋的石头门槛上貌似认真地看了起来。如此少见的自然场景，同学们当然是一阵狂拍，如图 3-3 所示，取名《小小

图 3-3 小小读书郎

读书郎》的影像作品就此诞生，形象十分感人。事后，大学生们发现他的字典拿倒了，但他如愿地得到了奖励——几粒糖果。这一事件充分表露了一个事实：从影像的记录过程看没有任何摆布的行为，是记录的，也是真实的自然反映。但从事实的角度看，这恰是一个伪真实。

因此，影像虽然具有记录性的属性，并非说凡是影像或源自现场事物的影像就具有了记录性。影像是否具备记录性，需要考察其产制过程是否符合具备记录性的基本条件。只有当人们将视觉通过摄影技法，客观地"转移"到载体上而形成"影像"，这种影像就具备了记录性的基本要求。

在一些学者看来，在此之前的许多研究者没有弄清"影像"和"事物"之间的区别，以致把影像和事物等同起来，因而造成了认识上混乱：或是导致唯心理论，或是导致经验论，或是导致二元论。正如在摄影术诞生之初，人们普遍认为影像能够客观而忠实地记录现实，而充分体现出迹象性特征。直至 20 世纪 20 年代，仍然有国家把影像作为司法证据，这是基于影像的记录性特征，并以此为认知依据。在今天的社会生活中，仍由监控

视频影像作为很多事件的直接证据，显然，其司法环节有待进一步完善。由此可见，影像的记录性是以直观的方式对认知主体进行告知。当然，又有许多证据表明，使许多看似真实的影像，但实际上却是伪记录、伪真实，从而误导了人们的认知与行为，由此使人们普遍质疑影像的记录性。笔者以为，虽然有这类现象时常发生，但并不足以全盘否定或彻底抛弃影像的记录性特征。

三、直观性工具的运用

影像的直观性十分明确，典型的如纪实摄影。显然，"直观"不是对事物本身的回归，因为影像并不能使我们回归到直接经验。由此而产生的结论是：直观不代表事物本身，而只是对事物的视觉描述。但直观的"太阳每天从东方升起，所以我们可以预想明天太阳也将从东方升起"这样的现实生活，往往误导人们把直观当作事实。

（一）直观与直觉

在胡塞尔倡导的现象学中，"直观"概念是胡塞尔思想以至在整个现象学运动中都居于中心地位，并具有从感性直观向范畴直观"扩展"的叙事逻辑。在被称为胡塞尔认识"启蒙"的此种扩展中，含义的充实、表述与直观的关系以及整体与部分的关系是三个关键环节。重要的是，正是直观打开了胡塞尔后继者对"存在论"确认的理论地平。"直观"概念不仅在胡塞尔的现象学中具有中心意义，甚至可以说唯一能使所有现象学家联合起来的信念就是"直观"概念。

直觉是指直观感觉，没有经过分析推理的概念。许多学者把直觉看作从事实到理论、从旧理论到新理论转变的一种思维工具，早在古希腊时期就已出现两种基本类型：一种是欧几里得式的直觉创造，即在经验基础上借助于直觉的想象和猜测，提出一些科学的基本公理、定律和假说。另一种是阿基米德式的直觉创造，这是在冥思苦想之后，以瞬间爆发的方式在大脑中迅速出现一种新思想。由此看来，对于影像这类视觉文本的解读，在一定情况下，直观可以是一种诠释工具。

（二）影像的直观性

影像表现出的直观性元素是线条与色彩，这与绘画理论中线条与色彩是画家的造型元素相一致。线条有显性与隐性之别，显性线条又有曲直、粗细、浓淡、虚实的不同。影像中的显性线条来源通常有两个：一是由于点的移动而留下的痕迹；二是景物界面的分界线，这个分界线既可以是两种色调的分界线，也可以是景物自身的轮廓线，同一景物的轮廓线可随视角位置的不同而有所不同，构成景物不同的像。可以说，影像上一切有形景物，都是由各种线条所建构。

色彩则有消色与有色的重要区别，消色的浓淡层级丰富，影像学上习惯于以"影调"来概括消色表现的直观效果，而其中又可以分为"高调、低调与中间调"。画面影调的变化，虽然是由其景物本身灰度深浅和照射的光线变化所决定的，但在摄影家看来，有意识地运用摄影工具和技巧，主动地选择和控制，可以改变与强调画面中的影调关系，使影调为表现意图和内容服务。有学者认为，中国的水墨写意画则是绘画中黑白色运用的典型代表，[①] 这一观点可以借鉴到消色影像的解读与诠释之中来。物体的色彩千变万化，他们共同组成了影像的有色世界，影像学上习惯于以"色调"来概括色彩影像的色彩表现。事实证明，人们对色彩的运用与直观感受不仅有生理的因素，更有文化的因素。

（三）直观所表达的意义

当受众以直觉化工具诠释影像时，会获得以下一些基本的直观性

---

① 　王海龙：《视觉人类学新编》，上海文艺出版社 2016 年版，第 379 页。

意义。

①事实性意义：直观性影像的产生是以事实作为基础，其典型的代表是纪实性影像，"呈现事实、信息和证据，经过这个媒体天生的特质——锐利、细节、完整的色调层次与凝固的动作等——加以强调"①，绝不可弄虚作假、无中生有。事实性意义是直观性影像的根本意义所在。

②形象性意义：影像是用形象表达，构图技巧的运用、视点的选择、结构的完善、内在的联系，色彩的运用等塑造出比较鲜明的形象。通过塑造形象，影像能够揭示事物与人物的典型性、独特性、具体性等特质。缺乏形象，也就无所谓影像；形象不佳，则无所谓影像强烈的视觉特征和力量的展示。因此，形象塑造的好坏，成为影像能否为受众所接受的关键。

③文献性意义：直观性影像因其选择的题材一般都具有一定的社会意义和文化价值，表现的是有一定深度的事实性事件，关注的是大众话题，而不是单纯地表现某个事件。直观性影像所传达的诉求，让人们认识所处世界的一些事情，并促使人们重新考虑人与环境，使其具有显著的文献价值。

第三节　诠释的评述性路径与修辞性工具

在许多场合，提供给人们的一些影像是摄影师对客观事物的反映，是人为地以影像呈现事物的存在与变化。一方面，这是影像与现实的相似；另一方面，如此过程已经不可避免加入了画面构成、视点选择、光线运用等等摄影师的主观"评述"因素，这就是影像的评述性，通过视觉评述以加强影像的形象性。更进一步，为强化影像的评述性，摄影师会选用影像修辞

---

① ［美］阿瑟·罗思坦：《纪实摄影》，广西师范大学出版社 2005 年版，第 89 页。

手法进行评述，如此，评述性与影像修辞构成了紧密相关。

一、影像的评述性表达

在此前我们已经讨论了，影像作者为达到评述的目的，最常用的手法是影像修辞。本属于语言概念的修辞，早年被借用在图像创作方面而有图像修辞。法国哲学家罗兰·巴特的学生杰克斯·都兰德在其老师的研究基础上对图像修辞理论做出了较大贡献，他对近千幅广告图片进行了分析，并借鉴语言修辞的概念，在视觉成分运用的现象中寻找传统语言学研究中已经基本确定的各种修辞手段。后人在图像修辞的基础上又产生了影像修辞的概念。影像修辞通常可以借用语言修辞中的夸张、比喻、象征、拟人、借代、对比以及剪裁、拼接……方式来研究影像评述中的修辞手法。

（一）比喻与比拟修辞手法

比喻即指两种不同性质的事物，彼此有类似点，可用某一事物的"按理类推"另一事物的一种修辞格，并分为明喻、隐喻、借喻三种手法。比拟是指借助想象力，以物当人，或以人当物一种修辞手法。前者称为"拟人"，后者称为"拟物"，比拟和比喻不一样，比喻有本体和喻体；比拟却是把事物与人进行相互转换，人与物融合的方法。

（二）夸张与借代修辞手法

影像夸张的修辞方法，其表现为在客观现实的基础上放大或者缩小事物的形象特征。借代是指借某人或某物的一个显著特点代称该人或该物，具体的可以是特征代本体、具体代抽象和局部代整体，比如在影像中用国旗代表民族或国家即为借代关系。

（三）排比与双关修辞手法

图 3-4　进城

排比在文字修辞中是指利用三个或三个以上结构和长短都相类似、意义相关或相同的句子排列起来，达到一种表达强烈的感情的作用。在影像修辞中，将相同或类似的人或事排列在一起同样会产生强烈的重复效果。这种重复有时被称之为影像的节奏感或重复性对称。

在影像中的双关修辞是指一幅影像具有双重意义，即同时指向两种不同事物的修辞现象。早期的抽象或当代的观念摄影往往会产生这类影像。影像的双关修辞可使影像的意义表现得含蓄、幽默，而且能清楚诠释并加深影像的意义，以留给受众深刻的印象。如图 3-4《进城》（苗玺摄），这幅图片就很好地体现了这种技巧，利用主体人物与背景之间的多重要素的双关或排比并列：画面中巨大广告牌的明亮鲜艳色彩与老人的灰暗色彩的并列；广告牌中人物的鲜红色的衣裙、皮包等与老人服饰的土蓝色并列；环境中人物与主体人物的姿态并列等。最终表现了双重意义：城市的明快、简洁、新潮、时尚与进城老人的封闭、古板之间的冲突，造成新旧之间的并置。画面里面最为精彩的点睛之笔是老人倾斜的身体姿态给人一种逆流而上的感觉，手扶帽檐，迎着风，眼望远方的细节生动地表现了进城老人新奇又不知所措的内心状态。

（四）对比修辞手法

对比是一种修辞。它通常把好和坏、善和恶、美和丑的现象对立性的揭示出来，鲜明地显示两种矛盾对立事物的差别，让人们在比较中得以鉴别。从修辞学来说，对比一般分为两大类：一是两种事物的对比；二是同一事物两个方面的对比。英国摄影记者迈克·威尔斯 1980 年在非洲大陆拍摄的《乌干达

图 3-5　乌干达旱灾的恶果

旱灾的恶果》，如图 3-5 所示，就是以一只丰腴的白人大手衬托一只黑人孩子枯瘦的小手，以强烈的对比效果赢得受众。

二、评述性的诠释路径

影像的评述性属性使影像具备了指涉功能。所谓指涉功能，是指探究信息的"真实"意图①。当受众看到一幅影像时，该如何通过评述性的路径去正确地诠释影像？一般而言，摄影的过程是将事物的存在转换为影像而呈现，转换本身不限于事物外在形式的相似，更在于事物内在规律的反映，也就是说，影像还会对形象所代表的内涵表达做出评述。受众并不在影像发生的现场，他通过对影像的观看，又是如何诠释或理解作者的视觉评述的？概括地看，影像的视觉评述诠释包括形象评述诠释与内涵评述诠释的两个方面。

（一）形象评述的诠释路径

在影像领域，形象的具体形态或姿态能引导受众的思想或感情活动。

---

① ［美］约翰·费斯克：《传播符号学理论》，台湾远流出版 1995 年版，第 55 页。

图3-6 笆斗人生

同一事物，在观察者眼里，由于视角等种种因素的不同，形象有所不同。显然，我们使用了形象是"形状、样子"的基本语义。

影像中的形象是一种物化形态，它客观地呈现物像的形体，也主观表达摄影师对主题的表达。也就是说，影像在各种形象特性的强化与选择上，充分表现出了主观评述性特性。如图3-6《笆斗人生》（范文需摄，2016年）所示，表现的是一位编织笆斗的手艺老人，画面的形象与对象之间完全相似，然而这看似完全是现实的再现，却包含了影像作者的评述：画面抓取了富有感情有瞬间；老人专注的神情、脸手的动静结构、健康红润的面孔、健壮而有力的手臂，无一不在叙述老人的精神世界。画面视点采用低位微仰角度，进一步强化了老人积极的人生态度，细节生动又与众不同，看后甚觉意味深长。

（二）内涵评述的诠释路径

内涵可以被称之为第二涵义，它有别于最初的或是自然的涵义。甚至还存在第三层、第四层的意思……它们是理性的，并被有意识地带入了实际的行为之中。从一般性规律上看，内涵与形象之间存在一定的逻辑关联，外在事物是通过自身的形象让受众感受到其内涵。具体而言，影像这一媒体在展现形象时表现出二维平面的特征，而此时的影像受众对此再现的感受则进入了"视觉语言的再现之再现"状态，他是借助于二维平面对事物以形象方式再现的所见、所知、所感。

在现实中要想深入地通过内涵评述的路径了解某个影像的表达，必须与作者共同熟悉现实社会中事与物的组合，了解某种文明范围内超出事实的风俗与这个民族的文化传统。其前提是：事物的内涵对每个个体而言，其形象存在的方式都不尽相同。当影像作者以视觉的形式再现事物内涵时，事实上是自身形象借助于媒体的再现。如果他不了解表现对象的社会文化，那么，也就不会选取某种形象来表达某种内涵，这正所谓的"他者"的表达，此时通过内涵评述的路径来诠释影像将表现为此路不通了。

然而，在现实生活中不了解其深刻涵义的画面，但又被频频自觉使用的事例太多了。有一点可以肯定的是，在影像作者的生活经验里，这个画面能表达出什么样的意思应该是清楚的，但这只是一种文化习惯的自觉。也就是说，当以影像的方式表示了某种景象的时候，这类影像的内涵评述性就包括其中。影像自身携带并评述了这类文化习惯。

三、修辞性工具的运用

如前所述，修辞是在视觉建构领域中寻找语言学修辞手段的图片性对应物。自影像诞生后，人们又借用图像修辞的概念：夸张、比喻、象征、拟人、借代、对比以及剪裁、拼接……方式来研究影像建构的一般方法性问题[1]。因此，在诠释过程中，也就必须反借影像修辞方法而成为一种诠释工具。

（一）影像修辞方法的再认识

最近 20 年来，在图像修辞的理论基础上又出现了视觉修辞学这一独立学科，它往往又被称为影像修辞学，是研究影像传达行为及其规律的修辞学分支学科。它包括动态与静态影像修辞学两个分支，本书只关注静态影

---

[1] 苗瑞：《影像修辞研究的发展历程》，《电影评价》2006 年第 15 期。

像修辞的基本规律。并有定义如下：影像修辞运用一切可能的形式、方法、手段，对组成影像的各元素进行组合、排列，形成具有一定组合意义的影像符号，有效传递了信息或意义，从而是期望取得最佳表达效果的一种有意而为之的劝服活动，也可被称为狭义的影像修辞。

严格地说，影像修辞只是修辞了事物的形象，而形象传播与事物本质的关系，只是一种相似性的转换。相似性，一般意义上会追问"谁和谁相似？"通常，影像的相似性有以下几类：一是甲乙影像之间的相似；二是影像与所表现对象之间的相似；三是受众对影像的感知与对对象的感知之间的相似。在此，是立足于讨论影像与对象之间的相似，正如图3-6《笆斗人生》所示。这种相似，更恰当地说是依赖于传者与受众之间共同文化基础的某种契约。因此，如果存在"像"与"物"之间是否"象"的真假逻辑判断，结论应该是真。并且真是相对的，既有对应，也有区别。由于真的相对性，导致这类影像的评述性特征的出现，并依赖于某种"相似"。

（二）影像建构中的修辞行为

影像修辞是影像作者的行为，那么，作者为什么要进行影像修辞？这是影像修辞过程中的核心问题，它的回答应该是理性思考的结果，其答案直指影像修辞的目的与意义。事实上，无论修辞的形式如何，都是以强化影像的形象表现为目的。影像修辞的结果，既有原本影像所携带一般意义规律，又有内涵扩大的影像表达，甚至赋予它以新的内涵。比如，影像修辞中如果增加了玫瑰，也许并不单指爱情，是否还可以用它来形容友谊与仰慕？罗兰·巴特在其著作《明室》中也曾谈论到这种类似的划分。他认为照片（影像）传递情感有两个要素，其一是一般的感情投入（STUDI-UM），其二则是损害或加强了一般感情（PUNCTUM）。他说"我不是去寻找这个要素，是这个要素从照片上出来，像一把箭似的把我射穿了"。①

---

① ［法］罗兰·巴特：《明室——摄影纵横谈》，文化艺术出版社2002年版，第39—41页。

（三）影像修辞的影响因素

影响影像修辞的内部因素来自于影像建构自身，即来自于人们对影像表达意义的要求。而外部因素是影像受众的普遍性、民族性等方面对影像记录性意义、评述性意义或象征性意义理解的考虑。

第一是内部影响因素，它是建构者的因素。以符号学的视野看，影像作者运用影像符码建构影像意义，每幅影像都对应于某一种或多种意义。为了运用或解读影像符码，我们需要一种植根于广泛的文明行为惯例之中的知识，这种知识既有人类共同拥有的部分，也有各个民族或区域独立拥有的部分，更有作者个人所掌握的部分。于是作者的意识、民族的心理、历史的和现代的社会文化环境等都成为了作者进行影像修辞的内部因素。无论是谁，只要他来自某一现实社会，他总会掌握比生活直观更丰富的知识，在这些内因的驱动下，他所创造的就不仅仅是影像对象的原本形象，只是以原本形象为载体，将文化信息、象征信息等附着在了原本形象之上。如苹果的影像并不单指苹果本身，正所谓它"不是一只苹果"而可以使人想到平安夜、某手机品牌，甚至包括历史名人牛顿……这主要与个人的文化体验有关。

第二是外部影响因素，这是修辞者对受众的关注，也是对影像传播效果的关注，因而出发点是影像的普遍性和民族性。所谓普遍性是指它能为世界上绝大多数的民族所共同理解和接受的国际共通性。比如在日常生活中，无论是何种肤色，操何种语言的人们，他们都常以面部表情（一种脸谱化的影像）作为表达情感的手段。另外，为了方便交际，世界各国还有一些共同的约定，如交通中的红绿灯。当然，人类除了共性之外还有个性的一面，这就是所谓的民族性。族群不同、个体不同、目的不同，对世界的理解认识当然就存在差异。由此，修辞者为强化影像传授效果将必须考虑目标受众的历史背景、文化修养和宗教习惯等外部影响因素。

第四节　诠释的象征性路径与符号性工具

现实中的许多摄影创作，如达达主义、超现实主义、观念摄影等很多影像表现的对象并不完全是现实世界，而是源于人们的幻想，是作者心像（或称意象）的转换而产制较为典型的象征性影像。这类影像意义的产生及其传播，是依托于传受双方共通的文化基础。反过来说，具备象征性的影像也将成为一种影像符号，由于符号性的介入，有时即使是表现现实对象的影像也可能具有象征性。

一、符号应用下的影像象征性

象征是指通过某种（具体的）形象以表现与之相联系的某种抽象概念、思想或情感。具备象征性特征的影像将包含有较为广泛且不确定的意义，这是影像的一种意指功能。意指包括两种情况，一是影像指向并不存在的事物，二是虽然指向了实体，但同时指向某种不可见的抽象意义。[1] 因此，影像的象征性特征是指：呈现在眼前的影像无论是否与某对象相对应，但对于受众而言仍然表现一定的意义。对此现象，《图像——一种后语言学的再发现》（韩丛耀著，南京大学出版社 2008 年版）一书从图像的视觉语言角度认为：视觉既参与了"物理源"的寻定，也参与了"心理场"的合成。因此，即使是源于人们的意象或心像的非现实对象的影像都可能具有象征性。

二、象征性的诠释路径

那么，我们应该如何逆象征性表达的路径来诠释影像？影像象征性

---

① 孟建：《图像时代》，复旦大学出版社 2005 年版，第 69 页。

的产生需要以传受双方共通的文化作为基础，因此，逆象征性路径对影像的诠释必然也依托于共通的文化基础。也就是说，对视觉资讯的解读都必须以影像与受众之间的相互作用为前提：影像必然拥有一整套推论策略，其中必有某些因素起作用，即作品之间的相互联系性、期望获得的信息，以及受众的心理调整活动。

如此，象征性的诠释路径首先在于判定眼前的影像是否属于象征性影像，简单地说，就是影像中是否使用受众所了解的文化符号，而无关乎这个符号是现实对象还是源于心像的幻象。

（一）现实对象的象征性诠释

为诠释表现现实对象的影像，我们仍然来看一下图像学家潘诺夫斯基在《视觉艺术的含义》一书中的举例：他在大街上遇到一位朋友，向他举帽示意，这在西方文化中已经具有了视觉符号性。通过这一个现实性的视像，他读懂了其中的一些的象征性含义。他说："我是如何掌握这些涵义的呢？解释只能有两点：一是通过我过去的实际经验所认识的东西，来确认某些进入我头脑的视觉形象；一是借助它们和某种行为或是事件之间的关系所产生的变化。我认识这个人，我看到这个人向我打招呼，一旦这些东西和事件在我的心里得到确认，我的内心就会有某种自然的反应。由打招呼的人对我完成的动作方式，我开始判定此时对方的心情如何：是好是坏？或者看不出来；其态度是友善还是充满敌意？也许是其他等。这些细微奇妙的心理上的差异，会赋予打招呼的人更进一步的涵义，这些涵义被称为表现性的。"[1]

由此也可以进一步看出，影像象征性诠释的路径不完全依赖于影像的创作手法与表现对象，即使影像中的对象是生活原型的直接反映。但如果这种对象在民族文化中具有符号性的意指，就有可能成为影像诠释的象

---

[1]　[美]潘诺夫斯基：《视觉艺术的含义》，辽宁人民出版社 1987 年版，第 32 页。

征性路径。

（二）幻象对象的象征性诠释

幻象并非完全是人的凭空产生，而是从幻想、幻觉或梦境中产生的形象，也是人们在长期的现实生活中，"多维度"视觉积累并经思维加工而成。幻象性的影像源于从现实到想象、从想象到心像、从心像到形象的历程。在此，形象并非是物，而是主观意识的表征。心像是每个人在自己的内心所构筑的世界，这个世界既可以与现实世界相像，也可以与现实世界相左，甚或部分是现实世界的物像反映、部分是内心意象的反映，也可以是"纯粹的心理状态与感情"。

正如存在论者所倡导的那样，一切活动都是存在活动，一切事物都是存在事物的思想。因此，幻象的起点——想象仍然是人们在现实世界中存在的一种行动方式。从这个意义上看，想象就不是虚构，也不是构造非现实事物的活动，反而是一种特殊的现实活动，是一种"超越现实"的现实活动。它把过去和未来都纳入现在，使现实因被抽去内容而变成了具有象征性的形象。

因此，当影像中形象的建立是影像作者心像的呈现时，虽然影像中的形象有时也借助于客观物像，但本质上是并不是纯物像直接转化为形象，而是经历了作者的心理加工。因此，形象本身并不单纯是物之像，而是以它的形状、颜色、位置等向人们的影像显现。它的存在不同于事物的存在，而是一种形象存在，即作为意识的象征而存在。总之，当影像是遵循着从心像到形象的路径进行创作时，那么，这个影像就是形象的表征，形象又是一种意识的表征，从而影像具有象征性。正如上面所讨论的，心像不一定是源于现实，既可以是记忆心像，也可以是创造心像。因此，当形象是沿着心像呈现的途径时，也就成为了影像受众在象征性视野下的诠释路径。

特别说明的是，影像的象征性与记录性、评述性之间并非绝对的对立关系，在许多时候它们可能辩证统一地出现在同一幅影像中。即既有记录的意义、评述的意义，也有象征的意义。或者说既有再现意义，也有表现意义。这种情况在影像新闻中较为常见。同时也说明，影像的象征性意义并不取决于影像产生的原始方式，而主要在于影像所表达的社会学意义。

三、符号性工具的运用

符号学的知识告诉我们，符号是文化的组成部分。影像作为一种阅读文本，与文字文本在符号表达方面具有相近的特征，典型性的是象形文字即从图像文本演变而来，直接的证据是纳西族的东巴文字仍处于"图像向文字过渡"的中间阶段。曾经有学者认为，作为象征的系统要具备两项基本的要素：①被象征的世界；②象征的世界：一组符号，每一符号代表被象征世界中的某事物。事实上还要具备第三个要素——解释者。解释者负责解释象征世界的符号与被象征世界的概念，以及其和事物之间的关系[①]。

（一）符号与影像符号

目前，人们较为认同符号具有"作为某物的替代"的基本特征。基于人们的感觉器官而言，人类有三大符号系统：声音、文字和图像／影像。符号学有三个主要的研究领域：第一，是符号本身，包含种类及其传播信息的方式，以及与使用者之间的关系；第二，是组成符号所依据的符码系统；第三，是符号或符码运作所依托的文化，而文化也须依赖符号或符码的运用以维系其存在与形式。限于本研究讨论的范畴，我们对符号学本体并不作深入介绍，所涉及的只是以满足关于影像的符号学工具研究的需要。

---

① 韩丛耀：《图像——一种后符号学的再发现》，南京大学出版社 2008 年版，第 139~140 页。

影像建构者使用符号学方法建构影像，于是影像自身具备了符号性，而逆向使用符号学方法对影像进行诠释则构成了符号性工具。影像符号作为一种符号类型，其中既有一定数目的"可视性转换"的规则，又可以使人重新认识某些"现实的事物存在"。而对此工具的限制性为：①因为影像符号具有与某个物体的"外形相似性"的特点，在指称能够辨认物体的视觉单元方面必须表现出可操作性；②为了充分表明影像的符号学特性，相应的形象应表现出"非物体"的特点。

根据符号的一般性，影像符号也应由一些具有社会性代码并对我们的阐释起支配性作用的参数所搭建而成的。由此看来，影像的符号性是基于影像的象征性特征而得以成立。反过来说，如果某幅影像并不具备象征性特征，显然它也不可能成为一种影像符号。

（二）符号的形式

所有的符号只有在它表意的时候才可能被称为符号，中国学者滕守尧先生归纳了符号的几种主要形式：①指某种用来代替或再现另一事物的事物，例如，十字架代表基督教、白色的飞鸽代表和平；②指一种书写的或印刷的记号；例如简写字或某些字母及组合，它们多被用来代表某件事、某种性质、某种过程、某种具体的数量等，如音乐、化学、数学中的约定俗成的统一公认的记号；③在精神分析学中，符号专指那些代表着被压抑到心理深层的无意识欲望的行为或事物；④在神学中，符号是指某种抽象的教条或概括。对符号做出这样解释显然简单了些，但它着重希望指出的是符号的最根本的涵义——符号是一种用来代替其他事物或涵义的东西。①

基于这一观点，我们首先明确的是：很多情况下，影像可以是一种符号，但影像并不完全就是一种符号，影像有时有"实体"或"物质"的特征。

---

① 滕守尧:《审美心理描述》，四川人民出版社 1998 年版，第 195—196 页。

概括地说，影像可能兼有能指与所指，这也是定义"影像符号"这个概念的出发点和归属。同时，影像又是一种视觉资讯，信息传播学的知识告诉我们视觉资讯系统呈现出"可塑性"，它由造型层面的意义、内容层面的意义、语言学层面的意义及制度层面的意义等构成完整的意义层面。而符号则是以一种决定性的方式介入意义的产生过程，因此，符号学方法是一种严肃而且有效的手段。长久以来，混淆影像与符号之间的根本区别屡屡发生，掩蔽了影像的"实体"和"物质"的特点。

（三）符号运用与影像象征性

影像自身的发展不但带来人类文化形态的一种拓展，而且意味着人类认识方式、思维方式乃至意识形态的更加多元化，从而具有了符号学特征。符号既可以用来指称和代表其他事物；符号也可以是一种载体，它承载着交流双方发出的信息。正如 W.J.T. 米歇尔在《图像转向》一文中所指出的，图（影）像文化"不是向幼稚的模仿论、表征的复制或对应理论的回归，也不是一种关于图像'在场'的玄学的死灰复燃；它更应该是对图像的一种后语言学的、后符号学的再现发现"[①]。在他看来图（影）像文化与阅读文化有着本质的区别，语言研究的范式并不能用以解释"视觉经验"。因此，符号运用下影像可以具有象征性，而影像也可以是众多符号中的一种，它通过阐释和归纳的动力程序来表达"文化意义"。

本章结语

影像作为一种阅读文本向人们传播一定的信息，影像的阅读不同于文字，而有其自身的诠释规律。影像的上位概念为图像，西方对于图像的

---

① ［美］W.J.T. 米歇尔：《图像转向》，天津社会科学出版社 2002 年版，第 17 页。

系统性诠释研究已经有两个世纪了，并揭示了一定的基本规律。面对影像诠释的任务，我们所要进行的工作就是基于影像产制过程中的特殊性并充分运用图像诠释理论。

关于图像诠释的运用，笔者以为由加拿大学者卜正民主编的《哈佛中国史·元与明卷》（中信出版社 2016 年版）的研究思路很有启发性。比如，在过去中国史的研究中，尚未发现将气候的变化作为民族历史文化变迁的动因之一。而元明时代极寒天气的判断是通过那个时代的绘画作品解读出来的，极寒并干燥的恶劣气象条件可能使粮食短缺而改变人们的行为与认识，尔后诱发暴乱、战争并导致政权更迭。

第四章　近代影像中的生活习俗

　　生活习俗是指特定区域、特定人群沿袭下来的风气、礼节、习惯等的总和，也是族群成员内在精神的外在表现，体现出时代的民族形象，并随时代而不断变迁，正所谓俗随时变。中华民族幅员辽阔、民族众多，因此其民俗呈现出多元化的特征，但民族多元一体的本质特征时时赫然体现。对于不同的人群，生活习俗是经济状态与社会地位的外在体现。综观近代以来影像中反映出的生活习俗变迁，体现出四大动力：即西风东渐、国际惯例、思想变迁与政治权力，它们之间相互影响、相互联系。

第一节　衣食住行

　　衣食住行反映在日常生活之中，它是一种积久养成的习惯，直接反映了社会的物质基础与物质文明的程度。它的变迁则体现了社会的精神文明、物质文明和制度文明的发展。

一、服装样式

　　服装的第一功能是保暖与遮羞，在此之外的社交需求、审美需求则是人们外在形象和内在精神的重要表现，比如历史上流传的苏武牧羊匈奴 19 年不改汉服的故事，由此可以佐证，服装样式已属于表层的文化心理特征。用料、工艺与样式是服装制作的几大因素，能够分别反映出同时代的社会物质生产能力和技术的状态与进步，在此主要讨论服装样式以体现时代的精神面貌。维新派代表人物康有为等人一语道破了大众服装与社会、政治变迁的关系，正所谓"王者改制，必易服色"①。比如，在 1915 年袁世凯上演帝制复辟丑剧时，也特别设计了洪宪朝官服，以打造"洪宪"形象，并留下了相关影像②，此类服装恰恰成为袁世凯时代丑陋形象的代名词而遗臭万年。

相关研究表明，汉唐是中华民族古代大融合的鼎盛时期之一，也导致了服装样式的大融合，因此，中华民族的服装主流是传承于"汉服唐装"。但显然在各个特定历史时期百姓服装又有所变化。至近代影像有所记录时，表现出了服装的多元性、时代性的基本特征。在此主要关注的是中国男性服装，女性服饰将第六章《近代影像中的女性形象》中予以讨论。

（一）服装多样性

由于社会群体的多元性，必然导致服装的多样性，其中最为突出的是民族性和阶层性。所谓民族性是指各个民族都有自己的民族服装特色，也就是仅从服装服饰上往往就可以判断其民族归属。比如在近代的开端，长袍马褂瓜皮帽是大多数满汉男性士绅阶层的典型形象。1853 年，在第一次鸦片战争中任清军指挥官的僧格林沁在身着便装时就是这一装扮③。在近代影像库中，第一张完整反映清朝官员官服的影像是在 1858 年，英国摄影师乔斯林为上海道台所摄制，直观性地反映出官服在颜色、图案及其腰带上严格的等级制④。

① 耿光连：《社会习俗变迁与近代中国》，济南出版社 2017 年版，第 10 页。
② 刘北汜、徐启宪：《故宫珍藏人物照片荟萃》，紫禁城出版社 1995 年版，第 291 页。
③ ［英］泰瑞·贝内特：《中国摄影史 1844—1879》，中国摄影出版社 2014 年版，第 67 页。
④ 张明：《外国人拍摄的中国影像 1844—1949》，中国摄影出版社 2018 年版，第 33 页。

在上述的同一时代，如图 4-1《身穿传统服装的夫妇》（约翰·汤姆逊摄，1869 年，广东）所示①，这是一对普通百姓夫妇，其男主服装体现出劳动阶层的典型形象，这种服装有利于从事一定的生产劳动。如图 4-2《冬天的棉衣》（伊莎贝拉·伯德摄，1896 年，奉天）所示，就充分表现出普通百姓的物质生活基础，为保暖而身穿仅此一件的棉衣，也许整个冬季都无法替换清洗，影像评述性地反映出其卫生生活状况②。而在民族服装这一领域，充分体现了近代以来的民族一体化的趋势。1934 年，庄学本在青海果洛州为羌民父子的留影就表现出了两代人的不

图 4-1　夫妇

图 4-2　冬天的棉衣

同服装：父为羌族民族服装，而其子则为国民革命军服；同样在果洛，嘉戎守备杨继祖本为藏胞，如图 4-3《杨继祖夫妇》（庄学本摄，1934 年，嘉戎）所示，左图为民族服装，右图则是夫妇俩经常以汉族服装打扮③。

① ［英］约翰·汤姆逊：《中国与中国人影像》，广西师范大学出版社 2015 年版，第 237 页。
② ［英］德博拉·爱尔兰：《中国影像之旅》，中国摄影出版社 2018 年版，第 119 页。
③ 李媚：《庄学本全集》，中华书局 2009 年版，走进果洛·羌族部落。

图 4-3　杨继祖夫妇

（二）近代服装的改良

晚清，服装的改革充分体现了百姓的求变心理，影像表明在 1898 年孙中山身着西服参加了家庭合影（佚名摄，1898 年，广东）①，此前无影像表明已有西服国人，此后穿着西服的国人逐渐增多。大规模的服装改革首先体现在晚清的新军军服上，最早的体现是仿制德国军服，相比于晚清军服更显英姿飒爽。如《总督的卫兵》（伊莎贝拉·伯德摄，1896 年，云南）所示，即显示清朝士兵的军服臃肿而松垮②。此后，列强的军服便成为中国各路军队的基本样式。

长久风靡中国的中山装即诞生于民国初期，它是由孙中山提出，在

---

① 章开沅：《辛亥革命大写真》，湖北美术出版社 2001 年版，第 85 页。

② [英] 德博拉·爱尔兰：《中国影像之旅》，中国摄影出版社 2018 年版，第 228 页。

日式服装的基础上改良而成，并在 1929 年由国民政府明确为国服，其中国民革命军军服也基本是中山装的样式。据称中山装的四只明袋，隐喻了中国传统文化中的"礼仪廉耻"四字。毛泽东身穿红军军服的个人肖像反映出中山装是其基本样式，如影像《毛泽东》（埃德加·斯诺摄，1936 年，延安）所示①，此后的毛泽东长期以中山装的形象出现于世界，甚至在近代影像库中所收集到的 44 幅影像中无一例外的为中山装，由此而使其具有了特别的文化符号学意义，成为了中华民族新的民族服装。蒋介石在近代影像库中共有 30 余幅影像，大多以中山装、军装与长袍交替出现，仅仅在 1911 年从日本回国初时有一幅西服影像。中国晚清之后的另一个符号级人物是爱新觉罗·溥仪，他的服装则在长袍马褂、西服与军服之间交替，当然不会有中山装的形象，这也从一个方面反映了他当时的内心世界对中国民主革命的抵制情绪。于是，我们发现在蒋介石与溥仪之间，前者基本不穿西服，后者从不穿中山装。

在五四运动后，文化革命的思潮也迅速反映到服装改革上来，无论男女，出现了特别风行的"五四"学生装，又被称其为文明新装，由此反映出国民向往文明生活的强烈愿望②。其实学生装并无统一样式，男装以短衣长裤为特征，直接区别于长袍马褂。

（三）西服的流行

如前所述，在近代影像库中发现身穿西服的中国第一人是国父孙中山。此后，国人的西服数量呈上升趋势，进入 20 世纪后的晚清时期，共收集不同人物的 68 幅身穿中山装的影像，多为个人肖像照和少部分合影类。西服呈逐年上升趋势，比如 1900 年为 4 幅；1903 年为 5 幅；1904 年为 6 幅，1905 年为 18 幅，等等。经进一步查询相关文献后，发现这一时

---

① 埃德加·斯诺：《西行漫记》，人民文学出版社 2016 年版，封面。
② 徐希景：《中国影像史·第四卷》，中国摄影出版社 2015 年版，第 214 页。

期身穿西服的人士都为留洋学生，土生土长的国人鲜有西服者。由此而说明，西服的引领者均具有较好的家庭经济背景，20世纪初的西服很可能直接来自于海外，西服成为一种身份的象征，同时也是一种与海外文化有所融合的象征。总的来说，撇开形象性因素，男式西服讲究灵活，传统中装讲究舒适。

值得说明的是，在1900年至1927年间的新文化萌芽时期，共收集到4000余幅影像，其中仅200余幅有国人的西装影像，并且分布于近30年间，说明在这一时期内，中国的平民阶层仍然是传统服装。在北洋政府与国民政府之间，国人的西装人数仅是缓慢上升，同样在剔除了个人多幅的西服影像后，收集人物影像140幅。参考其他研究成果，此时的国人对西服的接受度应该有进一步的提升，但影像数量并未有相应上升。这一事实也许正说明了，当时的物质基础还不足以西服的国产化，西服是生活中的奢侈品，它仍然局限于官僚士绅、社会精英阶层。

总之，中国在进入近代后，其服装经历了迅速的变迁与改良过程，无论男女服装都朝着体现近现代精神的精致、简约、实用的方向发展，解构了传统伦理中"衣冠之治"的陈腐观念，这对于改善与提升中国人的个人形象和精神面貌起了重要辅助作用。

二、饮食习俗

俗话说"人是铁，饭是钢"，饮食是人的第一生存需求，人们的饮食过程也充分体现了社会与家庭的物质生活基础和物质文明程度。饮食涉及食材、烹调、菜肴、餐具、场所、社交礼仪等一系列的餐饮文化。千百年来，饮食技术与食材不断演进提高，在中国古代诗歌中也多有赞美饮食的内容。由此可见，饮食习俗是中华民族灿烂文化的一个组成部分。众所周知，英文单词china既是"中国"的名称亦指称"瓷器"并非偶然。但由于社会阶层的巨大差异，饮食内容与形式也就存在巨大差异。人们的日常饮食方式主要有居家饮食、路边小食和各种类型的聚餐、饭局。

《苦力聚餐》（缤纶照相馆摄，1860 年，香港）是第一张中国人"饮食"题材的影像，从画面的背景上看这应该是一幅照相馆内的摆拍影像而非实际记录[①]，其目的可能是为表现与评述苦力们的日常生活，极具影像修辞的特征。此后，令人略感意外的是关于这一题材的影像数量偏少，也少见于各类影像出版物中，仅采集到 63 幅关于"饮食"的生活影像。虽然如此，仍然涉及了满汉蒙藏彝等各民族，同时也涉及富庶与贫困人家等多个社会阶层，其中还包括了 2 幅中国抗日远征军的饮食就餐场景。综观所有这类影像，绝无奢侈浪费现象，这充分显示了中国人普遍节俭的日常生活习惯。但也绝不是就得出结论，国民们就不存在奢靡饮食，仅如流传下来的《清稗类钞》所示的满汉全席菜谱，其奢侈程度就令人咂舌。由此说明，在贵族阶层中的饮食浪费依然严重。

（一）居家饮食

居家是人们饮食的第一场所，在小说《红楼梦》里，曹雪芹竭尽文字描绘了贾府里的家庭盛宴；而宋代名画《韩熙载夜宴图》也形象地描绘了精致的家宴。但在近代影像库里并未发现有家庭盛宴场景，有的只是平民生活中日常饮食。如《一家人》（威廉·桑德斯摄，1870 年，上海）比较直观性描绘了东南地区平民小家庭的日常餐食[②]。又如影像《吃早饭》（威廉·盖洛摄，1903 年，四川）所示，从场景、餐桌及其家庭成员的衣着上可以判断这是当时一个中产家庭的早餐状况，食物充足但并不铺张，体现了勤俭节约的优良家风[③]。

---

① ［英］泰瑞·贝内特：《中国摄影史 1842—1879》，中国摄影出版社 2014 年版，第 301 页。

② ［英］泰瑞·贝内特：《中国摄影史 1842—1860》，中国摄影出版社 2011 年版，第 367 页。

③ ［美］威廉·盖洛：《扬子江上的美国人》，山东画报出版社 2008 年版，第 95 页。

图4-4　苟世发一家

在居家餐饮中，由于民族习性的不同，饮食方式也存在巨大差异。比如，《羌民咂酒》（庄学本摄，1934年，青海果洛羌族部落）的影像至少体现出两个特征：一方面，这种饮酒方式在中国的中东部地区几乎不见；另一方面，没有餐桌、没有酒具、没有菜肴的席地而坐也反映出西部地区物质基础的匮乏[1]。如图4-4《苟世发一家》（庄学本摄，1938年，西康彝族）记录了正在吃饭的一家人，画面反映出了这户人家的生活窘况：全家围着竹匾吃着红薯干一类的食物，杂乱的环境中既无餐桌更无菜肴，也几乎都是席地而坐，堪比难民生活，但孩子却众多[2]。如此画面既折射了贫困地区的一种生活现状，也折射了他们的生活理念，在物质与精神层面都特别需要得到帮助。

（二）路边小食

影像《路边的早餐》（唐纳德·曼尼摄，1900年）反映了北京右安门箭楼下一群正在早餐的百姓[3]，从简陋的饭桌、食客们的粗布短装就可以判断这是一个平民就餐环境——其基本特征一定是消费低廉，这样的格局就是以填饱肚皮为基本目的。也说明了普通劳动阶层为了餐饮的方便，就在

---

[1]　李媚：《庄学本全集》，中华书局2009年版，走进果洛·羌族部落。

[2]　李媚：《庄学本全集》，中华书局2009年版，走进西康·泸沽湖彝族。

[3]　张明：《外国人拍摄的中国影像1844—1949》，中国摄影出版社2018年版，第213页。

路边小店或小摊上解决一下饥饿，这是一种平民生活的现实。《街头的小吃摊》（佚名摄，1910 年，北京）反映了游走街巷的小吃摊主 [①]，由此看出，城市平民向游走的小贩购买食品也较为常见，摊主们给普通百姓的日常生活带来了许多方便。如图4-5《熟食小贩》（周海婴摄，1949 年，上海）所示 [②]，如实反映了上海旧城里的百姓生活，小贩标志性的生动表情里，象征着满满的自信——简陋的竹篮里的熟食香飘弄堂——他并不缺少食客。

图 4-5　熟食小贩

（三）饭局与聚餐

饭局或聚餐表现为与家人之外的其他人共进餐饮。饭局通常是指小型聚餐，以一桌人为基本规模，它历来是中国人的重要社交场所，具有相当丰富的民俗文化内涵；而大型聚餐则往往是礼仪活动的副产品。饭局与聚餐的地点既可在事主家中，近现代以来也常在酒店、餐馆进行，酒店聚餐体现的是西方饮食文化融入后的一种近代生活方式，但餐饮模式仍然是以"中国餐"为主。在近代影像库少见有西餐场景，但如《左宗棠祠堂内的西餐宴》（马达汉摄，1908 年，甘肃兰州）所示 [③]，表明的是时任甘肃总督以西餐方式宴请西方侨民，说明了进入 20 世纪后，纯粹的西餐也逐渐走进了中国各大城市。

影像《宴请》（佚名摄，1900 年，北京）反映的是晚清翰林院的编修

①　章开沅：《辛亥革命大写真》，湖北美术出版社 2001 年版，第 74 页。

②　周海婴：《历史的暗室》，广西师范大学出版社 2011 年版，第 95 页。

③　[芬]马达汉：《马达汉西域考察日记》，中国民族摄影艺术出版社 2004 年版，第 447 页。

们宴请英国客人的场景①，这是一场典型的精英阶层饭局：优雅的环境与精致的餐具是身份的象征、彬彬有礼而正装入席表现了相互尊重、圆形的餐桌围桌而坐象征着温馨的就餐气氛。相互增进感情通常是中国饭局追求的目标，也体现出中华民族是一个礼仪之邦的精神内涵。

影像《廷宴》（佚名摄，1900 年，内蒙古）反映的则是内蒙古王爷的一次廷宴，从画面上可以看出，参加者都是以官服出席，显示了庄重的仪式与气氛②。每次宫廷宴会事实上都是一场政治聚会，而非单纯的吃喝一顿。历史上，参加廷宴时被统治者当场拉出去砍了头的也不在少数。

影像《村民聚餐》（乔治·莫理循收藏，1897 年，云南）表现的是一次村民聚餐，它显示了与饭局完全不同风格的乡村生活③。乡村聚餐主要是乡村礼仪活动，如祭祀、婚嫁、节庆的结束方式，并以长者为尊，没有太多的程式，轻松而热烈，常常直奔"吃饱"的主题，有机会就饱餐一顿的主题凸现的往往是食物的普遍匮乏。

由此我们看到，虽然西餐随渐东的西风一起进入了中国近代，但中国人并未一味崇洋或排外，而是各取其便显示出某种包容。西餐中分餐制的卫生、简便与节约也是值得中国饮食学习的方面。

三、私人起居

中国疆域辽阔，自然生态多样，社会经济环境不尽相同。在漫长的历史发展过程中，逐步形成了各地不同的民居建筑形式，他们深深地打上了当地的地理环境烙印，也生动地反映了人与自然的关系。近代影像库中有大量反映典型的北京四合院、西北窑洞、徽派小院、福建土楼、江南私

---

① 杨红林：《经典影像背后的晚清社会》，中国青年出版社 2011 年版，第 22 页。
② 刘北汜、徐启宪：《故宫珍藏人物照片荟萃》，紫禁城出版社 1995 年版，第 279 页。
③ 沈嘉尉：《莫理循眼中的近代中国·目击变革》，福建教育出版社 2012 年版，第 14 页。

园的影像，以及大量的普通民居影像。中国社会的私人住宅历来有大家族与小家庭的区别，因此，住宅的内部结构也适应这种起居需求。

（一）豪门大院

日常起居是近代影像表现的一个专门题材，从私人起居活动中可以部分地管窥时代的经济、文化和社会结构的基本情况。从中国人居住的规模上看主要有豪门住宅、普通民居和贫民区这几大类型。自 1861 年起，弥尔顿·米勒、保罗·尚皮翁和威廉·德贞等早期旅华摄影师拍摄了第一批的豪门住宅，毋庸置疑，豪门住宅的主人非官即富。其中的《英国公使馆》（威廉·德贞摄，1868 年，北京）颇具代表性①，它是以清淳亲王住宅为主体的建筑群，其宏大的规模彰显了主人的显赫地位。《杨昉的私园》（约翰·汤姆逊摄，1872 年，北京）反映的是富商杨昉的私人宅院，其二层楼房突显了中国古典建筑风格，集精致、气派与富有于一体②，杨昉本人则是通过捐纳而获得正五品官员身份。

影像《乡村墅园》（圣朱利安·休·爱德华兹摄，1888 年，厦门）表现了地处乡村的豪门庄园③，背景中的起伏山冈、前景中的整齐田块，处于风水宝地中的豪华居家建筑群主体，无不显示出主人的富裕程度。

（二）普通民居

与豪门宅院相对比的是城市与乡村中大量的普通民居，如《远眺昆明城》（乔治·莫理循收藏，1894 年，云南）所示，集中性地表现了昆明城市民居样式，携有诸多的边陲重镇的建筑文化元素。再如《济南府的街景》（乔治·莫理循收藏，1897 年，济南）以俯视的角度拍摄的济南街景所显示出的民居，具有十分工整的街道规划，显示出中国古代具有高超的

① ［英］泰瑞·贝内特：《中国摄影史 1861—1879》，中国摄影出版社 2014 年版，第 41 页。
② 张明：《外国人拍摄的中国影像 1844—1949》，中国摄影出版社 2018 年版，第 86 页。
③ ［英］泰瑞·贝内特：《中国摄影史 1861—1879》，中国摄影出版社 2014 年版，第 168 页。

图 4-6　梅田农舍

城市规划水准①。此后，德国女摄影师海达·莫理循在 1935 年前后曾经在北京创作了许多四合院的影像，也显示出中国的民居建筑水平，这些民居都包含了丰富而典型的中国民居文化元素。

如图 4-6《梅田农舍》（詹姆斯·利卡尔顿摄，1900 年，武汉）所示②，从画面上可以看出这是一座中农阶层的农家小院，比较典型性地表现中国近代农村中农民的起居状态。而优美的田园景色更让人有置身世外桃源的错觉，这也许是许多人理想的起居地。

影像《老城街景》（阿尔贝·杜帖特摄，1909 年，上海）是一幅典型的上海旧民居街景③，但此类旧民居很快被一种称作"里弄"的新型民居所取代。里弄是中西民居合璧的建筑成果，在居住的舒适程度上远胜于中国的旧式城市住宅，其形式大体如前述图 4-5《熟食小贩》中的里弄背景所示。自近代以后，此类里弄逐渐出现于上海、天津、汉口、福州、青岛等，并以上海最为典型与普遍，这也体现出中西建筑文化的融合。

（三）贫民住所

进入近代后的中国，贫民阶层是一个庞大的群体，充斥了城乡之间，

---

① 沈嘉蔚：《莫理循眼中的近代中国·目击变革》，福建教育出版社 2012 年版，第 15、28 页。
② ［美］利卡尔顿：《美国摄影师的中国照片日记》，福建教育出版社 2008 年版，第 27 页。
③ 张明：《外国人拍摄的中国影像 1844—1949》，中国摄影出版社 2018 年版，第 297 页。

他们的起居住所十分简陋。如影像《平埔族的贫民》（约翰·汤姆逊摄，1869 年，台湾）所示，从主体人物的神情与着装上可以直观地感受到这是一个贫民群体，而背景中所谓的房屋也就是茅草棚而已，显然地处台湾岛的茅屋将常为台风席卷而去，其贫穷的生活窘态可见一斑。[①]

《纤夫的家》（伊莎贝拉·伯德摄，1896 年，重庆）表现了长江上游江边纤夫的住所，其实这也是茅棚一顶[②]，显然是再现了千年之前为秋风所破的"杜甫茅屋"，从而佐证了历史上的长江纤夫就是中国的一个贫困群体。《汉口的贫民区》（斯特郎摄，1927 年，汉口）则代表性地表现城市贫民住宅区[③]，低矮而拥挤，破败的屋顶显然不能遮风避雨。《洞穴中的彝族人》（庄学本摄，1937 年，云南）表现了泸沽湖畔因极端贫困而居住在天然洞穴中的彝族贫民，更直观地显示出了他们的贫困程度[④]。在近代影像库中，存在大量通过直观就可以被界定为贫民的住所，遍及各地城乡，由此而显示出当时的中国贫民是一个很大的人口基数。

纵观中国近代民居建筑的变迁，给予我们如下一些启示：第一，近代新型建筑材料的发展为民居发展提供了物质基础，这是社会整体进步的标志之一；第二，城市民居中自来水、电灯、煤气逐渐使用，极大改善了生活品质，使居民拥有更多的时间与精力去从事收入更高的工作，从而促进了社会的整体进步；第三，近代新型民居有利于破除风水说的迷信思想，用事实说明了科学的居住环境带来了更多的生活享受；第四，西方科学的建筑思想有利于促进大众对来自于西方的科学思想的整体性接受。

[①]　[英]约翰·汤姆逊：《中国与中国人影像》，广西师范大学出版社 2015 年版，第 189 页。

[②]　[英] 德博拉·爱尔兰：《中国影像之旅》，中国摄影出版社 2018 年版，第 131 页。

[③]　张明：《外国人拍摄的中国影像 1844—1949》，中国摄影出版社 2018 年版，第 380 页。

[④]　李媚：《庄学本全集》，中华书局 2009 年版，走进西康·泸沽湖彝族。

四、出行方式

中国人在近代之前的出行无外乎步行、骑行、车行与船行，可统称为原始出行方式。而进入近代之后，由于西方交通技术的引进，渐次出现了近代发明的黄包车、三轮车和自行车等人力车，以及基于蒸汽动力的火车轮船、基于电力的城市电车、基于燃油动力的汽车等机车，它们可统称为近代出行方式。本章主要关注前者，他们事实上一直到近代结束前都是中国人的主要出行方式。

（一）徒步

图4-7　送信女童

据近代影像表明，直至中华人民共和国成立前的近代，徒步长途旅行在中国普遍存在。从物质条件的角度看，许多徒步出行仍然是迫于无奈，也只能说明当事人的生活陷于贫困之中。如图4-7《送信女童》（翟兰思摄，1900年，天津）所示，表现了一位在义和团运动期间的小信使，贫苦的女童靠着光脚而徒步来往于京津之间，令人悲悯①。中国古典小说《水浒传》描述的公差押送囚犯都是徒步，这样的描写是否可靠？《囚徒》（奥古斯特·费朗索瓦

① 刘香成：《从鸦片战争到军阀混战的百年影像史》，后浪出版公司2015年版，第226页。

摄，1900 年，四川）是法国摄影师在攀枝花地区拍摄的被徒步押送的囚犯①，由此说明，即使是公差，由于交通基础条件的限制，当时也可能采用这种徒步方式出行。

1940 年，红色摄影家沙飞用一组影像表述了《一个日本小女孩》的故事②。在抗日战场上，一个日本小姑娘与家长失散了，被送到聂荣臻元帅身边。在受到良好的照顾后欲安全地送还给她的日本父母，但由于种种困难，最终她是坐在了当地老乡的箩筐里，被挑着送出解放区。由此可见，当年解放区交通的物质条件极其艰难，徒步是正常选择。步行之外，轿子是中国出现较早的人力代步工具，一直延续至现代社会的初期，城市中的轿子才逐渐消失。

（二）骑行

骑行也是极为常见的原始出行方式，无论是平民百姓还是朝廷官员，都有可能依靠牛马驴骡骆驼等牲畜骑行，十分普遍，它们在不同的地区向人们提供省力的旅行方式。尤其在游牧文化地区，骑马是最为普通的出行方式。因此，在近代影像库中，随处可见各地的人们骑行。不仅被用于日常生活中的出行，也有众所周知的骑兵，在历史的长河中，发挥了巨大的军事作用，最为著名的骑兵当数蒙元帝国的"金戈铁马"。《朱总司令》（徐肖冰摄，1940 年，太行山）所表现的是八路军总司令朱德元帅在抗日战争期间的解放区里也常常骑马出行。③

（三）车行

独轮车和畜力车是人们以车出行的主要原始方式。独轮车的发明时间与发明人已不可考，据记载，大约自汉代起中国的北方就已经出现了

① 张明：《外国人拍摄的中国影像 1844—1949》，中国摄影出版社 2018 年版，第 179 页。
② 王雁：《沙飞摄影全集》，长城出版社 2005 年版，第 9 集。
③ 图片来源：中国摄影家协会官网 / 大家名作 / 徐肖冰，引用时间：2020-12-8。

手推独轮车。在近代影像库中有近30幅的影像中出现了独轮车，《手扶独轮车的男子》（宜昌照相馆摄，1860年，香港）是最早记录独轮车的影像[①]。《天津市场》（詹姆斯·利卡尔顿摄,1900年，天津）表现了天津的独轮车劳务市场[②]，广场上满是独轮车的场景说明了它在城市中使用的普遍性，一直被延续使用并且是不可或缺的代步与运输工具。《平山支前小车队》（裴植摄，1945年，河北）表现了解放区的支前小分队用独轮车运送八路军的抗日军需用品，浩浩荡荡十分壮观[③]。独轮车在中华人民共和国成立后的很长一段时间，城乡间也常见它的身影。

马车（也包括牛车等畜力车）则是中华民族古代文明的象征之一，安阳殷墟的考古发掘表明，中国在商代晚期已使用双轮马车，几乎与世界同步。从世界范围内看，马车一直风光无限地使用到19世纪，此后在与火车、汽车的抗争中受到冷落而缓慢地退出了日常生活。在近代影像库中，从1868年直到中华人民共和国成立前都一直有马车的身影，计有120余幅。除马车影像之外，还有一些使用牛车、驴车和骡车等出行方式的影像。

（四）船行

世界各地的船运历史十分古老，在蒸汽机发明之前的船运动力显然只有人力划桨、拉纤，或在人的操控下再借助风力、流力。中国的水运十分发达，除了长江、黄河等天然大河外，2500年前即有人工开挖的淮扬运河沟通南北水运，以及在此基础之上开通的隋朝大运河、京杭大运河成为中国南北水运大动脉，并最终沟通了黄河、淮河、长江等五大水系。《澳门的船只》（于勒·埃及尔摄，1844年，澳门）所示，这是中国境内的第

① ［英］泰瑞·贝内特：《中国摄影史1844—1879》，中国摄影出版社2014年版，第308页。

② ［美］利卡尔顿：《美国摄影师的中国照片日记》，福建教育出版社2008年版，第154页。

③ 顾棣：《中国红色摄影史（上）》，山西人民出版社2009年版，第390页。

一张水运船的影像。《船队》（路易·李阁朗摄，1859 年，上海）则是法国旅华摄影师拍摄的上海徐家汇河道中的水运船舶，表明了当时水运的繁忙与有序①。《商船队》（约翰·汤姆逊摄，1869 年，广州）表现了在珠江中航行的商船②，扬帆的商船显示出水运的成熟，同时画面也极具形式美感。

就人力的水运而言，早就 1896 年，伊莎贝拉·伯德拍摄了长江岸边纤夫的家，部分表明了依靠人力的水运现实。此后，有数幅影像从劳动纪实、摄影艺术创作等角度也表现了纤夫的劳动与生活。如图 4-8《裸身的纤夫》（佚名摄，1930 年，长江上游）影像表现了纤夫的裸体劳作③，表明他们极低的消费标准，潜意识中，劳动时对衣服的磨损已经是一种浪

图 4-8　裸身的纤夫

①　张明：《外国人拍摄的中国影像 1844—1949》，中国摄影出版社 2018 年版，第 22 页。
②　[英] 约翰·汤姆逊：《晚清碎影》，中国摄影出版社 2009 年版，第 140 页。
③　秦风：《民国影像 1927—1949》，广西师范大学出版社 2009 年版，第 178 页。

费了，也足见其贫困程度。《三峡纤夫》（德米特里·凯塞尔摄，1946年，三峡）是美国《生活》杂志记者的作品，它十分有力地用影像描述了在三峡湍急的河道中，纤夫艰难纤拉航船的劳动现实[①]。进入近代后期，交通工具逐渐发生了本质性变化，这将在第十一章"物质生产"中予以讨论。总之，交通工具的近代化，引起了中国社会风俗的变化，使社会民风从朴实、传统及缓慢的节奏中逐步走向了近代文明。

综上所述，从近代影像反映的"衣食住行"的现状及其历史轨迹，可以感受到：第一，近代中国积贫积弱、贫富严重不均，唐代"朱门酒肉臭，路有冻死骨"描述的景象一直延续至近代；第二，近代人们的意识形态、精神面貌、科学态度等方面日益创新求变，并发生了较大进步。

第二节　婚丧习俗

婚嫁与丧葬习俗是日常生活中最重要的风俗体现。婚丧习俗的形成，是民族历史文化长期积累的结果。中华民族由于地域广阔、民族众多，因此，不同民族间的婚丧习俗有较大的差异，但其所表现的民族多元一体的本质并没有变化。

一、婚嫁习俗

婚嫁是人类最基本的生存需求，婚姻让人们充满了期待：生活美满、奉养长辈，而生养后代让种族延续是重要的诉求。因此，婚嫁中许多习俗的形成都是在祝福新人能够实现这些诉求。中国近代以来，婚嫁习俗发生了巨大变化，这种变化本质上是民族文化进步在婚姻过程中的折射。

---

① 范文霈：《中国影像史·第八卷》，中国摄影出版社2015年版，第311页。

（一）旧式婚礼的管窥

婚礼，历来是中国人生活中极为重要的生活仪式之一，她既是日常生活的特别仪式，也是文化生活的隆重体现，其完整过程可以追溯到很久以前，而每一环节都充满了中国文化基因。在近代影像库中，如图4-9《传统婚礼》（托马斯·查尔德摄，1877年，北京）是出现的第一张中国正装传统婚礼的影像①。新郎身着清朝官服，表明了一种体制下的优越感；新娘头戴凤冠、身穿传统的绣龙礼服，这是象征性表现一对新人的龙凤呈祥，而以"龙凤"来"呈祥"的风俗在民族文化中具有极其深厚的文化渊源。画面背景中的双喜文字则表达了"两家之喜"、"两人之喜"，还有"喜上加喜"：联姻是喜，此喜还将带来新喜……事实是，中国的旧式婚嫁不只是表现在婚礼上，在走向婚姻的前后阶段还有一系列的程序，所谓"三书六礼"，程序自身也反映了一定的民族文化及其中的精华与糟粕。

大约在1918年，佚名摄影师拍摄了一幅"晾妆"场景的影像②。所谓晾妆，其实就是公开炫富，即在婚礼前，女方将陪嫁物品陈列家中，让人观赏，赤裸裸地展示着娘家的富裕程度，"晾妆"的规模显示了对婚姻的影响力。至于新娘的性格、品

图4-9　传统婚礼

①　张明：《外国人拍摄的中国影像 1844—1949》，中国摄影出版社 2018 年版，第 147 页。

②　徐希景：《中国影像史·第四卷》，中国摄影出版社 2015 年版，第 225 页。

行，甚至容貌则很难保证，因而假象经常发生。由此看来，婚姻并不只是结婚男女的平等关系，更是家长、家庭、家族的关系连结，并由家长来决定联姻关系成立与否。在这种以男方家族为主导的宗法婚制下，婚姻常常"被买卖"并非传闻，婚姻契约往往更像一纸"买卖合同"。如《新娘下轿》（威廉·史密斯摄，1930年，山东）所示[①]，是一幅旧式婚礼的影像，当头顶红头盖、长相普通、身形臃肿的新娘走下婚轿时，丈夫因缺少对恋爱酸甜苦辣的回忆，不知是否能引来初见的悸动？这对于夫妻双方的今后，往往就潜藏着婚姻的危机。

（二）新式婚礼的浪潮

近代影像中关于婚礼的影像自前述的1877年后就出现了断档，直到1911年才又收集到婚礼影像，且愈是接近现代，各方面的变化越大。随着晚清末年的时事变化，国人开始汲取西方婚礼中健康而有益的形式，形成了婚礼多元化格局，这是中国社会进步的标志性事件。对闺中待嫁的女性而言，她们不再是听任家长摆布的"玩偶"或"商品"，而是努力抗争来决定自己命运的时代新女性。年轻女性追求的婚姻是由一场自由恋爱开始，穿上洁白的婚纱，最初开始于广州、上海等开埠城市的进步士绅以及青年知识分子中。婚礼的形式也增加了旅行结婚、教堂结婚、公证结婚、登报声明结婚、集体婚礼等，并与旧式婚礼多元共存。如图4-10《民国初年的集体婚礼》（佚名摄，1912年，安徽）所示[②]，整张照片构图如镜像般以两位新娘肩膀相接之处为中轴线呈左右对称，两对新人、各五对伴娘伴郎、一对花童、12束手捧鲜花、两只花篮以及清一色的婚纱礼服和西装，体现出庄重喜庆的气氛，表现国人对婚姻的认真与尊重。中式对称美，是中华民族文化底蕴的沉淀，也是中庸、平衡思想的体现。而《冰心、

---

① 张明：《外国人拍摄的中国影像 1844—1949》，中国摄影出版社 2018 年版，第 412 页。
② 徐希景：《中国影像史·第四卷》，中国摄影出版社 2015 年版，第 226 页。

图 4-10　集体婚礼

吴文藻结婚照》（佚名摄，1929 年，北京）所示①，新郎内穿白色衬衫，打领结，外套深色西服，胸前悬挂胸花；新娘头戴白纱，身披及地婚纱，手握鲜花。一场完全的西式婚礼，让国人也感受到新婚的神圣与浪漫。但事实上，封建社会残留的宗法包办婚姻一直持续至 1949 年中华人民共和国成立后，随着《中华人民共和国婚姻法》的颁布才被彻底废止。

　　1934 年，国民政府提倡新生活运动后，近代集体婚礼之风逐渐盛行。《集体婚礼》（孙明经摄，1937 年，河北）表现的是在北平读书的女知识青年与河北灾民中的优秀青年举行的集体婚礼②，新娘们身穿旗袍，手执豌豆苗来代替康乃馨作为婚礼上的鲜花，左额发间统一夹着几朵象征爱情纯洁的花朵，脸上笑靥亦如花。白色婚纱出现在中式喜庆色彩极浓的结婚典礼仪式上实属民国社会文化的一大进步。如此场景经媒体报道后，成为当时的社会重大新闻。

晚清至民国在婚礼形式上的变化，决不单单是一种外在表象的变化，也是民风与文化的巨变，经济更是其重要因素之一。在进入近代后，随着学校的普及和工厂的发展，很多青年男女同期进入学校与工厂学习、务工，他们之间有了更多的日常接触和了解而倾向于自由恋爱、自主婚姻，严重侵蚀了宗法婚姻的土壤。因此，婚姻礼俗的变迁实则是近代生活方式与思想巨变的体现。

二、丧葬习俗

丧葬习俗流传至今，已经有数千年历史，世界各个民族都有自己的丧葬习俗。中华民族的丧葬习俗是几千年文化、文明史中的一部分，它涵盖了本土重要的思想文化理念。进入近现代以来，虽然丧葬仪式不断简化并与外来文化相结合，但其主要内容并未产生根本性变化。总的来看，丧葬习俗中反映的是民族政治与文化的核心因素，而经济与地理则是影响的相关因素。

（一）祭奠规模

近代社会的本质特征之一是等级社会，即使在去世之后，这种等级也被深深地反映在丧葬仪式及其规模之中。在近代影像库中，帝后之丧、名人之丧、百姓之丧均有所反映，但相应的规模却有天壤之别，表明了对逝者的祭奠与政治文化之间的紧密关系。

《慈禧出殡》（乔治·莫理循收藏，1908 年，北京）表明了仅用来移动棺椁的巨大轿子及其众多轿夫就足以表明这场葬礼的空前隆重与浩大①，

---

① 沈嘉蔚：《莫理循眼中的近代中国·目击变革》，福建教育出版社 2012 年版，第 194 页。

显示其帝王之尊，紧接的光绪皇帝的出殡与此类似。许多知名与佚名摄影师，如乔治·莫理循、亨利·博雷尔等都用影像见证了帝后丧葬。同样有影像表明，在随后的 1913 年隆裕太后的葬礼也具有相应规模。在中国文化中，帝王的后人们都试图通过一系列繁杂仪式，将先人的人间权威与富贵带入另一个世界。

《市民悼念孙中山》（佚名摄，1925 年，北京）表现了在国父孙中山先生不幸离世后充分享受了人民的爱戴，人们自发地聚集在燕京大学门前举行悼念仪式①。虽然官方的葬礼十分庄重，并具有中国传统文化的特征，但百姓自发性举行各种悼念仪式是其重要特征之一。此后，在近代影像库中也反映了白求恩、鲁迅等名人的祭奠仪式，影像表明了其过程庄重但渐趋简朴。

除去帝王将相出于光宗耀祖、千秋万代永享富贵的奢望，修建豪华大墓则是中国富贵阶层的嗜好。如《扬子江边的大墓》（威廉·盖洛，1903 年，扬子江畔）所示，在长江上游某地的大墓就很具代表性②，事实上，不同时期在全国各地都能常见这类大墓，这是文化糟粕的表现。此外，西德尼·甘博、庄学本等摄影家们还把镜头对向了普通百姓的祭奠仪式，常常表现出对亲人离去的痛苦、追思和祭拜，体现了膜拜祖先的中国文化。《埋葬战死者》（埃德温·丁格尔摄，1912 年，湖北）是英国战地记者用影像表现的辛亥革命期间战场的惨烈，而战死的兵勇常常是简单地就地草草掩埋③，令人嘘唏。

（二）丧葬形式

中国的丧葬形式十分丰富：土葬、天葬、火葬、水葬、崖葬、树葬等，几乎包括了世界上最主要的安葬形式，而其中的土葬与天葬更为常

---

① 章开沅：《辛亥革命大写真》，湖北美术出版社 2001 年版，第 666 页。

② ［美］威廉·盖洛：《扬子江上的美国人》，山东画报出版社 2008 年版，第 9 页。

③ ［英］埃德温·丁格尔：《亲历中国革命》，浙江大学出版社 2011 年版，第 236 页。

见，它们受制于文化与地理条件。土葬是以汉民族为代表的选择，并逐渐转向了火化后的土葬。而天葬则是以藏民族为代表。藏汉两民族由于地理环境和文化方面的差异，逐渐形成了相对固定的安葬方式也不足为怪。事实上，安葬形式的选择往往体现出逝者对肉身、灵魂和财产的归属选择，这是民族文化的一种体现。

土葬乃至厚葬体现了这样的文化诉求：肉身永不腐、灵魂进宗祠，财富藏棺材。期望在另一个世界或来世都继续享受今世的荣华富贵，应该说这是一种文化糟粕。但恰恰又是这种文化糟粕为我们今天的文化考古留下了无数证据。西藏地区的天葬风俗则与藏传佛教有着密切的文化关联，其核心思想是：肉身布施众生、灵魂再去轮回、财物敬奉佛主。

（三）墓葬选址

土葬还必须面临一个"葬在哪儿"的选择，影响这一选项的主导因素是文化与经济因素。所谓文化因素，即主要依据中国古典著作《易经》中的风水说，应该选择一块风水宝地安葬故人。而经济因素则是能否承受"风水宝地"所需要的代价。《下葬》（大卫·柯鲁克摄，1947年，河北）是英国革命工作者柯鲁克在华北农村拍摄的正在下葬的普通村民，其地点就是一处干涸的河床上[①]。从风水学角度来看，旧河床低洼的地势显然不是所谓的"风水宝地"，这应该是普通农民家庭的无奈选择。

影像《白骨塔》（威廉·盖洛摄，1903年，湖北）表现的是湖北宜昌新滩江边的一座白骨塔[②]，它的存在表明贫民阶层往往连棺材也难以置办，要么就是找个空地随便掩埋，要么是火化后将骨灰安放其中。《婴儿塔》（伊莎贝拉·伯德摄，1895年，福州）的影像表明了贫穷人家夭折婴儿的骨

① 王烁、高初：《大卫·柯鲁克镜头里的中国》，民族摄影艺术出版社2016年版，第305页。

② [美] 威廉·盖洛：《扬子江上的美国人》，山东画报出版社2008年版，第83页。

灰被安放于此①。《收殓街头童尸》（杰克·伯恩斯摄，1947年，上海）记录了有人正在收殓夭折后弃尸街头的婴儿遗体②，童尸被火化后就常常安葬于"婴儿塔"内，这也是对伯德影像所表明的社会现实的一个佐证。

　　由此，我们看到了在进入近代后丧葬礼俗的变迁，这种变迁事实上是文化思想进步的体现。第一，葬礼的变迁改变了封建文化中等级的价值观念；第二，葬礼的变迁冲击了儒家文化中"孝"字绝对而不及其余的落后文化，而有利于移风易俗的进一步开展；第三，葬礼的变迁还冲击了具有浓厚积淀的迷信文化，有利于近代科学思想的进一步普及。

第三节　新生活运动

　　中国近代是一个充满变化的时代，尤其是城市的变化。但城市的变化并不仅在于外观的变化，更在于人们精神世界的变化。自1915年起，以李大钊、陈独秀等为代表的，一批最早接受了外部文化影响的青年知识分子发动了一场声势浩大的文化运动，带来了国民思想的巨大变化，其变化也自然折射到了民间生活习俗的革命与进步，这就是所谓的新生活运动。上述两节已经体现了各自领域在新生活运动后的变化，此外还有如剪辫、放足和破除迷信等。

一、剪辫运动

　　据考证，最早明确留着辫子的中国人影像是《琼阿德》（佚名摄，1852年，法国）③。自清廷建立之后，给中原人强制性带来了"剃发、留

---

① ［英］德博拉·爱尔兰：《中国影像之旅》，中国摄影出版社2018年版，第75页。
② ［美］杰克·伯恩斯：《内战结束的前夜》，广西师范大学出版社2005年版，第57页。
③ ［英］泰瑞·贝内特：《中国摄影史1842—1860》，中国摄影出版社2011年版，第77页。

辫",以显示对统治集团的"臣服",辫子成为一种被统治的象征性符号,不留辫即意味着反抗,反抗即意味要被消灭。对此,引起了部分国民,尤其是汉民族的激烈反抗,但在清朝高压统治时期,反抗都归于失败。于是,在清朝存续期间的影像中都可以看到,中国的男人们,无论士农工商、平民百姓都拖着一条莫名其妙的大辫子。

1911年10月,辛亥革命武昌起义成功,推翻了清王朝,成立了中华民国湖北军政府,同时实施了除旧布新的各项措施。其中就有军政府贴出的剪辫告示:"自武昌起义推翻清帝,重振汉室,凡我同胞,一律剪去胡辫。"当时南昌城内七处城门口,以及督军衙门(市政府)、府学前、百花洲等十处,皆设有"义务剪辫处",凡来剪"文明"发式或剃光头者,

图4-11 剪辫

一律免费,表明了民国政府提倡"剪辫",以显示决心彻底铲除清朝余孽。

但在辛亥革命后,即从1912年起所收集到的影像中,还有一些百姓持观望态度,仍然继续留辫。非常时刻,辫子的去留成为政治态度的晴雨表,以至于革命党人或起义军士兵就强制"剪辫"。如图4-11《剪辫》(佚名摄,1911年,湖北)所示,这是一张街头抓拍的强行剪辫的影像①。清末民初军阀张勋为了表示效忠清室,禁止所属部队剪辫子,而

---

① 刘香成:《从鸦片战争到军阀混战的百年影像史》,后浪出版公司2015年版,第319页。

被称为"辫帅"。1913 年他参与镇压讨袁军，在攻入南京的部队的影像中，明显留有辫子①，由此，辫子再次成为了表明政治立场的形象性符号。"辫子军"在 1917 年以调停"府院之争"为名，率兵进入北京，于 7 月 1 日与康有为等拥溥仪复辟，演出了一出张勋复辟的历史闹剧，因违背历史潮流，仅 12 天就归于失败。辫子也终于作为一种生活常态不复存在。

辫子本身从"剃蓄"再到"剪除"的变化过程，反映了清王朝由盛转衰的过程，也反映了中国由封建社会走向近现代文明的过程。辫子的去留成为一种文化思想及个人意识形态的象征及表露，对此，文学巨匠鲁迅在相关小说中有着出神入化的描写。因此，发生于近代的剪辫运动成为了一个被世界所瞩目的政治事件。也从一个侧面反映了中国文化与西方文化相互碰撞与融合过程中，中华民族的社会心理与价值观念的变化过程。

二、天足运动

以夫为纲是中国数千年封建女性礼教的核心内容之一，它的表现形式之一就是近千年来让女性拥有一双小脚。据考证，缠足的风俗起源于宋代宫廷，因此，一开始就被贴上了"高贵"的标签，逐渐被民间效仿而成为难以铲除的陋习。缠足的文化逻辑就是以小脚来剥夺女性独立生存的能力而成为男性的附属品，缠足之后将不可远行，自此只能幽闭深院、相夫教子。从而达到未嫁从父、出嫁从夫、夫死从子的终极目标。更进一步，倘若面对家庭暴力，则完全失去了反抗甚至逃跑的能力，沦为彻底的被压迫群体。

（一）缠足的陋习

三寸金莲形成的过程自然苦不堪言。但在以夫为纲的时代却被刻上

---

① 章开沅：《辛亥革命大写真》，湖北美术出版社 2001 年版，第 576 页。

尚女德的"标签",成为一种誓死"从夫"的符号与象征,这也是中产以上家庭阶层女儿出嫁的通行证。如此,中国女性生活在这样的怪圈之中,一方面,小脚的痛苦椎心泣血;另一方面,男人却以此为美,以至于母亲遭受的苦难,仍然在女儿身上重演,甘愿成为男人们"评头论足"的目标,盛行近千年而不绝,这是一种民间文化力量的可怕延续。

如图4-12《东南沿海的女童》(威廉·弗洛伊德摄,1870年,福州)所示①,是东南沿海地区的少女合影,典型性地表现了大部分少女都缠足的现实。统计表明,在晚清(1912年之前)432幅女性影像中能够辨别是否为缠足的个体形象中,有58%的缠足,此现象足以说明缠足的普遍性,也说明了夫权文化的根深蒂固。除此之外,有关清朝的历史研究已经表明,满族妇女并不缠足,她们的民族文化中并不以此为美。同时,采集

图4-12 东南沿海的女童

---

① 张明:《外国人拍摄的中国影像1844—1949》,中国摄影出版社2018年版,第109页。

的影像也显示出在云南、西藏等少数民族地区，以及广东客家也不以小脚为美，缠足主要发生在以汉民族为主的地区，而贫苦家庭的女孩也无力缠足。正如图 4-7《送信女童》，是在义和团运动时期赤脚往返于京津之间的小信使，她并未缠足，其光脚及其装束都显示出贫苦的身份。

（二）放足的启动

缠足是中华民族的文化陋习之一，太平天国时虽有禁缠令，但失败于操之太急，总体效果并不好。此后在 1888 年康有为在老家广东南海联合一些开明乡绅创立不缠足会，提倡妇女不缠足，会员达万人以上。19世纪 90 年代英国商人之妻立德夫人在中国南方成立"天足会"，大力提倡破缠足。她的努力甚至影响到慈禧太后，促使其下达了劝禁缠足的谕令。事实上，清王朝历史上也曾有过禁缠足的谕文，但面对强大的民间文化总是不了了之。与此同时，其他众多传教士以及部分开化的中国人也为天足运动披荆斩棘，做出了持续性的努力。到民国初期时，尤其是新文化运动之后，天足已渐成社会的普遍风气，成为全社会进步的一种标志。对于成长于这一转型时期的女孩而言，就有了继续缠足、半途放足、从未缠足三种情景。如图 4-13《家庭合影》（新明照相馆摄，1920 年，天津）所示[1]，女主为缠足的小脚，女孩子们则明显的半途放足或从未缠足的两种情况，它恰恰让后世的我们看到了一个时代进步的缩影；影像《影星胡蝶》（佚名摄，1934 年，上海）则充分展示了时代红影星的天足靓丽[2]。《吕锦瑷与她的学生们》（孙明经摄，1927 年，南京）所示的是孙明经在为其母亲与她的女学生的合影，影像上赫然显现的是年长的老师有一双天足，而年轻她许多的学生们则有缠足[3]，这就说明了，民国之后的中国天足运动发展极不均衡，由此进一步表现了新文化思想的普及程度也不均衡。

---

[1]　仝冰雪：《中国照相馆史》，中国摄影出版社 2016 年版，第 251 页。
[2]　仝冰雪：《中国照相馆史》，中国摄影出版社 2016 年版，第 139 页。
[3]　孙健三：《孙明经纪实摄影研究：影像精选集》，浙江摄影出版社 2017 年版，第 108 页。

图 4-13　家庭合影

从近代影像库中时间跨度较大的影像资料上可以发现，放足并非一蹴而就，而是一个漫长的过程，天足运动一开始就受到民间惯性的强大阻力，历经数十年才使缠足逐渐绝迹。这一过程体现出了以下几个特征：第一，近代"天赋人权"的民主思想在中国是一个逐渐深入人心的过程；第二，男性不断加入天足运动说明了"男女平等"不再单纯地是女性的呼吁，而是社会共识与趋势；第三，晚清政府、民国政府及北洋各地方政权持续反缠足，也是最终铲除陋习的重要力量。

三、破除迷信运动

迷信是人类自古以来的一种盲从现象。人们在与自然相处的早期岁月里，因自身力量的微弱，不能理解自然，更不足以抵抗自然，于是就将自己置身于原始的信仰之中，宿命于未知神灵的力量，听命于"神喻"。

于是求神问卦就成为最为常见的迷信形式。事实上，迷信广泛存在于各个民族，各种宗教、拜祖、祭祀等仪式活动中，也存在于许多日常生活中，并有封建迷信、宗教迷信和科学迷信（如风行一时的"灵学"）等区别，迷信有时甚至模糊了与民间风俗的界限。总的来说，迷信是对人的思想一种禁锢与误导，违背了基本的科学原理。

影像《昭通扶乩殿》（威廉·盖洛，1903 年，云南）是美国记者在云南昭通拍摄的扶乩专门场所①，甚为壮观的宫殿表明了扶乩活动在民间的广泛与深入。一班人马、一套法器与看似严谨而庄重的渐进程序，更增添了百姓的敬畏，强化了欺骗性，当然费用也相当不菲。扶乩与其他形式众多的灵学一样，都是中国流传数千年的迷信活动仪式。迷信活动最为常见于街头的"算命先生"，费用相对低廉，很适合于为普通百姓"排忧解难"。《街头算命》（佚名摄，1910 年，上海）十分传神地表现了街头算命先生口若悬河的神态与顾客的膜拜表情②。无数的事实证明，因迷信而葬送的美好数不胜数。

破除迷信把批判天道鬼神的重要性和改造国民性，促使革命思想深入人心的关系联系起来了。社会进步力量在反对封建迷信的同时，努力清除民间的迎神赛会、偶像崇拜、求签问卜、风水厚葬等种种恶习。新文化运动的两大口号是"民主与科学"，而"科学"就直指"迷信"的要害。因此，由新文化运动而衍生"反迷信"的新生活就理所当然了。然而，从影像资料中可以发现，从属于命理学的迷信理论及活动却难以根除。究其原因，每当社会结构动荡或不稳定时，社会大众的不确定感就会增加，于是迷信就会重新抬头。而中国近代社会是一个持续动荡的时代，迷信活动的反复也就不足为怪。

---

① [美] 威廉·盖洛：《扬子江上的美国人》，山东画报出版社 2008 年版，第 179 页。
② 章开沅：《辛亥革命大写真》，湖北美术出版社 2001 年版，第 78 页。

本章结语

　　本章基于近代影像诠释了中国百姓在衣食住行、婚丧习俗和新文化运动产生的影响等三个方面的习俗现状及其变迁。纵观近代中国国民衣食住行的变迁，首先，服装改革是时代进步的直接反映；其次，饮食习惯、居住条件和出行工具都能够体验到近代中国处于一个积贫积弱的时代，战乱使得百姓深陷生活的痛苦。从婚丧习俗的变迁，能够感受到受西方进步文化的影响，国民们逐渐扬弃了中国传统文化中一些糟粕；尤其是新生活运动的开展，从观念、意识形态等各方面都有了长足进步，移风易俗正在成为一种不可阻挡的社会趋势。当然，生活习俗及其流变是一个较大的学术话题，本章限于体量仅讨论了上述的三个方面，其他要素将在随后的研究中进一步涉及。事实上，中国近代的重大历史事件都对民间风俗的流变产生了重要影响，甚至是颠覆性的影响，比如缠足、蓄辫等陋习的革除。因此，我们应该从历史文化的角度来看待生活习俗的流变。

第五章　近代影像中的社会风气

社会风气是国家与民族形象的基本要素，它是国民秉性的整体倾向和总和。国民秉性则是社会个体依靠后天生存的社会文化环境而养成的性格，涉及德行、智慧、信仰与精神境界等方面，它是一种内在品格，但外显于日常生活中的各种行为方式及对事物的态度之中。在不同的历史文化时期被赋予不同的内涵和标准，中华民族的国民秉性可以用民族文化中的忠孝义德等概念来表征。

本章主要从人物肖像类、日常生活类、社会时事类、文化教育类等题材的近代影像中诠释中国人的基本秉性及由此形成的社会风气。

第一节　守主流克己修德

中国儒家文化历来倡导做人的根本在于"君子务本"，正所谓"本立而道生"。这一观点首见于中国先贤孔子的著作《论语》，本是指由孝悌而生出正确的价值观。也就是只有在拥有了正确的价值观后，做人才会有正确的"道"。应该说，道在中国文化中具有多义性，人由道而生德，而每个时代所特有的道德观念，决定了人们的言行，支配着人们对人、对物、对事的取舍。

一、修私德

私德是指个人品德、修养、作风、习惯以及在个人生活中处理人与人关系的道德规范。习惯则是人的第二天性，于后天养成，因此家庭是习惯养成的第一场所，恰如人之朋友而日日相随左右，习惯也从一个方面显示个人的修养。本书则是从家庭生活影像中管窥中国国民的种种生活习惯。中国传统文化历来崇尚私德修养，它是优化社会风气的必要基础，能够较为明确体现国民私德修养的主要有个人肖像类和日常生活类影像。

（一）注重外在形象

从影像诠释的角度看，最能体现个人气质及精神风貌的影像当属"个人肖像"类影像。所谓个人肖像，是利用人物妆容、身体姿态等外形因素以表现人物气质的影像。影像自身往往不携带故事背景，但肖像影像往往可以显现对于某个群体或者个人的刻板印象，或呈现一个更加完整的人。从肖像摄影的技术过程看，是典型的摆拍或摆中抓拍。它既是被摄人物精神世界的自我外显，也是摄影师审美观点的刻意追求，又是关于人物性格特征、精神面貌的自然反映。依据近代影像库，收集了符合肖像摄影特征的个人肖像影像计 1840 余幅，约占影像总数的 16%。其中封建文化时期计有 240 余幅，其人物姿态的统计如表 5-1《封建文化时期个人肖像人物姿态统计》所示。

表 5-1　封建文化时期"个人肖像"拍摄姿态统计

文化时期	影像总数	坐姿	站姿	不确认	正面像	前侧像	侧面像
1844—1899 年	242	124	57	61	175	40	26

从统计结果来，第一，240 余幅影像中明确或坐或站的共有 181 幅，基本能够说明姿态的总体分布；第二，坐站相对比约为 2.2∶1，说明了中国人在留下影像时，更加习惯于呈现坐姿而显示出喜静而少动的性格特

征；第三，正面像占比达 72%，说明了中国人绝对性的习惯于留下正面形象而凸现神情端庄与稳重。可以佐证的是在 1904 年，南开大学创办时的张伯苓校长提出的校训是"面必净，发必理，衣必整，纽必结。头容正，肩容平，胸容宽，背容直"。事实上，这是中国文化中对个人形象的一贯要求，只是张伯苓先生进行了精彩的概括，承前启后而作为南开学生的容貌标准，以体现南开人健康积极的精神面貌，这也是近代中国国民精神风貌的一个缩影，而近代影像中的个人肖像恰恰印证了这种形象。

由此看来，将近代中国人抽象为更加趋向于"安静、稳重、反应缓慢、沉默寡言、情绪不易外露"的气质特征具有一定的影像依据，这也符合在日常生活中，中国人表情的收敛是外显文化修养的生活准则。如《上海商人》（威廉·瓦谢摄，1858 年，上海）所示①，它表现的是 19 世纪 60 年代间的普通中国商人形象，对上述观点具有较强的印证性。

（二）讲究内在修养

蔡元培先生说："人之生也，不能无所为，而为其所当为者，是谓道德。道德者，非可以猝然而袭取也，必也有理想，有方法。修身一科，即以示其方法者也。"②事实上，这也是中国传统文化中对中国人品行的基本要求。在采集的家庭合影、生产劳动的影像中可感受两个最重要的修养——孝和勤，它们是中国人的基本修身准则。

影像《官员的一家》（约瑟夫·罗西耶摄，1858 年，广州）是瑞士摄影师在广州摄下的第一张中国人家庭合影照③，至 1949 年的百年间，共收集到 79 幅家人合影照。家人合影主要有照相馆内和实际生活的两个拍摄环境，两者分别为 35 幅与 44 幅。有意味的是，自 1935 年之后，竟未再收集到照相馆内的家人合影。经对近 80 幅合影的画面阅读，无论怎样环境下的

---

① ［英］泰瑞·贝内特：《中国摄影史 1844—1879》，中国摄影出版社 2013 年版，第 70 页。

② 蔡元培：《中国人的修养》，四川文艺出版社 2017 年版，第 105 页。

③ 张明：《外国人拍摄的中国影像 1844—1949》，中国摄影出版社 2018 年版，第 30 页。

图 5-1　通州鞋匠

家人合影，尊老的习惯都跃然于画面。具体表现为长幼位置的分布，老人倍受尊重下的姿态，以及老人在场时晚辈恭谦的表情，这些影像都充分说明了中国人尊老的日常生活习惯。

影像《路边修补衣服的妇女》（弥尔顿·米勒摄，1860 年，香港）是美国肖像摄影师拍摄的中国第一张普通百姓街头务工生活的影像①。从画面上可以看出中国普通百姓的衣服在旧破之后，仍然是修补后继续穿戴，这既是中国人传统消费观点之一，也是中华民族克勤克俭的传统美德的体现，当然也可能是生活窘迫所致。

如图 5-1《通州鞋匠》（西德尼·甘博摄，1918 年，北京）所示②，画面中的老人虽然衣衫极度褴褛，但仍笑容灿烂，善良、纯朴跃然于画面之上，形象感人至深，极具画面的评述性。而如图 4-7 的《送信女童》年仅十余岁，由此看出在近代中国贫穷的劳动群体十分庞大，小至男女幼童，老至耄耋老人。在近代影像库中共收集各类务工劳动的影像 540 余幅，以及少量按实际劳作现状在照相馆内的布景，表现了所从事的种类繁多的体力劳动。除家务之外，作坊、农田、放牧、工厂、街头等众多劳作场面，几乎无所不包。同时可以发现普通劳动者并无性别及年龄阶段的明显差异，从而说明中国普通百姓的勤勉是一种普遍社会风气。

（三）遵从基本礼节

礼节作为表达人们理念、情感的一种行为规范，代表了民族群体的文明程度，既有官方礼节也有民间礼节。礼节的改变既有政治压迫也有思

---

① 刘香成：《从鸦片战争到军阀混战的百年影像史》，后浪出版公司 2015 年版，第 78 页。

② 邢文军、陈树君：《甘博的中国影像》，长江文艺出版社 2015 年版，第 194 页。

想变迁的因素。对个人而言，礼节是对他人表示尊重的各种形式，也是一种不妨碍他人的美德。中国人拥有包括抱拳、鞠躬、磕头等动作形式的礼节，以及问候、道谢等语言形式的传统礼节。

自古以来，中国即为礼仪之邦，因此，中国人在相见相聚、互动、相别时都有一套严格的礼节，这种礼节事实上是中国传统文化与内在精神的外显：既要表现相互尊重，也要明确等级差别；既要表现出为人谦卑的形象，也要显现出维护个人尊严的气节。在收集的影像之中，直接表现出这类礼节性动作的影像并不多见，但也已经十分典型，并主要分为三类。

第一类是朋友、街坊、同僚、同辈等相见，如图5-2《街坊相见礼》（佚名摄，1900年，北京）所示[①]，街坊相见只是简单的抱拳打拱，以示相互尊重和基本的礼貌。男子应右手握拳在内，左手在外。有观点认为古人以左为敬，又有观点认为人通常是用右手进行攻击别人时，所以拱手时，左手在外，以左示人，表示真诚与尊敬。这种简单的礼节十分类似于西方的脱帽致礼的习俗：脱帽礼节沿袭于西方中世纪的骑士风度，也就是在相互披坚执锐相见时，脱下了头盔以示友好的现代演化。

第二类是长幼、师生、上下级、官民等相见。作为晚辈、弟子和下级，则要行礼在先，且至少要深深地行躬身礼，甚至要行跪拜大礼，以显孝敬与恭敬。官民相见，作为平民也往往需行跪拜作揖之礼大礼。有时官场中

图5-2 街坊相见礼

---

① 沈弘：《晚清映像》，中国社会科学出版社2005年版，第22页。

的同僚也相互跪拜，如《互跪大礼》（佚名摄，1900 年）所示 [1]，以显示出最高规格的相互敬重。

第三类是君臣相见。按中国传统文化，一切得以与皇帝相见的人都为臣，都必须向君行跪拜大礼。这既是对皇权臣服的重要象征，也是在世界上以我中华为中心的思想作祟，后者最终在西方列强的强大压力下被迫取消。有记载表明，1873 年，日本大使以三揖之礼、西方各国公使以五鞠躬之礼，完成了对同治皇帝的觐见。这一事实彻底摧毁了中国传统跪拜之礼的权威与根基。

综观近代以来的礼俗变迁，主要有四大动力在起作用：即西力东侵、国际惯例、思想变迁与政治权力。

二、立公德

公德是指存在于一个国家，一个民族或者一个社会群体中的公共道德准则、文化观念和思想传统。是生活于其中的人们为了共同的群体利益而约定俗成，所有人应该做什么和不应该做什么的行为规范，并与"私德"对应与互补。

（一）扶贫济困

中国近代是一个多灾多难的时代，许多天灾人祸造就了无数的人间劫难，对此，在所采集的影像中多有表现。在以难民、灾民、救赈等为关键词在近代影像库中进行筛选时，共检索出 90 幅相关影像。从时间上看，《乞丐的家》（约翰·汤姆逊摄，1869 年，福州）是第一张沦为乞丐的中国人影像 [2]。直至如图 5-3《逃难的妈妈》（郑景康摄，1938 年，河南）出

---

① 沈弘：《晚清映像》，中国社会科学出版社 2005 年版，第 27 页。

② [英]约翰·汤姆逊：《中国与中国人影像》，广西师范大学出版社 2015 年版，第 273 页。

现之前①，有关中国人灾难与乞丐类影像均来自于旅华摄影师或佚名人士所摄。在中国摄影史上，20世纪初之前的佚名摄影师一般都被认为是西方来华人士。

当乞丐们成伙时，就出现了所谓的"丐帮"。《乞丐们》（托马斯·查尔德摄，1880年，北京）正表现了这一城市中的边缘群体②。关于丐帮的生态存在各种社会学观点：讨要、讹诈、勒索无奇不有，甚至扶贫济困、互相帮助。并与百姓、官府、商铺之间构成了错综复杂的关系，也许金庸笔下的丐帮形象更深入当代的中国人心。丐帮属于社会关系中的一个元素，只是由于影像诠释的局限，难以展开更为深入的讨论。

针对灾与难的生活，尤其是普通人的灾难，从中国百姓的表现中可以窥见中国人善良本性与公德精神。据《西德尼·D.甘博的中国影像》一书介绍，在近代中国社会大约有11.9%的极贫阶层存在。主要依赖于官办的若干粥厂救济和大小寺院的施舍，帮助他们的存活度日，其中也包含一些富绅好善乐施。如图5-4《粥厂嬉笑的男孩》（西德尼·甘博摄，

图5-3　逃难的妈妈

图5-4　粥厂嬉笑的男孩

---

① 赵迎新：《中国摄影大师》，中国摄影出版社2017年版，第194页。

② ［英］泰瑞·贝内特：《中国摄影史1844—1879》，中国摄影出版社2013年版，第71页。

1924 年，北京）所示 ①，难以生存的男孩喜笑颜开地满足于粥厂的救助。
此后有多幅影像表现了社会扶贫济困的场景。如《发放救济粮》(石少华摄，
1945 年，晋察冀）所示，影像记录了在华北发生饥荒时，抗日民主政府
及时向灾区发放救济粮食。②

虽然，不是全部的极贫人群都能得到及时求助，但幸运的是，在全
部的 90 幅灾与难的生活影像中，未见有驱赶、侮辱或虐待难民、乞丐的
影像出现，这更加坚定了如此判断：中国普通百姓普遍具有以善为本的公
德精神。

（二）收养弃婴

有资料研究表明，中国民间出于对养育成本、传宗接代、出嫁嫁妆
的种种考虑而屡屡弃婴，尤其是溺弃女婴现象较为普遍并成为一种社会陋
习，从而导致成年女性不足，引发社会婚配矛盾。早在唐宋时期中国已有
官方性质的专司收养弃婴的育婴堂机构，不同时期其名称稍有变化。这种
善会善堂也成为稳定社会、巩固政权的地方组织 ③。到了清代，各地的育
婴机构主要为官办性质，它有利于广泛建立与倡导社会良俗，而具有良好
的社会功能。亦有地方富绅与教会组织参与其中资助。

有影像表明，在香港、广州、南京、湖北、北京、天津等大中城市
均有育婴机构的存在，说明了育婴堂在中国存在的普及性。需要进一步说
明的是，上述城市留有育婴堂影像，并不能说明当时的中国只有这些城市
存在育婴堂，而是因为它们具有留下影像的条件。由于育婴堂的存在，还
摧生了乳妇的社会职业化。

---

① 邢文军、陈树君：《甘博的中国影像》，长江文艺出版社 2015 年版，第 341 页。
② 图片来源：中国摄影家协会官网 / 大家名作 / 石少华，引用时间 2020/20/18。
③ 吴佩林，孙雪玲：《近三十年来的清代育婴慈善事业研究》，《西华师范大学学报（哲社
版）》2013 年第 3 期。

（三）救死扶伤

救死扶伤历来是中华民族优秀品质之一，许多中医药房的店面名称也努力体现这一理念。尤其是战争期间或战场上，基于人道主义的救死扶伤更加凸现。

1911 年的辛亥革命爆发，在武昌起义期间，有多幅影像表现了战场上的红十字会救死扶伤的工作。如《黎元洪与中国红十字会成员合影留念》（佚名摄，1911 年，湖北）所示①，从某个方面说明了作为武昌起义的重要人物，黎元洪重视与肯定战场的救死扶伤工作。在抗日战争期间的中国远征军，收集了多幅中国军人义务献血而建立血库的影像，表现出了优秀的国民公益精神。

（四）颂扬楷模

社会生活的典型形象能够通过戏曲、说唱、评弹等各类戏剧表演形式得以广泛传播。尤其是舞台表演形象，由于艺术的成熟性而更具传播力，如京剧中的关公、包拯等正面形象受到社会的广泛敬仰；而陈世美、黄世仁等属于反面形象而受到社会的普遍谴责。这种舞台形象的树立是普世价值观在戏剧中的充分体现。

《中国的乐师》（保罗·尚皮翁摄，1865 年前后，上海）是英国摄影师在上海拍摄的中国人第一幅有关戏曲表演的影像②。直到 1949 年，共收集了各种舞台与街头表演，比如曲艺、杂耍、卖唱等近 110 幅影像，涉及演员、票友、剧场和观众。如此数量庞大的演艺人员的表演其实是一种社会文化媒介，广泛地传播中华文明，它们共同属于文化的组成部分。

戏曲在中华民族有着非常优秀的传统基础，唐戏弄、宋元曲等留下

---

① 章开沅：《辛亥革命大写真》，湖北美术出版社 2001 年版，第 201、359 页。

② 张明：《外国人拍摄的中国影像 1844—1949》，中国摄影出版社 2018 年版，第 119 页。

了宝贵文化遗产。戏剧的发展，不仅是一种文化相互学习的典型案例，它也是民族文化集大成传播的重要载体，各类戏曲表演中涉及脸谱、造型、服装、唱词、人物关系、好恶美丑等等文化元素与价值标准，而其中的"京剧"是深受国人喜爱的典型代表，享有"国粹"的美誉。

三、反陋习

中国先贤孟子认为"人性本善"，而另一位先贤荀子则认为"人之初，性本恶"。荀子认为人的本性中的确存在恶的成分，但人最难得可贵的品质就在于制恶行善。去除恶的方法就在于通过不断地修行，对内提高个人的自我修养，对外身体力行教化他人。所以绝大部分中国人在中国传统文化的熏陶下拥有了许多高贵品德。但遗憾的是，社会中总有一些人达不到修身养性的境界，总存在吸毒、赌博、狎妓等陋习，及至懒散、肮脏、狡诈、虚伪、冷漠等，但社会普遍对此类现象所不齿。

（一）泛滥的毒品

吸毒历来与中国传统文化"勤勉"相悖而为人唾弃，也为许多外国士绅淑女所鄙视，于是旅华摄影师常常直接反映烟客的丑陋。如《饭馆里的烟客》（约翰·汤姆逊摄，1869 年，香港）所示①，这是英国摄影师在中国香港拍下了第一张中国人吸食鸦片烟的影像。此后，另一些中外摄影师在不同地点拍摄了中国人吸食鸦片的情景。综观烟客，可以发现以下一些基本现象：第一，烟客男女不限，包含了富有阶层与社会底层百姓；第二，既有独自吸食，也有夫妻共吸或朋友们聚吸；第三，既可能在烟馆吸食，也可能在自家的烟床吸食；第四，烟客普遍身体枯槁、神情慵懒、精神萎顿而贪婪。此外，还有一些表现城市烟馆的影像，表明了当时社会吸食鸦

---

① ［英］约翰·汤姆逊：《中国与中国人影像》，广西师范大学出版社 2015 年版，第 73 页。

片仍是一种公开行为，并不受道德与法律的约束，说得直白一点，就是有钱没钱都要吸，而无视其对身体的危害。尤其是已经一贫如洗的吸毒者更引发了一系列的社会问题。

众所周知，近代中国深为鸦片所害，为此，民族的有识之士进行了不屈的斗争，其代表人物之一就是被后世尊为民族英雄的林则徐。前后相继的禁烟运动中曾多次发生公开焚烧鸦片的行动，不仅有文字记载，也有影像留存。在此特别说明，有学者曾在《鸦片战争时期的新闻摄影与〈虎门焚烟图〉》一文中展示了一幅被认为是摄影作品的《虎门焚烟图》，但笔者以为：林则徐的虎门焚烟发生于摄影术诞生之前，该作品为 1839 年拍摄的摄影作品缺少科学依据。是否是后人将发生于 1876 左右的又一次民间焚烟时所拍摄的影像移植于林则徐的虎门焚烟呢？

1919 年，北洋政府大总统徐世昌在上海和北京分别组织了声势颇大的焚烟活动。《鸦片焚烧现场》（西德尼·甘博摄，1919 年，北京）表现的是当年 1 月份在北京通县的焚烟现场[1]。通过对影像的阅读，我们可以发现有许多外国人士莅临现场，见证了这场禁烟行动。事实上，在中国近代，无论怎样声势浩大的禁烟活动之后，铁的事实是鸦片之毒仍是屡禁不止、从未绝迹，也有理由进一步质疑若干次禁毒运动的真与假。这与那个时代的战乱及其统治阶层的腐败与麻木密切相关，成因极其复杂。直至 1937 年，仍有影像表明女子徜徉于大片的罂粟花田里以此为美，令人细思极恐[2]。最终表明的是中国虽历经百年禁毒，而全民的防毒意识仍然相当脆弱。

（二）常见的赌博

赌博陋习普遍存在于中国人的日常生活中，上至达官贵人，下至市

---

[1]　邢文军、陈树君：《甘博的中国影像》，长江文艺出版社 2015 年版，第 105 页。

[2]　孙建秋：《1937 年万里猎影记》，外文出版社 2006 年版，第 233 页。

图5-5　街头赌博

井平民都有娱乐带彩，或纯粹赌博的行为。如图5-5《街头赌博》（约翰·汤姆逊摄，约1870年，广州）所示，是中国第一张以赌博为题材的影像①。虽然，史料研究普遍认为约翰·汤姆逊是一位出色的街头摄影家，但仔细观察这张照片，环境的整洁和赌资的充盈并非是这些市井混混们的日常状态，笔者有理由认为这张影像并非是街头实景抓拍，充其量只是街头而非照相馆的摆拍。

从10余张直接反映赌博题材的影像上观察，可以发现赌博工具则是五花八门，十分符合于生活现实：打麻将、斗蟋蟀、掷骰子等等。赌徒的分布也极为广泛，庄学本拍摄的甘肃拉卜楞街头赌博；马达汉拍摄的新疆叶尔羌寺院外的大型赌场——说明了赌博几乎无处不在②。摄影家们在表现这些赌博行为时，决不是为了赞扬或推广，而是以赌博中贪婪的表情昭示其丑陋的精神世界——完全与中华民族的"勤勉"境界背道而驰，赌博将对个人、家庭和社会产生巨大的危害。

进入近代之后，在中国的开埠城市又有了新型赌博形式——首先由西方人开设的跑马场。影像《跑马场的看台》（佚名摄，1860年前后，香港）

---

① ［英］约翰·汤姆逊：《晚清碎影》，中国摄影出版社2009年版，第137页。

② ［芬］马达汉：《马达汉西域考察日记》，中国民族摄影艺术出版社2004年版，第61页。

是中国第一张跑马场题材的影像①，反映了跑马场的正式存在，它是1846年由侨居在香港的外国人设立的中国第一家跑马场，也表明了跑马场最初出现于开埠城市。紧随其后，上海早在1850年就出现了第一跑马厅，此后有第二、第三跑马场。上海跑马场的最初功能仅限于外侨的休闲娱乐，此后是博彩，再此后演变为直接的赌博场所，并向华人开放，成为又一毒害中国人民的精神鸦片。②

（三）麻木的冷漠

鲁迅先生曾经在小说《药》里，以文学的笔墨深刻揭示了部分国人的麻木与冷漠，对此进行了辛辣的讽刺和批判，而一些国人的麻木在中国刑场里也被影像所反映。中国近代是一个充满战乱与变革的时代，在此过程中有许多仁人志士为民族的光明未来勇敢地走向了反抗的道路，而其中的许多人慷慨赴死，但很多国人表对此现出了麻木不仁。

如《行刑时刻》（威廉·桑德斯摄，1870年，上海）所示，这是中国第一张表现刑场斩首的影像③。笔者十分赞同《外国人的拍摄的中国影像》一书的作者张明先生的分析与诠释：也许这只是影像作者的摆拍作品，其目的就是向他人反映当时中国的斩首刑场。拍摄时不惜雇用了60余位麻木的看客，而他们的表情恰恰是真实刑场的情景再现。此后，直到1949年，留下了多幅刑场上的影像，其中总不缺少无所事事的围观人群。尤其是那些在义和团运动、辛亥革命和共产主义运动中为正义而献身的英雄们，在被杀害时也惨遭围观，由此而显现出部分国人的冷漠和无知。如《清军砍杀义和团员》（佚名摄，1900年，北京）所示④，在砍杀现场的背景里，一群无所事事的中国人在冷漠围观。而无视他们为民族的献身精神。

---

① 刘香成:《从鸦片战争到军阀混战的百年影像史》，后浪出版公司2015年版，第49页。
② 熊月之:《上海租界与近代中国》，上海交通大学出版社2019年版，第436页。
③ 张明:《外国人拍摄的中国影像1844—1949》，中国摄影出版社2018年版，第72页。
④ 刘香成:《从鸦片战争到军阀混战的百年影像史》，后浪出版公司2015年版，第239页。

第二节　赶潮流自强不息

中华民族历经数千年的文明发展，因国民的睿智并拥有足够的韬略而傲立于世界民族之林。只是自 16 世纪后西方率先开始了工业革命，中国在科学技术和物质产能方面逐步落后于西方世界。于是在中国近代的开端成为了西方列强掠夺的对象，如此情况下，许多民族智者开始了深思、探索与实践，以寻求中华民族的未来。所有这些努力，都可归于中华民族的优秀品质之———自强不息。自强不只限于努力追赶西方科学技术的发展，更在于人类文明的方方面面。

一、改革求变

1840 年，英帝国主义以坚船利炮轰开了大清国紧锁的国门，清廷被迫签下了不平等的《南京条约》。然而，如此给予"天朝"的当头一棒并未让清廷的统治者彻底清醒，没能真正认识到与西方列强的发展差距，而遭受了第二次鸦片战争的失败。两次战争的失败，再加上起始于两次鸦片战争中间的太平天国农民起义的打击，引起了许多头脑清醒的当权者的深思，由此而产生了一系列的改革求变的思想创新与革命。首先是出现了洋务运动，紧接着，如郑观应等人就进行了较为系统的思考，并将中国传统的儒道文化与西方文化在中国本土进行文化融合，由此而产生了早期的维新派思想，正所谓西风东渐。融合的结果是百日维新运动，即发生于1898 年的戊戌变法，以及紧接而至的辛亥革命。

（一）洋务运动

史学界普遍认为"洋务运动"是中国近代的第一场思想运动，并落实于一系列的实际行动中。洋务运动起始于 1861 年，败于 1895 年的中日甲午战争之后。其核心思想是"师夷制夷、西学中用"——承认差距，奋发自强，正如洋务派理论家冯桂芬指出："以中国伦常名教为本，辅以诸国富强之术"①，这不能不说是国人智慧与韬略的一次体现。

　　洋务运动的倡导者首推晚清名臣曾国藩、左宗棠、李鸿章等，他们的主张先是得到了清廷权力核心人物恭亲王奕訢的支持，后再有醇亲王奕譞为首的总理衙门和海军衙门的支持。

　　1860年11月，正值洋务酝酿之中，意大利随军摄影记者费利斯·比托为恭亲王奕訢拍摄了其第一张人物肖像照②，如图5-6《恭亲王奕訢》A。此时，晚清正经历着第二次鸦片战争的失败，身担重任的奕訢看上去心事重重，十分拘谨。到底是对摄影机的恐惧，还是对洋人摄影师的恐惧，还是对摄影师背后的英法联军的恐惧？实在不得而知。翌年，他联合两宫太后成功地发动了辛酉政变，清除了八大辅臣，实际控制了清政权，而成为洋务运动的总后台。因此，在1872年，英国摄影师约翰·汤姆逊再为其留影时，如图5-6《恭亲王奕訢》B所示③，也许是随

图5-6　恭亲王奕訢

①　转引自：《中国近代史》，高等教育出版社2012年版，第90页。

②　张明：《外国人拍摄的中国影像1844—1949》，中国摄影出版社2018年版，第59页。

③　[英] 约翰·汤姆逊：《中国与中国人影像》，广西师范大学出版社2015年版，第19页。

着洋务运动的逐步推进，看到了强国强军的希望，从画面的直观性已经可以深深地感觉到他来自内心的自信。并且与图 5-6《恭亲王奕訢》C 相比较可以进一步发现①，两张影像的服装与姿态都没有明显变化，说明了是在同一个时间完全配合了摄影师，只更换了背景环境多次重拍，没有刻意显示帝王的威严与清高。

继曾国藩、左宗棠之后，李鸿章成为洋务运动的领军人物，他也是留下影像较多的晚清名臣。如影像《李鸿章》（约翰·汤姆逊摄，1872 年，北京）所示，是其第一张肖像摄影②，此后共有 10 余张单人肖像照留世。从肖像照片上看，李鸿章基本为正襟危坐，两脚呈八字型分开，十分符合中国传统文化中对男性的外观要求。也能够确认李鸿章本人刻意通过形象来强化自己的人格魅力。除肖像之外，还有部分参加重要社会活动的影像。1879 年，身为直隶总督的李鸿章邀请了美国前总统尤利西斯·格兰特来天津访问，如《李鸿章与格兰特》（梁时泰照相馆摄，1879 年，天津）所示③。李鸿章以中国的儒道思维，努力周旋于列强之间，表现出了一定的智慧与韬略，以图民族之生存空间。而与美国总统的合影中，其眉宇之间则表现出应有的民族气节，两人位置相当，不卑不亢，符合外交礼节而不辱国格人格。

在 1860 年第二次鸦片战争结束之后，依据《天津条约》与《北京条约》，中国的开埠城市增加为 16 座。并依《天津条约》第十四款规定，各国商船可自由往来于各开埠城市之间的水道。因此，沿海、长江、珠江、运河等水上运输呈现一片繁忙景象。如《厦门港》（圣朱利安·休·爱德

---

① ［英］约翰·汤姆逊：《晚清碎影》，中国摄影出版社 2009 年版，第 20 页。

② ［英］约翰·汤姆逊：《中国与中国人影像》，广西师范大学出版社 2015 年版，第 444 页。另据《中国摄影史 1861—1879·西方摄影师》（泰瑞·贝内特著，徐婷婷译）101 页载另一幅由威廉·桑德斯于 1870 所拍的李鸿章肖像，但通过直观判别，此肖像上的人物十分苍老，可以确定所记拍摄时间不准确。

③ 仝冰雪：《中国照相馆史》，中国摄影出版社 2016 年版，第 238 页。

华兹摄，1870 年前后，厦门）所示①，是美国旅华摄影师拍摄的繁忙的航运，大部分为外国商船。又如《上海外滩》（公泰照相馆摄，1879 年，上海）所示②，远处水面的军舰隐约可见，这是在开展洋务运动之后，中国开埠城市之间的长江水道亦被允许列强国家的军舰自由畅行，中国内河水面上随处可见的外国军舰足以说明中国主权形同虚设的社会现实。

　　与此同时，中国的港口也十分繁忙，如图 5-7《香港港》（约翰·汤姆逊摄，1868 年，香港）所示③，全景式居高临下的俯视使景物层次分明，展现出商船军舰各行其道的真实场景，既充分显示了港口商业的繁忙，也显示出了兵商互为支撑的本质。而《汕头港口》（阿芳照相馆摄，1875 年，

图 5-7　香港港

---

① ［英］泰瑞·贝内特：《中国摄影史 1844—1879》，中国摄影出版社 2014 年版，第 173 页。

② ［英］泰瑞·贝内特：《中国摄影史 1844—1879》，中国摄影出版社 2013 年版，第 143 页。

③ ［英］约翰·汤姆逊：《中国与中国人影像》，广西师范大学出版社 2015 年版，第 29 页。

广东）也同样表现了港口中的商船与兵舰混杂的"繁荣"①。也许这样的影像当时只是照相馆制作明信片，以满足海外客户的猎奇心理来赚取利益，但在不知不觉之中已经视觉描述了当时的社会现实。

（二）戊戌变法

洋务运动随中日甲午战争的失败而失败，紧接着出现了以康有为、梁启超为代表并受到光绪皇帝支持的"维新派"变法，史称"戊戌变法"。其主要内容有：改革政府机构，裁撤冗官，任用维新人士。维新派的一个重要观点认为西方列强在中国所作所为的核心是商战，以攫取最大化的经济利益，搜刮中国百姓，白银外流导致中国愈加羸弱，从而列强们在其之间实现利益的瓜分。因此，中国人应从民族大义的角度出发，应对策略是不惜牺牲小我与暂时，准确地针对西方列强的企图。事实也正是如此：兵战、商战、以兵船护商船、以商船养兵船的近代影像比比皆是。从影像诠释的角度可以确认早期维新派观点具有一定的事实基础。

（三）辛亥革命

由章开沅主编的《辛亥革命大写真》一书中的影像表明，1905 年，为反抗晚清时期清廷腐朽的帝制专制统治，由孙中山统一领导的全国性的"同盟会"假借日本东京正式成立，标志着一个新时代的开始。此后，大量的影像描述了孙中山及其革命党人奔走于国内各省、东南亚及欧美各地，以争取国内外的全部力量进行国内的革命斗争，孙中山的核心思想可以被概括为"三民主义救中国"。

在孙中山之外，清末民初对社会变革及思想产生重大影响，且在中国历史上极具争议的政治家、军事家袁世凯也值得一提。如《袁世凯垂钓

---

① ［英］泰瑞·贝内特：《中国摄影史 1844—1879》，中国摄影出版社 2013 年版，第 67 页。

洹水》(佚名摄，1908 年，河南) 所示①，被载沣解职的袁世凯躲在了河南
洹上村，此后借上海《东方》、《北洋画报》等报刊刊载袁世凯身披蓑衣斗
笠在河南洹水怡然垂钓的照片。向世人做出一副置世事之外的姿态，实
则韬光养晦，时刻关注时局变化，以图重归政坛，足见其老谋深算。1912
年窃得辛亥革命胜利成果之后，即做起了"皇帝梦"。如《袁世凯祭天》(佚
名摄，1913 年，北京) 所示②，影像中显示的陪同人员均身着"洪宪"官服，
复辟帝制之心昭然若揭。复辟帝制的妄想虽然与袁世凯的个人意志相关，
但也得到了身边一小撮各怀鬼胎之人的响应，导致其个人"民主逆流"思
想的恶性膨胀，利令智昏的结果是葬送了中华民族无数革命志士抛头颅洒
热血换来的革命成果，实在令人深思其国人思想中偶然与必然的关系。

二、文化强国

自洋务运动开始，国人已经清醒地意识到中国在科学技术领域与西
方列强的差距，以至于器械落后而被动挨打，因此立下了文化强国的基本
方略。即使在洋务运动失败后，这一认识并未动摇，并表现在大量翻译出
版科技著作的"西学中用"、持续的"出洋留学"热潮，以及在国内开始
轰轰烈烈的新文化运动。

(一) 西学中用

在国情积弱的晚清，国民的智慧不仅表现于与列强的周旋，更在于
努力思考如何自强。于是引用西方科技著作以实现"西学中用"是一条极
为重要的途径。如影像《翻译学院》(伊莎贝拉·伯德摄，1894 年，北京)
一景说明为了培养专门的"翻译人才"已设置了专门培养学校——京师同

---

① 章开沅：《辛亥革命大写真》，湖北美术出版社 2001 年版，第 344 页。
② 张明：《外国人拍摄的中国影像 1844—1949》，中国摄影出版社 2018 年版，第 313 页。

文馆①。京师同文馆是清末第一所官办外语专门学校，由恭亲王奕訢和晚清重臣文祥奏请并于 1862 年 8 月 24 号正式开办，初以培养外语翻译、洋务人才为目的，以外国人为教员，专门培养外文译员，属总理事务衙门，美国传教士丁韪良总管校务近三十年。此外，相关历史研究表明，京师同文馆还与江南制造局翻译馆、上海广方言馆北南呼应，都是从事翻译人才培养的专门机构。

随着翻译人才的不断培养，大量的西方科技著作被不断地引入中国，并进入学校教育体系，与此同时促进了相关印刷出版机构的进一步发展。如《印刷车间》（佚名摄，1897 年，上海）所示②，表现的是商务印书馆的印刷车间，表明其已具有相当的生产规模，该馆的创立标志着中国近现代出版业的开始。

（二）出洋留学

为真正地学习西方知识，在李鸿章、张之洞、容闳等洋务派官员的竭力周旋下，派出相当规模的幼童去美国留学③，正如图 5-8《第一批留美幼童》（佚名摄，1872 年，上海）所示④，是经官方遴选派出的第一批 30 名留美幼童出发前的合影。此后又陆续派出三批，共计 120 名幼童去了美国，容闳也被称为中国留学之父。此后，留学目的地又扩大至西欧和日本，大量的影像资料表明近代日本是中国学生留学的最热目的地，在日本学习二手的西方文化，学习的内容不只局限于科技而扩展军事、医学、思想，乃至文学艺术。

虽然中国人历来重视文化学习，正所谓做人治家唯"耕读"二字。但

---

① ［英］德博拉·爱尔兰：《中国影像之旅》，中国摄影出版社 2018 年版，第 51 页。

② 章开沅：《辛亥革命大写真》，湖北美术出版社 2001 年版，第 35 页。

③ 《中国近代史》，高等教育出版社 2012 年版，第 100 页。

④ 胡志川、陈申：《中国早期摄影作品选（1840—1919）》，中国摄影出版社 1987 年版，第 35 页。

图 5-8 第一批留洋幼童

封建时代的教育模式主要是私塾教育，私塾教育虽然也能够培养社会管理的栋梁之材，但其局限性不言而喻。显然，直接的出洋学习近代科学技术的效果要远胜于私塾教育。历史的事实也表明，这些举措有其正确与合理的方面，也体现了中华民族是一个开放、包容，愿意学习、借鉴与提升的智慧民族。

（三）五四新文化运动

1919 年，美国社会工作者西德尼·甘博在北京拍摄了许多学生运动的影像，表现了北京作为"五四新文化运动"的发源地。五四运动的旗手李大钊则表现得十分活跃，1918 年起由王光祈、李大钊等发起、筹建中国少年学会，它是五四运动的早期组织之一，其宗旨是"本科学的精神，为社会的活动，以创造少年中国"；其信条是"奋斗、实践、坚忍、俭朴"。佚名摄影师在 1920 年为其成立一周年摄影留念，如《李大钊等合影》所示①。

由此可以看出，一方面，自晚清以来，洋务运动、戊戌维新、辛亥革命等活动表明国人不仅努力探索革命思想，探究制度层面的弊端，同时也开始了文化层面的探索，经过数十年的不断学习与借鉴，在辛亥革命之后，终于迎来了性质为文化革命的"五四新文化运动"；另一方面，文化需要传播才能成其为文化，而传播需要媒介，或者说是借助媒介才能呈现与共建文化，在经历一系列的探索之中，报刊、广播、出版等大众传播媒介也得到了同步发展。此外，游行、演讲等活动也成为革命文化传播的重要途径，并持续上演"争自由"与"限自由"的轮番斗争。

三、发展体艺

特定的民族文字局限了文化的传播与共建，比如以汉字书写的文化作品就难以为不识汉字的民族所共享，有鉴于此，将依靠文化媒介的多样性而促进文化的共同性。其中影像作为视觉媒介，在反映视觉艺术方面起到了更大的作用，并主要表现在美术、戏剧和电影等领域。又由于文化的差异，中华民族的民族体育与西方有诸多不同，这也许成为西方公众对中华民族产生误解的诸多原因之一。因此，进入西风东渐的近代后，一些有识之士努力引进、吸收并融合了世界体育艺术成就，大力发展近代民族体艺活动。于是自强不息并加强对外交流的动因也促进了现代体育在中国的发展。

（一）体育运动

体育运动及其竞技代表了个人、群体、民族和国家不断进取和努力竞争的精神面貌。众所周知，在 19 世纪末的晚清，中华民族被英国种族

① 刘香成：《从鸦片战争到军阀混战的百年影像史》，后浪出版公司 2015 年版，第 363 页。

主义者强扣了"东亚病夫"的帽子，蒙受奇耻大辱。进入民国后，国民发奋图强，陆续开展了多项体育运动项目，并于1932年首次派出代表团参加国际奥林匹克运动会，但在1936年柏林奥运会上中国军团零奖牌的结果，更让西方列强大肆渲染"东亚病夫"的论调，其实质就是要将中华民族归入于"劣等民族"中去，为瓜分中国寻求"人种学"依据。但这一喧嚣并不能削弱广大民众运动健身的意志。

影像资料也表明，自第一次鸦片战争后，田径、体操、游泳、足球、篮球、排球、乒乓球、网球等运动项目先后进入我国。

（二）美术创作

美术创作通常有绘画、石刻、雕塑、书法、摄影等。事实上，美术形象不仅是艺术创作，更是社会价值观的体现，通过一个时代的美术作品形象也可以诠释时代的一种价值观。比如，清朝中期闻名遐迩的"扬州八怪"画派的作品就显露出这一群体的创新思想，普通百姓看似"怪"，深谙画道者却是"新"。此外，常常也有人认为，美术作品作为视觉艺术具有天然的跨文化传播优势，其实这并不可以一概而论，但其直观性确实降低了阅读难度。

1938年，沙飞用影像表现了在晋察冀边区的一组墙壁漫画[1]，画面的主题是抗日宣传。在当时当地，由于存在大量的文盲群体，因此，这种简洁的漫画形象十分符合当地百姓的阅读需求。又如影像《"抗日漫画宣传队"合影留念》（佚名摄，1939年，广西）所示[2]，说明了漫画在全国各地的抗日宣传中起到了积极作用。据漫画的相关研究表明，漫画的早期形式在中国早已存在，比如明清时代的朱见深、八大山人、罗聘等都留下了一些幽默、诙谐的"漫画"作品。近代漫画则又吸收了一定的西洋画风元素，

---

① 王雁：《沙飞摄影全集》，长城出版社2005年版，第13集。

② 秦风：《民国影像1927—1949》，广西师范大学出版社2009年版，第84页。

图5-9 古阁重密

逐渐形成了一个独立画种。而针对时弊，漫画具有极强的讽刺效果，并借助于日益兴盛的报刊传播而深受百姓的阅读喜爱。

在摄影这一平面造型艺术传入中国后，一批中国摄影家如郎静山、陈万里、张印泉等将其自身拥有的中国画的基本修养融入了摄影艺术的创作中，构成了极具中国画风特色的摄影作品。如图5-9《古阁重密》（郎静山摄，1936年）所示[①]，是其代表性的作品之一。画面运用中国画论中的散点透视技法，以中国古建筑元素为前景，以朦胧的山崖为背景，完全是一幅中国式的山水写意画。

事实上，就清末民初前的绘画而言，中国传统的人文山水画自成体系，大不同于西方绘画，从题材到技法都拥有典型的中国文化元素。而这些摄影艺术家们则努力渗透中国文化元素进行摄影创作。总的来说，具有中国画风特色的摄影作品就是以影像为媒介，传递出强烈的中国文化意境。

（三）艺术表演

根据统计，在全部文化活动的影像中，电影、戏剧剧照共有45幅。其中有电影《庄子试妻》《八百壮士》《忆江南》《海誓》等剧照；戏剧剧照《生

---

① 图片来源：中国摄影家协会官网／大家名作／郎静山，引用时间：2021/01/26。

死恨》《白毛女》等，话剧《雷雨》《母亲》《边区劳动妇女》等，以及各类民族舞蹈等，题材非常丰富，一定程度表现出了文化艺术活动的繁荣。中国第一位女性电影演员严珊珊的影像则出现在《庄子试妻》的电影海报中。

电影作为市场的存在，受制于编导们对作品的定位与市场的认可，在此其中编导们的社会意识是否健康，是否符合大众的思想观念和审美趣味是决定性因素。有证据表明，一些倡导进步思想、健康生活的作品，如《八百壮士》《忆江南》《弃妇》等获得了成功，电影中的女性形象或成为社会榜样或成为社会的同情对象，从而激发或引领了正确的社会价值观；而另一些如《海誓》等无聊之作，表面上是惨败于市场，实则是惨败于社会意识与文化品味的定位。由此，我们可以看到，女伶也开始转变其社会角色，从"风情万种"到"风姿绰约"，观看者也不再是单一的男性群体。转变后的女演员卸去了因生活胁迫而必须给予的"性幻想"而增添的"挑逗"性，开始出现一种对职业的热情、向往。其自身也不再是待价而沽的商品，虽依旧被凝视，但已将命运把握在自己的手中。

戏剧表演，总的来看属于舞台表演类型，尽管有时并不真的是在高台之上，而是"画地为台"进行表演，但在演员与观众心目仍然是舞台表演。事实上，舞台表演的项目还有洋务运动之后逐渐进入中国的西方歌剧、话剧、舞剧等形式；还有自远古就开始流行的各个民族的各种舞蹈表演及其他们的近代版本。

（四）民族舞蹈

在近代影像库中收录了大量的由中外摄影家拍摄的汉、满、藏、蒙及纳西族等民族的舞蹈，而许多民族舞蹈中蕴涵了本民族的宗教、神话与传说的文化故事。换句话说，许多民族舞蹈就是民族语言，族民们是用舞蹈的肢体语言方式来表述和传承民族文化，而不仅仅是于娱乐、欢聚或艺术市场表演。

如图 5-10《少女之舞》（乔治·莫里循收藏，1908 年，云南）所

图 5-11 宁波常胜军

浙江)所示①，表现了一支在南方参加镇压太平天国的英国军队，由于装备精良而被称之为常胜军。如影像《法国战舰马尔索号》（保罗·比朗格摄，1857年，天津）所示，法国业余摄影师在天津拍摄了首张在中国水道畅通航行的外国军舰②。这一丧权辱国的景象自然引起广大爱国者的极大愤慨。随后，由于更多的社会问题终于引爆了19世纪末的义和团运动，它是一场以"扶清灭洋"为口号的农民运动，是典型的中国旧农民阶层的反抗表现。它的源头可追溯至1870年发生的"天津教案"。义和团运动粉碎了帝国主义列强迅速瓜分中国的狂妄计划，沉重打击了清政府的腐朽统治，加速了它的灭亡。

撇开义和团运动自身的策略、方针与无序的行为方式等，就大部分义和团成员的思想而言，就是十分单纯地为了"中国人不要被洋人欺负"的民粹思想，并不惜牺牲自己的生命，本质上是一种民族不屈精神的集中

① 张明：《外国人拍摄的中国影像 1844—1949》，中国摄影出版社 2018 年版，第 125 页。
② [英]泰瑞·贝内特：《中国摄影史 1842—1860》，中国摄影出版社 2011 年版，第 92 页。

表现，但遗憾的是呈现出盲目的行为方式。历史事实已经告诉我们，义和团在以冷兵器与八国联军洋枪洋炮的对抗中，惨遭彻底失败。于是义和团成员被捕杀的悲壮场面一再被影像所记录。从"近代影像库"中共收集到7幅义和团成员在刑场上直接被砍杀的影像。如《日军监杀义和团民》（佚名摄，1900 年，北京）所示①，画面上血腥的场面和日军在中国土地上滥杀中国人时的趾高气昂，让后世的我们深感屈辱。影像《美军俘获的义和团民》（佚名摄，1900，天津）②，则表现出被俘的义和团民神态自若，很具有大义凛然的不屈气概。义和团虽然失败了，但社会矛盾仍不断激化，各种以农民为主体的自发"民变"风起云涌，虽然绝大部分起义都归于失败，领导人也大多壮烈牺牲，但还是严重动摇了清政府本已摇摇欲坠的腐朽政权。通过无数起义者的牺牲，我们也看到国民普遍性的反抗精神。

二、奋进的精英代表

洋务运动的后期及其失败也刺激了另一些中国政治精英们的思考：中国落后的症结到底在哪里？除却那些让普通百姓看得见、摸得着的物质层面的内容，在体制层面还存在哪些问题？国家与民族层面的利益保障在哪里？在此过程中，这些政治精英们甚至不惜抛头颅、洒热血，谱写了一曲曲民族壮歌。

（一）戊戌维新六君子

早期资产阶级维新派中的很多人亲身参加了洋务运动的实践。经历了甲午战争的失败后，他们认为洋务运动仅将"制器"作为学习的重点远远不够，中国真正要学习的是西方先进的政治制度。而康有为、梁启超则

---

① 刘北汜、徐启宪：《故宫珍藏人物照片荟萃》，紫禁城出版社 1995 年版，第 244 页。

② 张明：《外国人拍摄的中国影像 1844—1949》，中国摄影出版社 2018 年版，第 226 页。

成为维新思想的领袖人物。如组图 5-12《戊戌变法群像》所示 ①，第一排从左到右分别为康有为、梁启超、谭嗣同；第二排分别为康广仁、林旭、杨深秀。

维新派提出了一系列的政治主张，并从 1898 年 6 月 11 日起，在光绪皇帝的支持下，维新派开始实施戊戌变法，仅 103 日，就在慈禧太后的政变下归于失败。康有为、梁启超分别逃亡香港和日本，而谭嗣同、康广仁、林旭、杨深秀、杨锐、刘光第等就义，史称戊戌六君子。尤其可贵的是谭嗣同毅然放弃逃跑的机会，甘为民族献身以唤醒民众，充分展现了他

图 5-12　戊戌变法群像

① 章开沅：《辛亥革命大写真》，湖北美术出版社 2001 年版，第 69 页。

身上的民族大义精神。

从洋务运动前后的影像中，我们不难诠释出"洋人天下"的社会现实，因此，在后期触发了社会有识之士的维新思想不足为怪。他们以民族大义为根本，以中国儒道思想中的规则与变通策略为圭臬，彰显主权观念、强化文化自信、倡导民主意识、建立新君臣关系，这应该是一次民族思想的重要进步，只是不够完善。

（二）勇立潮头的革命党人

国父孙中山堪称革命先驱，从 1892 年开始践行革命思想到 1925 年逝世，在近代影像库中共检索到留下孙中山形象的影像近 190 幅，其中与家人及亲友的纪念合影 30 余幅；与革命友人参加各种革命活动的影像为近 160 幅，在此其中，反映出孙中山自 1892 年起为革命事业，从香港、广东等国内各地奔走于日本、美国，以及欧洲、南洋各国，学习、考察、演说、组织与领导革命组织，募集响械，并曾亲自参加与指挥武装起义。不断的革命活动，促使孙中山先生不断完善其革命思想和治国理念。明确提出了"三民主义"，并早在 1905 年就将"驱除鞑虏，恢复中华，创立民国，平均地权"作为同盟会的政治纲领。并最终成功地进行了辛亥革命，推翻了腐朽的清王朝统治，建立了中华民国政府，也结束了两千多年的封建帝制。如影像《孙中山与镇南关起义将士合影》（佚名摄，1907 年，新加坡）、《孙中山在美国与同盟会支部成员合影》（佚名摄，1910 年，美国底特律市）、《孙中山在上海召开同盟会干部会议》（佚名摄，1911 年，上海）都直接反映了孙中山海内外的革命活动[1]。

由同盟会等革命团体领导的一系列武装革命起义爆发。从 1906 年至 1910 年间，革命党人发动了多次起义。遗憾的是在辛亥革命前声势浩荡的多数起义并没有留下太多的现场影像资料。从近代影像库中共收集到

---

[1]　章开沅：《辛亥革命大写真》，湖北美术出版社 2001 年版，第 201、155、464 页。

在 1906 年到 1910 年间与起义相关的影像资料计近 160 幅。其中各地的革命活动场所与起义遗址 25 幅，包含有两广、两湖以及香港、上海、四川等全国各地；同时，也反映了兴中会、同盟会、共进会、复兴会等革命党组织的革命活动。其余为革命党人物的肖像或合影，以及被捕就义前的遗像。如《被捕就义前的徐锡麟》（佚名摄，1908 年，安徽）和《被捕就义前的马宗汉》（佚名摄，1907 年，安徽）[1]，从影像直观上都强烈表露了他们为民族未来为根本大义，追求理想而视死如归的英雄气概。

与此同时，真正的起义战场的影像几乎为零，因受到当时摄影技术条件的限制，这一结果并不意外。但综合现存影像来看，仍然反映了各革命党组织的多次武装起义。如同盟会组织的萍浏醴、潮州黄冈等六次起义；复兴会徐锡麟、秋瑾组织的浙皖起义、共进会文学会组织的武昌起义。

作为孙中山的得力助手黄兴曾多次直接参与武装起义的组织与指挥。从近代影像库共获得与黄兴直接相关的影像 50 幅，其中属于个人肖像的影像 10 幅，涵盖了从 1895 年到 1912 年间的成长时期。解读黄兴的个人肖像影像，表情几乎一成不变，显得十分深沉，这也符合他青少年时代饱学中国传统文化后养成的个性相关。但其性格中又酷爱军事，如影像《戎马黄兴》（佚名摄，1908 年，广东）所示[2]，表现的是他担任国民革命军南军总司令时的英姿。

晚清一系列的"民变"与"武装起义"，不仅表现出国民的不屈秉性，也将中华民族推向了改朝换代到来的最前沿，呼唤着辛亥革命暴风骤雨的来临。

（三）甘洒热血的共产党人

1919 年五四运动之后，中国历史进入了一个新的时期，即新民主主

---

[1]　章开沅：《辛亥革命大写真》，湖北美术出版社 2001 年版，第 207 页。

[2]　章开沅：《辛亥革命大写真》，湖北美术出版社 2001 年版，第 202 页。

义革命时期，它是由无产阶级领导的资产阶级民主革命。并随着五四运动的旗手陈独秀、李大钊等人对马克思主义的引入，继而诞生了共产主义运动小组，随之1921年诞生了中国共产党。自中国共产党诞生后，中国人民反封建反殖民反帝国主义的革命精神被逐步引导到正确轨道上来，并最终取得了革命胜利，当然也付出了无数革命先烈的代价。

图5-13 安源煤矿工人俱乐部

图5-14 广州花县农民自卫队

中国共产党从 1921 年成立直到 1937 年的全民族抗战爆发，在全国范围内组织了无数次的工人大罢工和农民起义，并成功举行了南昌起义，继而建立了红色革命根据地。如图 5-13《安源煤矿工人俱乐部》（佚名摄，1922 年，江西）与如图 5-14《广州花县农民自卫队》（佚名摄，1924 年，广东）所示 [1]，是中国共产党直接领导下的工农武装起义组织。又如影像《秋收起义领导人合影》（佚名摄，1937 年，延安）[2]、《参加南昌起义的部分领导人》（佚名摄，1937 年，延安）所示 [3]，分别为参加领导与指挥秋收起义、南昌起义的中共部分领导人起义十年后的纪念合影。这些影像的留存都充分表明了中国共产党人为争取民族进步而甘洒热血的英勇形象，它们只是无数革命形象中的一个缩影。

三、改造旧世界的"新阶层"

在经历了数千年的"天朝"王国之后，中华大地经受了外强入侵而变得百孔千疮，社会制度层面的弊端暴露无遗，自西风东渐之后，面对现实世界的变化，促使许多有识之士不断寻求救国途径。洋务运动作为一项政策举措最终由于甲午战争的失败而归于失败，如何全面评价这一运动则属于社会历史文化学的研究内容。本研究所看到是，在洋务运动时期留下了许多学习西方的物质遗产，并产生了新的社会群体——买办资产阶级、工人阶级与新知识分子，新的群体必然产生新的思想。

（一）新产业阶层

新产业阶层，也就是最早期的工人阶层，他们广泛存在于制造加工业，如矿业、铁路、码头、钢铁、纺织等，这些企业和新阶层的出现，必

---

① 范文霈：《中国影像史·第五卷》，中国摄影出版社 2015 年版，第 44、45 页。

② 周振华：《中国影像史·第六卷》，中国摄影出版社 2015 年版，第 24 页。

③ 范文霈：《中国影像史·第五卷》，中国摄影出版社 2015 年版，第 192 页。

然逐渐而深刻地影响国民的整体思维方式。比如，如影像《纺纱机》（约翰·汤姆逊摄，1871 年，上海）所示 [1]，表明晚清早期的生产是以手工业为主。在数千年的农牧渔业社会中，生产效率的低下是一种天经地义的存在。但经历了洋务运动后，影像《英国人的纱厂》（佚名摄，1895 年，上海）表明外国人开办的近代工厂已存在于中国 [2]，并表现出近现代工业的规模化效率，天壤之别的生产效率与产品质量自然会带来产业工人与资本家的进一步思考。

根据中国近代史的记载，由于种种压迫和剥削，导致沿海沿江的近代化城市中的产业工人曾爆发过多次反抗示威、游行及罢工起义，除上海的三次工人大罢工外，最为著名当属 1925 年爆发的"省港大罢工"，其壮观场面如影像《省港大罢工》（佚名摄，1925 年，广东）和《上海工人纠察队》（佚名摄，1927，上海）所示 [3]，前者表现了震惊中外的历时 16 个月、参加人数达 25 万、由中国共产党优秀领导人邓中夏参与组织与领导的广东、香港大罢工。后者则表现了 1927 年上海第三次工人武装起义。影像《武昌大游行》（路易斯·斯特朗摄，1927 年，湖北）则是美国进步记者安娜在武昌街头拍摄的工人大游行场景 [4]。

（二）新知识阶层

在酝酿自 1915 的五四新文化运动中，众多的文弱书生却成为了战斗的主力军，并再次领略中华民族不屈的秉性。陈独秀、李大钊、鲁迅、胡适、蔡元培、钱玄同等一些受过西方教育（当时称为新式教育）的人发起的一次"反传统、反孔教、反文言"的思想文化革新、文学革命运动。如前所述的西德尼·甘博在北京用影像的方式记录了这场文化革命中的反抗

---

① ［英］约翰·汤姆逊：《中国与中国人影像》，广西师范大学出版社 2015 年版，第 329 页。

② 章开沅：《辛亥革命大写真》，湖北美术出版社 2001 年版，第 19 页。

③ 范文霈：《中国影像史·第五卷》，中国摄影出版社 2015 年版，第 136、176 页。

④ 张明：《外国人拍摄的中国影像 1844—1949》，中国摄影出版社 2018 年版，第 382 页。

斗争。如组图《游行的学生》（西德尼·甘博摄，1919 年，北京）所示①，较为全面地表现了青年学生的集会、演讲、游行，并无惧于被捕。在这场文化运动中，陈独秀、李大钊一马当先、南北呼应，继而转向共产主义思想的引进与宣传，李大钊一系列的革命活动为军阀张作霖所恐惧，不顾舆论的强烈反对而进行了一场政治杀害。鲁迅先生在这场文化革命中表现突出，毛泽东在著名的文章《新民主主义论》中曾评价说"鲁迅的方向，就是中华民族新文化的方向。"

据 1912 年相关统计，当时的全国共有专科以上学校 115 所，学生 40114 人，中等以上学校 832 所，学生 103045 人，这些人成为中国最早知识阶层的组成人员②。关键在于新知识阶层的价值观发生了根本性变化，他们不再以追求功名为读书的目标，其中的许多人民族利益放在了首位。所以，当五四运动来临时，在新知识阶层中一呼百应。

四、抗战中的民族团结

中国国民的智慧与韬略不只体现在晚清时期应对列强对近代中国的瓜分，此后一系列的时局变化：义和团运动、辛亥革命、五四运动、北伐战争等，也不断考量中国人民的智慧。尤其是在日本发动了侵华战争之后，统一战线的组成更加凸显了以毛泽东为代表的中国共产党人的民族大义与智慧，而其中"西安事变"在中国近代史上具有重大意义和深远影响。

（一）国共联合抗战

自晚清以来，日本军国主义从未放弃觊觎中华大地的野心，并努力加以实现。先是在中国北方领土上进行"日俄战争"；1931 年制造"九一八

---

① 邢文军、陈树君：《甘博的中国影像》，长江文艺出版社 2015 年版，第 85 页。
② 李明伟：《清末民初中国城市社会阶层研究》，社会科学文献出版社 2005 年版，第 304 页。

事变"全面吞并东三省；紧接着扶持伪满洲国成立，中华民族面临着亡国灭种的巨大威胁。在此危难关头，中国共产党举起了抗日民族统一战线的大旗，在全国人民抗日救亡运动的感召下，张学良、杨虎城两位国民党将军痛感"国权凌夷，疆土日蹙"，于1936年12月12日毅然发动西安事变，兵谏蒋介石停止内战，联共抗日。他们也因崇高的爱国义举被后世誉为中华民族的"千古功臣"，永载史册，彪炳后世。

　　纪实性地反映西安事变的影像并不丰富，影像《欢迎周恩来回延安》（佚名摄，1936年，延安）是反映毛泽东等中国共产党领导人迎接周恩来从西安凯旋归来，该影像记录了中国共产党抓住历史机遇，全面介入西安事变的和平解决，提出了正确的方针政策，促成了抗日民族统一战线的建立①。也表现了广大普通民众热烈拥护西安事变的圆满结局，由于国共的

图5-15　拥蒋大会

---

① 　顾棣：《中国红色摄影史（上）》，山西人民出版社2009年版，第267页。

第二合作，结束了十年内战，让国民们看到了民族的未来。如图5-15《拥蒋大会》（沙飞摄，1939年，延安）所示[1]，则从一个侧面充分展示了共产党、八路军坚决维护国共合作的努力。

虽有汪精卫伪政权的逆流存在，但此后国内抗日战争进入白热化的阶段，数不胜数的优秀中华儿女为此而英勇献身，上演了无数可歌可泣的英雄赞歌，许多经典战例永垂史册，充分展现了绝大部分中国人民的民族精神。

（二）组成国际同盟

在中国实现国共第二次合作而进入全面抗战后，国际反法西斯战争也进入了胶着状态，为了支持盟军的缅甸战场，并保护滇缅战略通道，中国两次组建远征军远赴缅甸作战，体现了中华民族的国际大义。在此过程中，美国空军的"飞虎队"也给予中国的抗日战争以极大的支持。

在远征军中，有许多美国战地摄影记者随军记录了他们的军旅生活以及激烈的战争场面。2010年，章东磐根据美国国家档案馆的照片收藏编写了《国家档案》一书，并由山西人民出版社出版。书中共收集了近500幅与中国远征军有关的第一手影像资料，其中战斗纪实影像约54幅，占比11%。如系列组照《血战腾冲》（弗兰克·堪瑟兰摄，1944年，云南）所示[2]，即表现了发生在中国境内著名的"收复腾冲"战役；另有如《腾冲击败日军的战利品》（佚名摄，1944年，云南）所示[3]，系列性地记录了战役胜利后的战场打扫、收缴战利品的喜悦场面，构成了相对完整的"血战腾冲"的影像叙事结构，极其宝贵地反映了在世界反法西斯战争中，中华民族无私无畏的奉献精神。如图5-16《蒋介石视察青年军》（美军通信兵

---

① 王雁：《沙飞摄影全集》，长城出版社2005年版，第19集。

② 章东磐：《国家记忆》，山西人民出版社2010年版，第421页。

③ 章东磐：《国家记忆》，山西人民出版社2010年版，第457页。

图 5-16　蒋介石视察青年军

摄，1945 年，云南）所示 ①，则是为鼓舞士气，蒋介石及其高级将领在滇西视察刚刚受训结业的青年军。

　　作为百年战乱的中国近代涌现了无数可歌可泣的英雄人物，并由他们构成了不屈不挠的一个社会新阶层，正是由于他们的努力奋斗，及至不惜牺牲包括生命在内的一切，才使中华民族再次屹立于世界民族之林。

本章结语

　　社会风气的认识是一个庞大的话题，从纵向上看，一方面，数千年

---

① 　章东磬：《国家记忆》，山西人民出版社 2010 年版，第 310 页。

中华文明的文化积淀具有根深蒂固的传承特征；另一方面，近代中国又有一百余年的时间跨度，受西风东渐的影响，处于数千年以来未有的大变局之中，产生了中西方文化的碰撞与融合，国民的秉性发生了一定程度的变化。从横向上看，社会风气的形成还与中华民族的民族多元性不可分割，因此，社会风气的流变是其基本特征。本章从诠释历史存留影像的角度，结合时代背景和影像作者的认知倾向来认识社会风气，并非以偏概全，而是尊重历史真实的一种认识方法。总之，社会风气中既有流变又有不变的优秀精神，而忠义孝德等则是智慧勤劳的中华民族的基本秉性；自强不息与不屈不挠的内在精神是中华民族面临任何艰难都能够再次屹立于世界民族之林的根本原因。

第六章　近代影像中的女性形象

本章的研究对象是中国近代百年中的女性影像，起点时间是在广东出现第一张中国女性影像的 1850 年①，直至 1949 年 10 月前。女性作为社会的另一半成员，因其各种原因一直是社会学、民族学和文化人类学学者们关注的特别研究领域，具有不言而喻的研究意义。在摄影术发明之后，因影像拥有还原时间、空间的真实能力，倍受记录者的青睐。而女性作为"被观看者"，她们的许多元素成为被记录的对象。虽然，本研究诠释在长达一个多世纪时间跨度的中国近代影像存在许多争议与不确定性，但这仍然是一件有意义并且必要的工作。一方面，关于女性影像中的形象必然成为女性形象研究的又一途径；另一方面，对近代百年中女性形象的剖解，于当代文化传承与社会发展仍然拥有重要的现实意义。本章将主要诠释中国近代女性从家庭主妇到社会角色的巨大转变，并从中感受中华民族承前启后的整体形象。

第一节　近代女性影像概述

根据本书第一章的表述，本章中的影像来源于如表 1-1《中国摄影史

---

① ［英］泰瑞·贝内特：《中国摄影史 1844—1879》，中国摄影出版社 2014 年版，第 7 页。

类的研究著作》和表 1-2《中国近代代表性影像图册及著作》所示。在所采集到的 11500 余幅影像中，经鉴别共获得近 2100 幅女性或包含女性的影像，所有这些影像已经拥有了摄影师身份、被摄对象的身份、拍摄地点、时间、题材等要素的标题编码，由此建立了近代中国女性影像库。应该说，这些影像是整个近代中国社会女性形象的随机反映，以此作为本章的研究对象，其结论的信度较高。

一、女性身份

影响女性形象的重要因素之一是影像中的女性社会身份。而历经百年的时代变迁，导致所采集的影像中，虽然一些被摄人物的身份已由影像标题所说明，而另一些并不能确认，但可以采用直观辨析的方法确定其大致的社会身份信息。

（一）宫廷女性与权贵妻女

宫廷女性主要是指皇家妻女及少量的皇宫内的女性成员，被确认为晚清宫廷女性影像约占总数的 12%。从年代上看，在摄影术传入的早期阶段，首开皇室成员摄影的当数 1860 年前后的摄政王奕訢，此时的清廷对摄影术有着极为严重的偏见，斥之为"奇巧淫技"而不愿被摄影，女性尤甚。据称，1900 年被害身亡的珍妃（光绪皇帝的爱妃）是最早留影的宫廷女性，但就其这幅照片而言，影像学界存在诸多争议，从叠印的题签、影像工艺及刘海发饰上看，有观点认为这是一幅 1910 年后扮珍妃形象的影像作品，笔者亦倾向于后者的观点。此后，在清代宫廷女性人物照片中，以慈禧太后为最多。1903 年，清廷驻法国公使裕庚任满回国，慈禧将其子裕勋龄召到宫中和颐和园，为她拍摄了大量照片，现存计 46 张，其中有《慈禧扮观音》系列照片及 17 张全身肖像等。其后，隆裕太后、瑾妃、婉容、文绣、荣寿固伦公主、爱新觉罗·恒馨、爱新觉罗·韫媖、爱新觉罗·韫颖等也都留下了极其少见的影像资料。

达官与富商等显贵妻女的影像少有直接留下姓名的，只有个别例外，如"盛装的李鸿章夫人"、"御前舞神裕容龄"等，这也是某种夫权思想的一种体现。其他留下的则是如诰命夫人、广东富商的一家等笼统的称谓。此外，还有如西藏、内蒙古等多民族地区的上层社会的女性，她们既有高贵的身份，也是民族小众女性膜拜的对象，她们的留影也是中华民族女性整体形象的一个组成部分。

（二）革命女杰

自晚清以来，中国深陷民族危机，全中国人民也开启了反帝反封建革命斗争序幕。在辛亥革命前后，中国女性阶层的身份发生了较大变化，从晚清留影较多的宫廷女性、贵族妻女、伶人、娼妓开始转向了社会其他成员。这一转变很明显昭示了女性在社会生活中主体性的强化。

其中涌现了一批革命女性，在奋力挽救国家于危亡之际，也奋力反抗社会旧势力对女性的制约与压迫，她们或奔走于社会，或投身于战火的硝烟。自清末民初的同盟会会员鉴湖女侠秋瑾、何香凝开始，民国时期的宋庆龄、邓颖超、蔡畅、宋美龄、杨惠敏、成本华、郑苹如、安娥、张郁廉以及延安时期的革命女性都留下了宝贵的影像资料。

（三）社会名媛与演艺明星

在采集到的近代女性影像中含有为数不少的社会名媛与演艺明星。通常的社会名媛主要有两类：一类是有显赫家庭背景，无论是旧族还是新贵的妻女，典型的如溥仪之妻婉容等，先为宫廷女性，后则为社会名媛。另一类是自身才华出众、相貌优雅的女子，如20世纪20年代的画家陆小曼、一代才女林徽因、油画家关紫兰、中国摄影化学先驱吕锦瑷，等等。当然，之所以成为社会名媛，其必要条件是某个领域内的佼佼者，或是经常出入高级社交场合，引起了社会大众的普遍关注。

自进入民国之后，中国演艺界日趋活跃，也产生了一些演艺女星。继晚清传统戏曲著名女演员九月菊、鲜灵芝等留下了影像之后，有电影演员如胡蝶、阮玲玉、陈云裳、杨秀琼、周璇，以及进步女星陈波儿；再有话剧演员张瑞芳，等等。她们都不同程度地留下了各类影像。民国时期的天津《北洋画报》与上海《良友》画报都不遗余力地推介演艺界女星。尤其是《良友》画报，在172期的办刊生涯中，就有144期的封面为演艺女星的肖像照片，她们在一定程度上引领了时代风尚。

（四）平民百姓与边缘女性

在进入民国之后，摄影术的技术进步已基本扫清了现场摄影的技术障碍，因此，现场抓拍逐渐普及起来，这也导致平民女子进一步获得了留影的机会。在个人肖像类中，由于平民百姓的基本信息缺失，几乎无法确认其影像存在，但在合影肖像类、日常生活类与文化活动类的影像中，通过画面语言分析方法可以确认了近千幅平民女性的影像，其中有医护、教师、学生、女工、农家女、乞丐、难民、娼妓等，占总影像数的48%。娼妓之所以也留下了较多的影像，更多的原因是他们与照相馆之间的某种合作：一方面，她们需要利用影像为自己扩大影响，用今天的话说叫"圈粉"；另一方面，她们往往引领了社会时尚，形象上成为被模仿的群体，她们的影像能为照相馆带来更多的顾客。所以，京城名妓赛金花、小玉仙等，以及所谓的上海十大名妓亦在影像榜上有名。

二、拍摄环境

如前所述，中国男、女第一张本土影像都是出现在广州，而显示了摄影是从开埠城市广州开始的历史事实。随后的时间段，主要是随旅华摄影师在中国的旅行而扩散，先城市后乡村，从东南沿海到西部边疆，再到广大的各少数民族地区。至民国时，由于本土摄影师的成长与成熟，摄影活动基本已在全国各地普遍展开，涉及了众多民族、众多人口，构成了全民被摄影的态势。因此，近代影像库中的女性人物，某种程度上就是中华民族一个时代的女性形象之缩影。应该注意的是，从整个民国时期的不同历史阶段来看，仍然存在一定的区域性、题材性和文化性的差异，但这种差异并不产生根本偏差。

（一）城乡女性

自 1843 年起开放的广州、福州、厦门、宁波、上海等城市及其周边成为第一批被旅华摄影师所拍摄的区域；随后是 1859 年起开放的牛庄（现为营口）、登州（现为烟台）、台湾（台南）、潮州、琼州、汉口、九江、南京、镇江等十口岸，以及增设的天津；再有 1895 年甲午中日战争后增设苏州、杭州、重庆、沙市为新开埠口岸。北京作为清廷的政治中心，皇宫作为一种特殊存在，当然也是各类旅华人士的重点拍摄城市。

（二）多民族地区

众多物证和资料等表明，云南、西藏、敦煌、内蒙古等许多虽不属于开埠城市，但也有众多的西方各色人员或明或暗地进入这些地区，出于各种目的，也进行了大量的摄影活动，其中不乏留有女性影像。因此，满汉藏蒙回等各民族女性影像散见于多本影像著作与相册之中，直观性地反映出了中华民族多元一体的组成特征。比较有代表性的是芬兰探险家马达汉于 1906 到 1908 年间在中国西部进行了探险与考察，留下了《马达汉西域考察日记》（王家骥译，民族摄影出版社 2004 年版）一书，并插入了大量作者自拍的影像资料，其中不乏女性影像。

此外，20 世纪三四十年代的纪实摄影大师庄学本，独自在今天的四川、云南、甘肃、青海等少数民族地区考察摄影，本章共采集其中的近 400 幅女性影像，已占女性影像库总数的近五分之一。

三、题材特征

在本书的第二章专门讨论了中国近代影像中的题材问题。在本章，一方面，对于女性影像而言，题材仍具有一定的特殊性；另一方面，不同的历史文化时期，其影像题材也具有一定的区别。综合这些分析，本章将近代女性影像分为人物肖像、日常生活、社会时事，以及文化、教育、艺术与宗教事业等四类题材。并依据第一章关于近代的文化时期分野，各自的数量列表统计如表6-1所示。其数量的多少与占比在影像表现的维度上体现了时代女性的基本特征。

表6-1　女性影像题材数量统计

（单位：幅）

时代	年代	人物肖像	日常生活	社会时事	文教艺与宗教	合计
封建文化时期	1844—1899	192	48	2	13	255
新文化自觉时期	1900—1927	392	65	57	41	555
新民主主义文化时期	1928—1949	522	316	209	230	1267
总计		1105	429	272	271	2076

（一）封建文化时期

在封建文化时期，共收集255幅女性影像作品，并在表6-1中可见，这一时期的女性影像主要是各类肖像摄影，占比高达75%，十分符合摄影初期的基本生态。在这一时期的后期，由于感光材料的进步，导致日常生活与生产劳动题材的影像逐渐增加，最终的数量达到了近19%。而较为突出的是社会文化活动的影像很少，究其原因，一方面，是当时占主导地位的摄影师以西方旅华人士为主，他们的很多精力在于照相馆业，经营人像摄影与户外风光明信片摄影，并不以反映女性日常生活或社会文化活动为主要目的；另一方面，也说明了晚清前期，女性较少参与社会事务与文化活动，事实上，真正的社会活动影像数量为 0，仅有两幅女性影像被归为社会时事。虽有秋瑾等女杰奔赴于革命前沿，但其留下的影像并非活动现场，而是个人肖像。相比较而言，男性则留下了相当数量的社会活动影像。

（二）新文化自觉时期

在新文化自觉时期涉及女性的影像共计 555 幅，这一时期的女性影像仍然是以各类肖像摄影为主，占比达到了 70%。在经历了辛亥革命、帝后之丧、清廷退位、民国建立等一系列的国家大事后，女性参与社会事务明显增加，也留下了一定数量的相关影像文献，在近代影像库中占比达到了 10% 以上。尤其是其中包含了数幅直接参与军事斗争的影像文献，历史上相传的红灯照女义和团组织成员亦有影像留存。

这一文化时期的时事新闻类影像主要涉及了国内大事件，以及慈禧本人的一些皇宫内影像。在五四运动之后，又催生了邵飘萍、舒宗桥等一批本土新闻摄影工作者，于是摄影的地域范围与题材都得了很大扩张。但又由于袁世凯窃国导致民国初年的政治乱象丛生，引发了 1916 至 1927 年间的十年军阀割据，这也导致影像表达具有一定的区域性题材特色。几乎不存在因女性参与社会活动而导致的重要后果的事件，仅有的是 1927 年宋庆龄访问苏联时的留影。

与此相对比的是，侨居中国的外国女性则常有参加社会活动而留现场影像，如 1919 年的北京与上海禁烟焚烟现场，都有外国女性的身影，这也许对中国女性参与社会活动是一种示范与触动。这一事实说明，中国虽然经历了辛亥革命与五四运动的思想解放，但女性参与社会活动仍然偏少，活动中又恰遇摄影留影的就更少。作为社会成员的另一半正式登上社会舞台还有待时日。然而，一些文化、教育、艺术表演类女性影像则说明了针对女性的教育正在全面启动，女性的文化艺术表演正受到社会的普遍接受。这也充分印证了"新文化自觉时期"的基本观点。

（三）新民主主义文化时期

许多国民在经历了自摄影登录中国后四十余年的影像熏陶与培育后，对摄影已经有了基本认识。1928 年北伐战争的胜利而宣告北洋政府正式垮台，中国结束了军阀割据状态，完成了形式上的大一统，进入了新文化发展与新民主主义文化时期。至中华人民共和国成立前的 21 年间，共采集女性或包含女性的影像近 1270 幅。与上一文化阶段相比，时事新闻类有了绝对性的增加，多达近 210 幅，占 16.5%。这说明女性此时已经更多地参与了社会活动，参加革命斗争、关注社会民生，社会主体性与社会地位显著增强。虽然如此，仔细分析女性的社会活动类影像绝大部分取材于中国共产党领导下的红色区域，因国民政府垮台并迁往台湾，而使留存下来的国统区影像文献寥寥无几。

第二节　从日常生活看"妇德"变迁

本章共采集女性日常生活类影像近 480 幅左右，影像内容包括婚丧嫁娶、家族祭祀、家庭合影、街头买卖、人情往来、家庭或作坊的生产劳动等。通过图像来了解百姓生活和习俗，自 18 世纪就已经非常普遍，当摄影术出现后，旅华摄影师只是换用了影像媒介来表现东方古国中充满异域风情的生活题材而已。他们当年也许只是猎奇心理，而我们今天则可以从中诠释中国女性的传统形象。

一、倾心付出的内在美

中华优秀文化中要求女性首先要有"持家"美德，即女性的"治家之道"，包括相夫教子、尊老爱幼、勤俭节约等生活细节，两千余年来未有大变，直到晚清时代仍然是女性的生活规范。除此之外，还要求掌握招待宾客，协助祭祀的礼仪规范；通晓纺锤、编织、制衣等家务技能，而其中的优秀内涵仍然是我们社会生活的日常规范。旧礼教要求，虽官宦贵妇也必修妇功之道，妇功不仅作为当时父系社会评判"巧妇"与否的重要标准，亦是女性对自身扮演家庭与社会角色成功与否的重要认知标准之一，所有这些妇功在百年女性影像中多有反映。

（一）慈爱的长辈

如图6-1《九龙的一家人》（约翰·汤姆逊摄，约1869年，香港）所示①，体现出一个普通甚至是有些贫困的小家庭三代人的日常生活景象，但生活气息温馨，爷爷的慈爱跃然于画面之上，这是大部分中国人的理想生活。而另一幅《背家老妇和小孩》（约翰·汤姆逊摄，约1869年，香港）②，则将浓浓的祖孙温情表现得淋漓尽致。在日常生活的近420幅影像中，其中有近30幅为直接的家庭生活场景，毫无例外的都与上述影像类似，散发着慈爱与温馨的中国人家庭生活气息。从反映家庭内日常生活的影像中能够体验到充满慈爱与温馨的家中长辈，这种追求也是中华女性优秀品质的体现。

图6-1　九龙的一家人

---

① ［英］约翰·汤姆逊：《晚清碎影》，中国摄影出版社2009年版，第154页。

② ［英］约翰·汤姆逊：《中国与中国人影像》，广西师范大学出版社2015年版，第54页。

（二）勤勉的主妇

在反映日常生活的影像中，绝大部分是女性从事各种劳作的画面，劳动的内容几乎无所不包，且占日常生活影像的 78%，高比例的持家场景足以表明近代女性的持家美德。如图 6-2《乡村老妇》（约翰·汤姆逊摄，1870 年，江西）[1]、图 6-3《小院人家》（威廉·桑德斯摄，1870 年，上海）[2]、《绕线》（大卫·柯鲁克摄，1940 年，河北）等都展示出了平民女性勤勉与朴实的生活现状 [3]。从日常生活的影像留存中能够很明确佐证了中华民族女性吃苦耐劳的美名，她们为家庭生活和家族兴旺无私奉献了毕生精力。此外，中国传统家庭中也强调妇主中馈，而哺育、妇功也当然属于家庭主妇的任务，甚至还需要耕种、担水、帮工等重体力劳动。从影像技术的角度看，

图 6-2　乡村老妇

图 6-3　小院人家

---

[1]　[英] 约翰·汤姆逊：《晚清碎影》，中国摄影出版社 2009 年版，第 85 页。

[2]　[英] 泰瑞·贝内特：《中国摄影史 1861—1879》，中国摄影出版社 2013 年版，第 95 页。

[3]　王烁、高初：《大卫·柯鲁克镜头里的中国》，民族摄影艺术出版社 2016 年版，第 182 页。

使用直观化诠释工具，可以认为这些都是当时女性生活的真实写照。女性勤勉与朴实的生活态度直接关系到家庭的稳定与和睦，而家庭又是社会的基本细胞，无数个家庭生活的一致变化将汇聚成优秀文化传承与追求进步变革的强大社会力量。

（三）尽孝的晚辈

家风传承、家庭教养是中华文化的表现形式之一，关注中华民族形象、关注中国女性形象及其流变，自然必须关注其家庭教养。人物肖像摄影通常是照相馆或居家宅院内的摆拍照片，被拍摄者会表现出符合自己审美观的姿态、妆容与气息等外表，有时也可能是与摄影师审美观的共同体现。因此，它们是诠释各时代女性家风传承的重要物证。

家庭合影是肖像类影像中一道特有的风景，自古以来的中华"中和之美"奠定了"团圆"的理想国度。礼之用，和为贵，为之"中庸"，在中国传统文化思想中影响深远。于是，自摄影术出现，全家福——即记录家庭所有成员的影像，开始在中国这片土地上兴起。本章共采集到家庭合影100余幅，去除夫妻俩人合影或婚礼纪念照片，真正意义的家庭合影为55幅。中国人在人群聚集时素来讲究"坐位"，即使家庭聚会也不例外，坐位往往代表着身份的贵贱。但纵观家庭合影，却难以证明"父权"当道或女性家庭地位的低微：夫妻俩人的坐位并无明显的或左或右的区别；包括内蒙古、西藏等民族在内的全部家庭合影中的主妇100%处于画面的视觉重点位置，距镜头的前后位置也与男主相近，享受着晚辈的孝敬。造成这一现象的原因或许为外国摄影师尊重女性，或许为表现出"夫—妻"相呼应的阴阳平衡、对称而稳定的思想。笔者以为更大可能是，男主对外往往会刻意显现更符合中国儒家文化中的道德修养，表现出夫妻互敬、互谦、互爱的家庭和睦景象。

百善孝为先，孝作为中华民族的传统美德，沁入心脾，成为一种信仰。封建社会时代中国的传统家庭主义思想浓厚，晚辈依顺于长辈、传宗

图 6-4　广州官员的家庭合影

图 6-5　幸福之家

接代、侍奉父母、随侍父母而不远游成为维护家族和谐及延续的标准。如图6-4《广州官员的家庭合影》（约翰·帕比隆摄，1858—1859年，广州）所示①，三代同堂的家庭合影中，唯衣着华丽的祖母拥有座位，其子辈立于身后，孙辈或站或坐于祖辈身侧或身前。这就是孝道的直观表现，孝道深入于中国人的潜意识之中，并表现于各种场合。

"三妻四妾"亦如"后宫佳丽三千"，是一种夸张的说法，在家庭合影中可以发现，富贵人家并非全部如此，事实上男尊女卑的社会环境与儒家克己修身的思想互为矛盾，也与"四书五经"的指向背驰。即使名门望族家庭也多为"一妻一妾"，或仅为"一夫一妻"。如图6-5《幸福之家》（佚名摄，约1940年，上海，作者收藏）中，夫人坐姿落落大方，面容含笑，与丈夫并排而坐，眼神中流露着对现实生活的热爱，众子女拱围而立，营造了被尊重的家庭地位。

二、仪容精致的外在美

多项文化人类学的研究成果表明，晚清时代以显贵女性为代表，极其讲究仪容，以此取悦男性并显示家族背景及个人的道德修养。但自1895年新文化启蒙后，这种单纯以外表来表现内涵的方式被逐渐打破，而显示出女性朴素的精神境界。

（一）垂衣显德正

妇容，即女性仪态，《周礼·天官·九嫔》中"九嫔掌妇学之法，以九教御：妇德、妇言、妇容、妇功"。垂衣而显德正是封建礼仪的基本规范，由此，服饰成为一种文化与修养的象征，中国近代女性服装总体是从严密的"包裹式"走向了近代文明的"简洁式"。

---

① 张明：《外国人拍摄的中国影像1844—1949》，中国摄影出版社2018年版，第30页。

图 6-6　官员的妻子

如图 6-6《官员的妻子》(弥尔顿·米勒摄，约 1863 年，广州）所示①，直观上看是一幅典型的"垂衣显德正"的肖像，她腰部挺直而显坐姿端庄，正所谓"坐如钟"；双目正视前方，手臂收于腹部（一些类似的影像中手臂或垂于腿上），双腿自然并拢，尽力表现出良好的家庭教养。这一造型应验了延续两千多年的传统礼教，即"垂衣正姿，约之以礼"，也表明中国贵族女性服饰严格的道德规范和服饰装扮特点。中国服饰制度历来与"礼"融为一体，服饰形式、服饰色彩等都从属封建等级制的维护，以外在表现的形式呈现社会尊卑。据所采集的影像显示，晚清的显贵妻女大部分为此类造型。

（二）千髻显百媚

如影像《老妪》（约翰·汤姆逊摄，约 1870 年，广州）所示，画面上极为精致的"髻"完整而细腻地刻画出老人优雅的形象，由此可见老人刻入骨髓的家庭教养，而影像《二把头》（约翰·汤姆逊摄，约 1870 年，广州）的发型是满族妇女最具有代表性的"髻"②。髻是中国女性的特色妆饰，是传统礼教对于女性的一种约制，按梳、绾、鬟、结、盘、叠、鬓等变

① 张明：《外国人拍摄的中国影像 1844—1949》，中国摄影出版社 2018 年版，第 61 页。
② ［英］约翰·汤姆逊：《镜头前的旧中国》，中国摄影出版社 2001 年版，第 38、251 页。

化而成，饰以簪、钗、步摇、珠花等首饰。晚清流行的发髻样式有"苏州撅"、"百合髻"、"连环髻"、"二把头"、"双飞燕"等。它们繁杂的理发工艺过程往往并非自己独立完成，从而显现出悠闲的家庭生活，有西方人士坦言"无法解释这些头发是如何被扭曲的。"这些无与伦比的发髻精致而又完美，反映出中国传统女性心细手巧，敏而多思，具有极强的创造力和操作能力。并显示出良好的家庭文化熏陶，打造出别具风格的中国特色传统女性，而此也成为中国传统女性的象征符号。

（三）妆容显教养

除了各色各样精致的发型之外，女性的耳钳、眉毛、指甲与服装的讲究都显示一定的家庭教养与家风传承。正如小说《红楼梦》中所言"两弯似蹙非蹙胃烟眉，一双似喜非喜含情目。"日常生活中，朱唇粉腮颔首，正襟危坐而正侧脸是清朝对女性妆容的标准要求，特别是女性眉毛的标准是高眉头、低眉尾的造型而形成纤细修长如柳叶，弯似新月，衬托出女性妩媚的姿态。

经对 184 幅晚清女性个人肖像统计表明，确认坐姿为 97 幅、站姿为 43 幅，显然十分符合传统文化中对妇容要求。可以想见除非特别要求，对女性也很少拍摄侧面肖像。在她们看来，肖像就应完整地显现出眼睛与耳朵，只有这样才会使整个脸庞望如满月。按照这种对称美的传统审美要求，中国人要把整个轮廓完整地表现出来；而面部，则要求尽可能地减少阴影。她们认为阴影系身外之物，会妨碍脸部的特征而不该出现，即使不可避免，也要求对称。再衬以托腮凝思，展现出楚楚可人的娇羞模样，既迎合了男性的审美习惯，也隐喻出女性的低下地位。

如图 6-7《荣寿固伦公主（中坐）》（佚名摄，约 1900 年，北京）所示①，前排可见双手的七名女子中，六名皆蓄有长甲，可见长甲在紫禁城

---

① 刘北汜、徐启宪：《故宫珍藏人物照片荟萃》，紫禁城出版社 1995 年版，第 253 页。

图6-7　荣寿固伦公主

内的受宠程度。晚清贵族女子中素来"十指不沾阳春水"在此得到了佐证。清代旗人女子有留长指甲的嗜好，她们多丰衣足食，闲情逸致，闺中无事，多保养各色长指甲以自娱，尤其在宫廷女子中有较高的比例，在她们看来，纤长光滑的指甲是女性社会地位的象征。

　　总之，晚清中上层女性影像中的服饰主流体现出以下特点：从精神诉求上来看，力求彰显传统女德操守；从服饰功能属性上来看，着意反映宗法伦理的等级与从属特征；从服装制式上来看，女性服装以"深衣制"为主，限制女性身体上"性"特征的显露，以达"灭人欲"的礼教规范。

三、与时俱进的新形象

　　自进入清末民初之后，由于社会变迁极其迅猛，女性形象也就随时代而变化。从外在形象上看，主要表现在服装与发式上，而在社会生活角度上看，更多女性走出了家庭走向了社会，于是女性逐渐体现出了社会性形象。

（一）新装气象新

服装也是女性内在思想的外在表现之一，晚清的前后不同时期、满汉民族之间的女子着装存在明显差异。如《黎元洪的家庭合影》（佚名摄，1920年，北京）所示，年长女性是上衣下裙，是传统女性服装的样式，而年轻女孩已有"文明新装"的雏形了①。新文化运动之后的影像中出现了"五四装"，已初显女性曲线美，一时成为年轻女孩尤其是女学生的最爱，被俗称"学生装"。事实上，这是受西方生活方式的影响，领悟到女性"曲线美"的魅力，对上衣下裙进行改良的结果。并被美其名曰"文明新装"，这正是内在思想解放的一种外在表现形式。

清朝初期满族女子的代表服装为圆领、箭袖、宽腰的筒式大袍，上绣各种各样的图案，且常在大袍外套马甲；汉族妇女的典型着装则是上为滚边袄衫，下着长裙。平民家庭粗布麻衣无修饰，富庶之家则镶金带银。此后将原为满族女性的传统服装融入汉族及西方设计元素，改良成为最能体现女性魅力的服装——旗袍。虽称旗袍，其实是中华民族共同的女性民族服装。1929年的民国政府规定此为国家礼服，很快从广州而风靡全国，无论是家庭主妇、贵族妻女、学生职员，旗袍成为了最爱，此后的女性肖像摄影中，除去青川藏等少数民族地区因民族习惯与气候的原因不穿旗袍外，约72%以上的女性为旗袍装。

从采集的女性影像的整体上看，民国初年，即五四运动前，女性服装以上袄下裙为主，与晚清要求女性服装"灭人欲"的理念相延续。自"文明新装"之后千奇百怪的女性服装层出不穷，多在影像中有所反映。有人斥之为"奇装异服"，表面看起来这是服装设计的一次解

---

① 章开沅:《辛亥革命大写真》，湖北美术出版社2001年版，第703页。

放运动，事实上是思想大解放的表现之一。如《谒陵大典》（佚名摄，1946 年，南京）所示，是年 5 月 5 日，还都南京的蒋介石来到中山陵举行谒陵大典，陪同的宋美龄一身深色风衣也许正是当年中国百姓眼中的"奇装异服"，却显简洁大方而为许多时代女性所仰视。①

（二）务工新女性

如影像《乡女择茶》（阿芳照相馆摄，约 1869 年，福建）所示，表现了早期走出家庭而外出务工的女性②，在简洁干净的浅色背景墙下的"拣茶女"，融入宽大的衣袍、精巧的发髻、覆额的刘海等经典的中华民族文化元素，将这幅摆拍作品的形式美感进一步提升，也为西方世界了解中国女性形象提供了重要的视觉资料。女子拣茶属于外国人眼中的中国特色风景。然而，所谓"如玉女子满袖生香"乃文人骚客的多情想象，事实上，进入茶厂做工的普通女性往往是社会底层，务工拣茶就是为贴补家用那么单纯。

自洋务运动起，重轻工业在国内较快发展，自此，上至官僚洋务派，下至民营资本家，兴起了"实业救国"的浪潮，大量民营小企业如雨后春笋般出现在东中部地区，产生了劳动力的巨大缺口，从而为女工的出现提供了社会背景条件。于是，抽取蚕丝也是底层女性新时代"妇功"的表现之一，如影像《抽蚕丝女工》（佚名摄，约 1880 年，香港）就表现在近似于工厂环境中的女工③，从其生产工具来看，此时家庭缫丝业已经有了一定的规模，众多家庭手工作坊式的生产汇集起来，成为中国近代轻工业对外贸易的根基。

参与社会工作改变了女性的家庭身份与地位，她们不再是单纯服从

---

① 陈权、张龙：《中国影像史·第十卷》，中国摄影出版社 2015 年版，第 273 页。

② ［英］泰瑞·贝内特：《中国摄影史 1844—1879》，中国摄影出版社 2014 年版，第 152 页。

③ 刘香成：《从鸦片战争到军阀混战的百年影像》，后浪出版公司 2015 年版，第 122 页。

于婆婆、丈夫的媳妇与妻子，而是一名社会成员。拥有正常家庭生活的女性，无论怎样辛苦劳累，在生活水准普遍低下的中国近代，她们仍然属于幸运的群体。而乞丐、难民、妓女等社会边缘女性则过着极为悲惨的生活。在全部女性影像中，画面反映为女性乞丐的有 12 幅，生存状态令人悲悯；影像标题标明为妓女的有 18 幅，对于妓女群体，她们常常衣着光鲜，而背后的痛苦难以被社会大众所理解。

（三）一剪换新颜

女子发式是女性的第一形象，而短发开始流行于第一次世界大战结束以后的欧美国家，尽管褒贬不一，却很快席卷全世界。进入民国时期，特别是 1927 年后的新文化发展与新民主主义时期，中国女性剪短发成为当时的时尚新潮，而精致的"千髻"已难觅踪影。如《溥仪夫妇》（佚名摄，1922 年，北京）所示①，其妻子婉容亦以短发示人，确实仪态大方。

短发本身就已经打破了中国"身体发肤，受之父母"不算健康的旧礼教束缚，表现出新女性断舍割离的坚决性与追求自由的强烈欲望。短发既是摩登女郎的标配，也是革命化的象征。《良友》画报1933 年第 77 期封面

图 6-8　延安的女大学生

---

① 刘北汜、徐启宪：《故宫珍藏人物照片荟萃》，紫禁城出版社 1995 年版，第 146 页。

《"美人鱼"杨秀琼》，则表现出一袭干净利落的短发，体态婀娜、容颜靓丽，散发着上海滩女运动员独有的青春气息。如图6-8《延安的女大学生》（徐肖冰摄，1942年，延安）则淋漓尽致表现了革命女性群体英姿飒爽的精神风貌①。自民国之后，中国女性发饰去繁从简，精美贵重的发饰渐渐脱离人们的视线。

总之，民国时期的女性外在仪容经历了从精致到质朴大方的过程，显示了女性对自身外在容貌所耗费的时间与精力缩减，如此节约下来的时间转化为独立劳动者的基础。独立的经济基础决定了女性的家庭地位、社会地位，女性不再围绕着梳妆镜面顾盼妆容，而开始投身于社会活动，思考自我的位置与价值。

第三节　从社会生活看"角色"变迁

本研究对女性的社会生活界定比较宽泛，包括了社会政治活动、学校教育、演艺活动、体育运动、艺术创作及展览，以及其他宗教文化集会，在医院、保育院、学校从事社会工作、在工厂从事生产劳动，等等。如此，共采集影像500余幅。所采集与女性相关的民生时事新闻类影像主要集中于1927年之后的新民主主义发展时期，包括了女性参加的各种社会活动，以及与女性有关的社会新闻报道影像。

一、投身社会生活

1879年，美国前总统格兰特与妻子到访中国的北京、上海等地。在上海，官府与士绅破例安排了女性陪同美国前总统夫人参加了一系列的社

---

① 赵迎新：《中国摄影大师》，中国摄影出版社2017年版，第434页。

会活动，之所以说是破例，也就是在此之前从无此类现象而开了先河，实属"破冰"之举①。中国封建时代针对女性的传统陋习之一就是内外有别，男主外，女主内构成男女社会关系牢不可破的屏障。尤其是女性不能参与社会活动。但洋务运动中需遵守对外交往的国际惯例却成为社会大趋势。

此后，更有梁启超、金天翮等近代中国思想家提倡新文化、海外女权运动思想的渗入，二十世纪初中国开始涌现了一批女革命家，如同盟会员秋瑾、何香凝等。如图6-9《秋瑾》（佚名摄，1907年前）所示②，她手持单刀，一身侠义豪气，一身日式尚武穿着，体现了要以革命手段争取民族与女性权利的决心。众所周知，1900年前后的日本文化仍是西方二手文化的代名词。"秋瑾们"代表着一批拥有新思想的新时代女性，她们渴望着自由民主的新生国家。她们均是从传统家庭中走出来的女革命家，一生都在为女权运动奉献，成为当时动荡社会里一抹鲜艳的怒红。

女杰们不满足于社会现状，开始兴办女学、废除旧礼制、倡导新女风；要求破除封建包办婚姻，追求自由恋爱下的自主婚姻；倡导男女平等、拥有同等的参政权等。她们是第一批为推翻清政权和数千年封建统治而奋斗甚至牺牲的革命先驱。正如秋瑾所言："吾自庚子以来，已置吾生命于不顾……而男子之死于谋光复者……不乏其人，而女子则无闻焉，亦

图6-9　秋瑾

图6-10　宋庆龄访问苏联

---

① 熊月之：《上海租界与近代中国》，上海交通大学出版社2019年版，第336页。

② 郑丽君：《中国影像史·第三卷》，中国摄影出版社2015年版，第201页。

吾女界之羞也。愿与诸君共勉之。"

晚清末年的革命女杰还是较为个别的人物现象。在进入民国时期后，即以 1915 年宋庆龄与孙中山结婚为标志，翻开了中华民族女性社会角色的新一页。有影像资料表明，此后的宋庆龄助力孙中山，从事了一系列的社会活动。在孙中山去世后，仍以多种社会身份积极投身社会事业，如图 6-10《宋庆龄访问苏联》（佚名摄，1927 年）所示①，记录了她以国民党左派领袖的身份对苏联进行的成功访问。也正式确立了其"国母"的典范形象，这是中国女性开始"走出小家为大家"的标志，并深刻地影响、引领了几代女性的社会责任感。自宋庆龄起，中华民族的新一代女性迅速成长起来，影像资料表明，既有如蔡畅、邓颖超等众多民国女杰，她们或为革命先锋，投身战火纷飞的战场；或为革命贤内，无私支持丈夫与子女走上革命道路；或为社会名流，为民族的进步事业而鞠躬尽瘁；也有如《英雄的母亲》（顾棣摄，1944 年，晋察冀）中的普通女性，却将五个儿女全部送进了八路军参加抗日战争②。

1921 年中国共产党成立后，涌现了许多可歌可泣的女性英雄，如杨开慧、贺子珍等，但遗憾的是她们留给后世的影像资料极为有限甚至没有。但中共党员周文雍、陈铁君在被杀害前，举行了一场刑场上的悲壮婚礼，并留影《刑场上的婚礼》（佚名摄，1928 年，广州）③，以为民族而无惧献身的精神，谱写了一曲惊天地、泣鬼神的壮歌，这也是极其难得的早期革命女杰影像。再如图 6-11《杨惠敏》（佚名摄，1937 年，上海）所示④，以仰拍的角度拍摄了其头戴礼帽、身着风衣、手插口袋、风姿潇洒的形象。影像的背景是在 1937 年 8 月沪淞抗战期间，女学生杨惠敏孤身一人，冒着生命危险游过苏州河为浴血奋战的八百壮士送去巨大的青

---

① 范文霈：《中国影像史·第五卷》，中国摄影出版社 2015 年版，第 161 页。

② 高琴编：《透过硝烟的镜头》，中国摄影出版社 2009 年版，第 319 页。

③ 周振华：《中国影像史·第六卷》，中国摄影出版社 2015 年版，第 328 页。

④ 吴强、刘亚：《中国影像史·第七卷》，中国摄影出版社 2015 年版，第 170 页。

天白日国旗，极大地鼓舞了抗战士气，影像中的杨惠敏不显女性之柔美，双眼却透露出坚毅与无畏。如图6-12《成本华从容就义前》（佚名日本记者摄，1938年，安徽）所示①，她双手交叉抱在胸前，冷冷地注视并嘲弄着日本兵的兽行，她的脸上、她的姿态饱含强烈的蔑视，镜头没有聚焦于她身上的累累伤痕和衣着的凌乱不堪，但坚韧不羁的灵魂却永留在国人心中。

如图6-13《郑苹如》（佚名摄，1937年，上海）所示②，她妩媚动人。然而，这个名为郑苹如的阳光女子已于1937年在"国民党中央统计调查局"驻沪专员嵇希宗介绍下加入了"中统"组织，正式从事抗日情报工作，利用名媛身份，交际与周旋于日伪高官之间，以刺取情报。终以身殉国，美丽的外表而惊艳的灵魂，令人嘘唏不已。

总之，从现有影像资料的分析来看，民国初期的女性是在少数女杰的引领下进入社会，并主动承担了一份社会责任；民国中后期成长了大批近代女性，她们真正成为了社会的另一半成员，也真正实现了巾帼不让须眉。

图6-11　杨惠敏　　　图6-12　成本华从客就义前　　　图6-13　郑苹如

---

① 吴强，刘亚：《中国影像史·第七卷》，中国摄影出版社2015年版，第176页。
② 《良友》画报第130期封面，1937年。

二、基本权利的争取

随着时代的变迁，社会对女性的观念，以及女性的自我认识、价值观念也发生深刻变化与进步，并主要表现在争取男女平等方面，尤其是受教育的权利。

（一）争取接受教育

在漫长的封建时期，女性接受文化教育的机会极其稀少，且主要为小规模的私塾学习方式。《上海女子学校》（威廉·乔斯林摄，1858 年，上海）是第一张表现女子学校的影像，该学校由法国来华的教会女士布雷织曼夫人所创立①。由此表明，至少在1858 年起已有西方来华的教会组织在中国境内开办女子学校教育。此后，另有影像表明，在天津、广州、香港都出现了接受女子读书的学校，这些事实表明中国晚清早期在女性学校教育方面已经开始起步，这是社会进步的一种重要标志。

此后，从官方的桂墅里女学会书塾的开办，到康有为两次赴桂林女学宣讲，再到上海女学堂的积极筹备，女学的行政、教育主体的组成逐渐由提倡女学的男性到思想转变的女性来管理运营。直至 1906 年慈禧太后难忤民意而谕诏开办女学，女学之风犹如开闸洪水席卷大江南北。据不完全统计，到 1909 年全国有各式女学堂 309 所，女学生 14 万人，其中还不包括为数不少的教会女校学生。②

如图 6-14《姑娘们在上海长老会学校门前学刺绣》（詹姆斯·利卡尔顿摄，1900 年，上海）所示③，所有的女孩认真仔细地学习刺绣，她们十分珍惜学习的机会，迫切并执着地努力拥有这项技能。表明了有大批城镇中青年女性积极投入女学事业，从家庭妇女逐步走向社会前沿，以更加自信饱满的

---

① ［英］泰瑞·贝内特：《中国摄影史：1842—1860》，中国摄影出版社 2011 年版，第 132 页。
② 耿光连：《社会习俗变迁与近代中国》，济南出版社 2017 年版，第 11 页。
③ ［美］利卡尔顿：《美国摄影师的中国照片日记》，福建教育出版社 2008 年版，第 60 页。

图6-14　姑娘们在上海长老会学校　　　图6-15　上海王家堂圣母院女塾
　　　　　门前学刺绣

精神面貌参与社会工作，正式成为社会成员不可或缺的一部分，同时为其他女性社会成员角色的出现创造了思想意识的先决条件。拿起书本的女孩们是开心和勇敢的，如图6-15《上海王家堂圣母院女塾》（佚名摄，1902年，上海）所示①，缠足的疼痛也阻止不了女娃子们咧着嘴角的笑容，身体虽被禁锢，思想早已自由，一个女孩自信地在黑板上写下"天地当中有"。

　　遗憾的是，近代影像库仅收集到56幅女子接受教育的题材，它们从不同侧面表现女学生的学生生活。其中包括了课堂学习、图书馆阅读、课外体育文娱活动等，这些影像资料都表现出时代女性健康而积极向上的一面。但其影像作品数量偏少的事实，也折射或印证了女性接受教育的规模仍然较低。产生这一现象的原因或许是经济的制约，或许是社会意识仍未给予足够的重视。

　　（二）争取地位平等

　　如《因责打妻子而受罚的丈夫》（H.G. 怀特摄，1900年，云南）所示②，

① 郑丽君：《中国影像史·第三卷》，中国摄影出版社2015年版，第278页。
② 刘香成：《从鸦片战争到军阀混战的百年影像》，后浪出版公司2015年版，第193页。

表明以家族家法来惩罚男尊女卑的肆意妄为，也表明了至少在晚清末年，中国社会生活中也具有了男女平等的早期思想。另据社会学的研究表明，人类社会在经历母系社会后，大约从青铜器时代后期，男性在体力方面的优势逐渐展现出来，女性普遍退居生产、战争的次要地位，母系社会逐渐过渡到父系社会，男性主导的优势也逐渐显露。由此男尊女卑思想开始萌生并逐渐巩固而成为社会普遍规则，尔后，男性对女性的压制导致社会发展出现异化，西方世界较早地觉察到这一点，并率先改革。

中国在五四运动后，女权运动如火如荼展开，在国内追求男女社会角色平等的口号不绝于耳，但延续多年的男尊女卑社会现状并没有得到实质性改观。1927年后随国民政府的诞生，民生新闻类的影像中开始出现了一些体现男女平等的影像。如影像《晋察冀边区第一届参议会》(沙飞摄，1943年，晋察冀)所示[1]，是妇女参议员们的合影，清楚地表明了边区女性已经作为积极投身于抗日战争的一分子。

影像《梁思成·林徽因与清华学子》(佚名摄，1947年，北京)则表现了时代才女林徽因[2]，她曾是欧美同学会的活动骨干，与清华大学建筑系学生们一样的朝气蓬勃，一样对未来翘首以待。意味着时代女性在政治、经济、文化、社会和家庭等各个方面，在概念上已享有与男性同等的权利，负担着同等的义务。

毫无疑问，随着中西方思想的正面碰撞、女性意识的觉醒，一些女性获得了前所未有的尊重以及与男性平等竞争的权利。然而，在近代社会中，该群体也仅仅是少部分，甚至完全是上流社会女性的专利，平民在无法保证温饱及人身安全的情况下，无法接受教育、无法深入了解新思想，传统观念仍旧根深蒂固，无法获得真正的自由与平等。因此，少数女杰身后，是数不清的仍处于水深火热之中的女性。《宋庆龄签到》的影像则是表现了宋庆龄

---

① 王雁：《沙飞摄影全集》，长城出版社2005年版，第18集。

② 范文霈、杨健：《中国影像史·第八卷》，中国摄影出版社2015年版，第74页。

在 1949 年 9 月出席第一次全国政治协商会议签到的场景①。这一场景充分表明了自中华人民共和国成立，女性已获得了完全与男性平等的一切权利与义务，女性的至暗时代一去不复返了。此后，《中华人民共和国宪法》和有关选举、劳动、教育、婚姻家庭等一系列法律和法规中都体现出男女平等的精神，男女在中国实现了真正意义上的平等。

今天随着社会生产力的极大提高，已弱化男性天然的体力优势；政治经济文化的发展，让农耕经济不再占据绝对主导地位，在家庭生活中女性也真正成为了重要成员。如此说明，只有拥有经济独立的能力，女性的社会地位才能真正得以提升，也才能从真正意义上摆脱"从属"的地位，成为社会的主人。

三、文体活动的参与

社会文体活动的参与与否，是女性社会化的重要标志之一，虽然自古以来的戏曲表演亦有女性参与，但这还不足以是女性参与社会的证据。尤其是明清之后，女性的家外活动受到了进一步的禁锢，形成了女性以家为活动范围的基本礼制。事实上，任何时代的文体活动都是特定时代的社会意识的外显形式之一，近代女性文体活动当然也就是当时女性社会意识的一种反映，由意识的转变而促使自身"角色"的转变。

（一）参加文艺演出

中国自唐宋以来，戏曲、音律表演渐趋成熟。至晚清时代，影像中除了有女性演员表演传统的京剧、川剧等戏剧之外，还有吹拉弹唱等民族器乐演奏形式，这些都表现了丰富的戏剧文化传承。此外，在晚清末年，已经出现了艺妓表演职业，但话剧、歌舞剧、电影表演等西方文化艺术形

---

① 高琴：《透过硝烟的镜头》，中国摄影出版社 2009 年版，第 143 页。

式在民国政府成立前未见有影像留存。民国之后的文化事业发展已如第五章相关内容的讨论，不再赘述。

（二）参与体育运动

根据现有采集的影像资料来看，1930 年最早出现了规模化的女子体育运动，是由中国早期女摄影家金耐先拍摄的北平孔德女子学校的排球比赛①。此后，在学校中和社会上留下了女子篮排球、田径、游泳等竞技项目的影像，这些影像可以说明国民政府时期女性体育运动已具有一定的群众性和普遍性，包括条件艰苦的解放区也开展了相应的女性体育运动。此外，时尚杂志《良友》画报的封面女郎常以泳装、球拍作为道具，进一步说明了社会大众是以运动为美的时尚追求。不得不承认，仅 24 幅的女性体育运动与竞技的影像留存，毫无悬念地说明了近代中国女性体育运动的局限性。

本章结语

从摄影角度来看，各个时期留存的各阶层的女性影像，在社会意识上都有十分明显的特征表现。中国两千多年来以儒家为主要思想的文化体系，牢固为中国近代女性树立了三从四德的道德约束法则，女性普遍不承担社会义务，家庭及家族就是她们的全部世界，这属于儒家思想中的文化糟粕。20 世纪初前后，以梁启超为首开始主张男女平等、教育平等、婚姻自由等观念都得以逐步实现，中国逐步打开了女性思想解放的新局面，她们以各种角色逐步登上社会舞台。

清末民初以来，近代国家观念与女权思想在国内的传播，女性在进

---

① 资料来源：中国摄影家协会官网／大家名作／金耐先，引用时间：2021/01/22。

步男性的帮助下，向以贞节观为代表的封建礼教发起冲击，作为女性世界中的知识阶层，女学生主导了自身的解放运动。民国学者胡适曾经认为，中国的第一大仇敌是国民自身的贫穷、疾病、愚昧、贪污和骚乱。中国长期的封建礼教制约了中华女性智慧的发展，而母亲的角色又必然影响下一代的健康成长，才导致了胡适的观点。这种恶性循环直至民国才有所打破，民国女性的自我解放、自我觉醒让我们看到了"从专司女功到指握钢笔、从宗法制婚姻到自由恋爱、从家庭妇女到社会成员、从男尊女卑到男女平等"的新女性形象。但巨大的歧视女性的惯性也只有在中华人民共和国建立后才被彻底阻止，并以全新面貌加入了新的生活之中，贡献出了强大的女性力量，此后成为中华民族值得骄傲的继往开来的一代女性。

第七章　近代影像中的社会关系

　　社会关系是民族形象的基本要素之一。从关系的对象来讲，社会关系包括个人、群体、国家之间的多个组合甚至多边关系。从关系的领域来看，社会关系的涉及面众多，宏观层面上有政治关系、经济关系、法律关系、生活关系。本章依据近代影像主要讨论社会行为关系。包括生产行为关系、交往行为关系和宗教行为关系，为此，本章共收集到近2200幅影像作品作为分析研究对象。

　　费孝通先生在《乡土中国》一书中十分形象地比喻了中国社会关系的基本特色：似以"已"为石子，投入进平静的水面，而产生一阵涟漪，扩散开来就构成了基本的社会结构，圈愈远愈大，且与已的关系愈弱[①]，由此而知，社会结构是社会关系的性质之一。另一方面，民族社会学研究认为，人们的生活行为方式又受社会结构的制约。狭义的社会结构是指人们在各组成要素中所处的社会地位和所承担社会角色之间的关系模式，是指个人在社会关系空间上的相对位置，以及围绕着这一位置所形成的一系列权利与义务[②]。于是，人的行为、社会结构与社会关系相互影响、相互制约。由此，我们可以通过某一时期人的社会生活关系的分析，就可以领略这个时期由此而衍生的社会结构。

---

① 费孝通：《乡土中国》，中华书局2018年版，第28页。
② 高永久：《民族社会学概论》，南开大学出版社2010年版，第128页。

第一节　生产行为中的社会关系反映

在数千年的社会发展进程中，中国90%以上的人口从事自然经济下的农牧渔猎生产，总的来说，由农牧民组成的社会是中国特有的乡土社会，长期的文化熏陶使乡土社会表现为礼俗社会。在摄影术出现后的中国近代，近代工业产品随之到来，在洋货的冲击下，传统手工业体系被瓦解，一个新的生产阶层——工人阶层逐渐成长起来，以此为核心，产生了一系列新的社会与生产关系。

一、农工关系——身份流变

所谓农民阶层主要是指自然经济环境下的参与生产劳动的人群，从事了农耕、放牧、渔猎、小作坊生产等。由于牧民也是从事自然经济的生产活动，因此，从经济性质这一角度看，农牧民属于同一阶层。根据近代影像库可以发现，从1869年起，英国摄影师约翰·汤姆逊与美国摄影师威廉·桑德斯开始拍摄农耕、农民题材的影像，此后又有渔牧捕猎题材，本章共采集近300幅相关影像。农耕题材中，从播种直到扬场的全部过程几乎都有所表现。此外放牧、挤奶、屠宰等牧场生产也都有所表现。由于农民从事传统的农牧生产劳动，基本特征是自给自足的自然经济、封建制度下的小农经济，主要为满足个人温饱：在一小块土地上自耕作，少约束、少协作、少交换而长期形成的一种思想观念和行为习惯，这就是所谓的礼俗社会的"小农意识"。小农意识在行为方式表现为自由散漫，在价值观念上，表现为自足、患得患失、平均主义为特点的观念体系。

起始于近代的洋务运动使中国逐渐产生了近代生产企业，新文化自觉时期之前中国境内并没有外国人直接开办的工厂，此后才开始出现国有企业、外资企业和民族资本企业并存的局面。李明伟在《清末民初中国城市社会阶层研究》一书中列表详细说明了"荣氏企业"第一代工人的来源，表明他们都是来自农民家庭①。因此，农牧大军是中国近代第一代产业工人的主要来源，说直白了，他们带着农民意识成为了工人阶层。农民从农村进入城市工厂，以机械化、集团化的方式从事商品生产劳动。因此，最初工人阶层的社会关系主要是与农民阶层的关系。

如图7-1《兵工厂的生产车间》（约翰·汤姆逊摄，1871年，南京）所示②，画面上可见偌大的车间、巨大的机器显然必须由多名工人共同协作与操控才能完成工作。这种工作过程中的合作性必然带来新工人阶层的思维方式的变化——互助、团结、协作，工人阶层组成的社会属于"法理社会"。于是"礼俗社会"的思维方式必然让位于近代化工业生产的"法理社会"，思想的碰撞

图7-1　兵工厂的生产车间

图7-2　金属加工车间

---

① 李明伟：《清末民初中国城市社会阶层研究》，社会科学文献出版社2005年版，第469页。

② ［英］约翰·汤姆逊：《中国与中国人影像》，广西师范大学出版社2015年版，第367页。

也就不可避免，它们构成了最初的农工阶层关系的主流。随着时间的推移，近代工业化的迅速扩展，城市的迅速扩大，第二代、第三代工人开始出现，他们与第一代工人相比，典型的转变是具有了规则意识和合作精神。如图 7-2《金属加工车间》（西德尼·甘博摄，1917 年，北京）所示①，表现的是工厂车间里的工人，直观看来大多为青少年，显然他们属于第二代之后的产业工人，与第一代工人阶层之间逐渐出现了观念上的变化。

二、工友关系——团结互助

据相关研究，在 1894 年中国的产业工人大约 9—10 万人之间，但到第一次世界大战前的 1913 年，短短的 20 年，产业工人已达到 50—60 万人②。由此说明随着生产规模的扩大，工人队伍也迅速扩大。工人之间自然就产生了一定的个人关系，这种建立在工作关系中的私人关系，通常被称为工友关系，显然它也属于社会关系的一种，工友关系的性质取决于工人个体的意识。本章在近代影像库中共收集到直接表现工人的影像 60 余幅，数量相对较少。

工友的本质关系在历次的罢工斗争中得到了较为彻底的显露。据文献记载，发生于晚清时期 1886 年至 1888 年间的数次工匠罢工是中国近代最早的罢工活动，这批为清廷修建宫廷建筑的工匠因不满其待遇而多次罢工，并遭多次镇压。工匠因工作期间具有聚集性的特点，其不满情绪极易引起共鸣而引发集体罢工。1919 年开始的上海罢工是中国近代企业中工人掀起的最早的罢工行动，此次罢工浪潮从纺织行业开始，逐渐波及造船、市政、印刷、烟草、运输等行业，罢工的重要因素之一是声援北平

---

① 刘香成：《从鸦片战争到军阀混战的百年影像史》，后浪出版公司 2015 年版，第 355 页。
② 李明伟：《清末民初中国城市社会阶层研究》，社会科学文献出版社 2005 年版，第 463 页。

图 7-3　安源大罢工

的学生运动，并延续到 1927 年。同情互助是这次工人罢工行动的关键词之一。

如影像《安源路矿工人俱乐部》与图 7-3 《安源大罢工》（佚名摄，1922 年，江西）所示，直接反映了工人俱乐部的活动与罢工游行场景[①]。安源路矿大罢工是由中国共产党直接组织领导的工人运动，而有序的游行队伍令人印象深刻，此次共有约 1.3 万工友参与了大罢工，并最终取得了罢工的胜利。总结此次罢工斗争，纪律严明成为他们的关键词之一。

已如第五章提及的《省港大罢工》（佚名摄，1925 年，广州）表现的是当年 6 月所发生的省港大罢工，其最初原委为声援上海五卅反帝运动。在香港"沙基惨案"发生后，引发了大规模的省港工人联合抗议与罢工浪潮，历时 16 个月。此次大规模的罢工运动，民族团结是参与大罢工的省港工人的关键词之一。

由此，同情互助、纪律严明、民族团结是近代工友关系的主旋律。

三、劳资关系——共存与博弈

如图 7-4《门里门外》（卡蒂埃·布列松摄，1948 年，北平）所示[②]，画面中的人物位置关系隐喻了商铺老板与送货伙计的阶层差别；衣着与饮

---

①　范文霈：《中国影像史·第五卷》，中国摄影出版社 2015 年版，第 44 页。

②　张明：《外国人拍摄的中国影像 1844—1949》，中国摄影出版社 2018 年版，第 494 页。

食分别表现了他们生活质量的悬殊；而表情则象征着一种心态上的平衡关系，也许这就是大部分劳资关系的真实写照，被布列松以一张影像进行了多方位的表达。事实上，与工人阶层密切相关的社会关系中，劳资关系也是重要关系。从马克思主义关

图7-4　门里门外

于资本主义的经济理论中我们已经知道，一方面，资本家依赖于工人谋求利润最大化，进而对工人的剥削与压榨行为总是趋向于极端甚至残酷，由此常常引发工人的反抗，这在中国近代工业化后历次罢工中得到证实；另一方面，城市工人需要一定程度地依附于资本家的企业以谋取生活保障，就业的机会仍然使一些工人具有一定的生活安全感，由此而构成了劳资之间依存与博弈共存的关系。因此，在很多情况下，劳资之间趋于一种动态的心理平衡。

第二节　交往行为中的社会关系反映

社会交往，是一个非常复杂的系统，简称"社交"，是指在一定的历史条件下，个体（或小家庭）之间相互往来，进行物质、精神交流的社会活动。除消费交往外，交往行为一般发生于同社会阶层内部，其交往的水平往往代表着社会生产力发展水平、生产关系的成熟程度，以及个体之间的价值观异同。社会交往通常具有亲情交往、友情交往、消费交往等基本交往形式。至于跨社会阶层的政治交往关系，本研究只能局限于较为典型

的革命交往中讨论。人类就是通过各种与他人交往的过程，不间断的模仿、学习或受教育，逐步形成自己正确的价值观，并使思想认识符合道德规范，所从事的工作得到社会的承认，而个人之间的交往从密则构成"圈子文化"。

一、亲情交往

人自出生起，即与家人共同成长，而家又处于特定的环境中，正所谓家乡。初长成之后又有了姻亲关系，于是家人、宗族、姻亲等成长过程中的一系列关系人成为最初的亲情交往对象。本章以亲情交往为出发点，从近代影像库中共获得影像 155 幅，主要是家人、家族的合影与日常生活写真影像。

（一）合影中的家庭亲情

在全部家庭合影中，夫妇二人合影和家人族人合影各占 76 幅与 79 幅。合影时的姿态通常是各人都面对镜头。早期的合影照中每个人的视线方向还不能做到都集中于某一点，常常有十分松散的感觉，不利于亲情表现。但随着近代中后期摄影感光材料的进步，使快镜头成为可能，于是在摄影师一声令下时，视线能够被瞬间集中而留下被视感觉完整的合影影像。如《旗人大家族》（佚名摄，1900 年前后，北京）所示 ①，留下了一个满族大家族和睦相处的幸福场景。如《李鸿章兄弟》（佚名摄，1900 年，天津）所示 ②，由于李鸿章、李瀚章各自的社会身份十分显要，影像所显示的良好亲情关系必将隐喻两个政治集团之间的合作关系，也就会对当时的社会关系产生重要的心理影响。

---

① 刘北汜、徐启宪：《故宫珍藏人物照片荟萃》，紫禁城出版社 1995 年版，第 285 页。
② 仝冰雪：《中国照相馆史》，中国摄影出版社 2016 年版，第 241 页。

（二）生活写真中的亲情表现

事实上，日常生活写真摄影是家庭或家族亲情的最佳表达。正所谓大家族小社会，家庭家族关系也是社会关系一种折射，是社会关系的基本单元。本章共收集到单纯的亲人之间的日常生活写真留影约为60幅。如其中的图7-5《晚饭之后》（约翰·汤姆逊摄，1868年，广州）所示[①]，表现了家人们在茶余饭后的闲暇，画面上的人物神情悠然，充满着生活的恬静与惬意，说明这个家庭成员之间的气氛和

图7-5 晚饭之后

睦。如《家庭会议》所示[②]，表现了抗日战争末期华北一个普通农户的家庭会议，在日常生活之中商议共同关心的家务、农活甚至是社会政治态度，折射出家庭的民主气息，这样的气息对于社会民主制度的建设具有十分重要的基础性影响。

总之，在近影像库中，所有涉及亲情交往的影像都展现了作为社会关系基本单元的美好：相处和睦、岁月静好、气氛民主，也许现实的家庭关系会更加复杂多变。

---

① ［英］约翰·汤姆逊：《中国与中国人影像》，广西师范大学出版社2015年版，第79页。

② 顾棣：《中国红色摄影史（上）》，山西人民出版社2009年版，第400页。

二、友情交往

友情和亲情、爱情一样，也是一种十分抽象的感觉，在友情驱动下的交往有它特别的温度，同时也可能以此形成"圈子文化"。友情交往是个人交往的重要部分，它具有主动交往的基本特性，并包括乡亲、同窗、街坊交往、共同的爱好交往及纯粹的好友交往等类型。

（一）乡情交往

人自来到世间之后，首先交往的是有血缘关系的亲人，构成了亲情交往，其次便是乡亲与街坊之间的乡情交往。在农耕乡村中，村民们聚村而居，个体或小家庭总是以自己为中心划出一个圈子，并根据距离自己的远近关系来确定交往的疏密程度，构成了一个礼俗社会。如图 7-6《福州乡下的妇女们》（佚名摄，1870 年，福州）所示[①]，画面中的晚清妇女们衣着相近、妆容相近，从外表上看她们应属于同一个乡村阶层，唯独的区别是前排右侧的妇女裹了小脚，而其他人没有。正如第六章所分析的，本来在中国晚清的汉文化中，妇女是否裹小脚是一道鸿沟，能够划分出两大阶层，但这幅影像很可能说明了她

图 7-6　福州乡下的妇女们

---

① ［英］泰瑞·贝内特：《中国摄影史 1844—1879》，中国摄影出版社 2014 年版，第 156 页。

们并不属于同一个民族，但她们依然关系和谐，并无社会结构上的鸿沟。如《街坊拜年》（佚名摄，1900 年，北京）所示 ①，表现了城市中街坊邻里交往的基本礼节，它符合中国儒家文化中的"重礼"要素。如《八路军和老百姓》（和谷芬摄，1945 年，晋察冀）所示 ②，则直观地诠释了八路军与老百姓之间的军民鱼水关系，这是一种不似乡情却胜似乡情的影像表达。

（二）同好交往

在社会生活中，人们之间有了共同的兴趣爱好，就可能走到一起而产生了交往。成为人们共同爱好的门类繁多，自古以来就有吟诗作赋、琴棋书画、文学创作、习武骑射等，及至后来的爱好愈加广泛，音乐、绘画、摄影、体育运动等等。甚至不良嗜好的赌博、吸毒、酗酒、抽烟都成为共同爱好。在近代影像库中，共收集到因共同爱好而交往的影像计 450 幅。

在第五章中，我们曾经讨论过西方种族主义者污辱中国人为"东亚病夫"，此后中国有识之士愤而努力推动体育运动的发展，并相继出现了一批体育运动爱好者，无论男女，涉及了田径、球类、游泳等诸多项目。如影像《柏林奥运会中国代表团谒陵》（佚名摄，1936 年，南京）所示 ③，表现了中国首次参加柏林奥运会的中国代表团出征前拜谒中山陵的场景。柏林奥运会的参加标志着国家行为的成功，体现了整个社会机器的良性运转，对于重树中华民族的国际形象具有深远的历史意义。运动员之间可能构成了共同的体育运动爱好。

摄影艺术作为一种外来文化，自 1842 年传入中国以来，逐渐融入了中国文化的体系内，又经过若干年的消化与吸收，在 19 世纪 20 年代，从

---

① 费孝通：《乡土中国》，中华书局 2018 年版，扉页插图。
② 顾棣：《中国红色摄影史（上）》，山西人民出版社 2009 年版，第 282 页。
③ 秦风：《民国影像 1927—1949》，广西师范大学出版社 2009 年版，第 64 页。

北京的"光社"开始，形成了一个小众范围的共同爱好摄影的摄影文化圈子。同时，具有沙龙艺术性质的画意摄影活动在中国也逐步发展起来。如影像《华社影展》（陈万里摄，1928年，上海）所示①，表现的是继"北京光社"之后，在上海成立的摄影团体"上海华社"的第一次影展。从在都市中能够正常举行摄影艺术展这一交往过程来看，上海已经拥有了一批志同道合的摄影爱好者，也就是已经具备了促进艺术发展的社会基础。

毫无疑问，丰富而优秀的共同兴趣爱好者的充分交往十分有利于社会整体关系的良性循环。

（三）好友交往

社会生活中，人们由于种种原因产生了情感联系而成为好友，成为好友的人们停留于精神相互愉悦的层面，他们之间将产生进一步交往。好友之间通常具有相同的价值观、人生观与世界观，因此，好友之间的交往也是时代社会关系的一种自然反映。好友的来源十分丰富：同窗、同事、世交，以及乡亲、街坊、共同的爱好都可能进一步发展成为好友。

好友的交往通常属于精神层面，而影像的画面则属于直观层面。因此，从影像的角度看，通常是将朋友的各种共同活动解读为好友

图7-7　中国士绅的饭局

---

① 周振华：《中国影像史·第六卷》，中国摄影出版社2015年版，第80页。

的交往。如图7-7《中国士
绅的饭局》（耀华照相馆摄，
1908年，上海）所示①，这
是一桌较为典型的中国好友
的应酬饭局，从他们的衣着
装扮来看，属于同一阶层的
好友相聚，体现了较为一致
的价值观。如图7-8《好朋
友们》（周海婴摄，1947年，
上海）所示②，是一幅较为
常见的纪念照形式，表现了
同龄人的友好交往。

图7-8　好朋友们

三、消费交往

消费交往是普通消费者与商业从业者之间的交往关系，是自古以来
就存在的社会现象，中国素有"士农工商"四大阶层的概念。在传统文化
中，商业从业人员的社会地位较低，但随着近代思想的逐渐深入，这种观
念逐渐发生了改变。商业交往的形式、内容与规模都在一定程度上反映了
一定的社会结构及其关系。

（一）街头修补服务

正如在第五章提及的《香港路边修补衣服的妇女》（弥尔顿·米勒摄，
1860年）为第一张街头修补服务题材的影像，直至《街头修锁匠》（周海婴

---

① 　仝冰雪：《中国照相馆史》，中国摄影出版社2016年版，第308页。

② 　周海婴：《历史的暗室》，广西师范大学出版社2011年版，第61页。

摄,1949年，上海）①，说明了整个近代中国，仍至自古以来均有修补行业的存在。事实上，我们可以从修补的从业人员和修补的内容上去理解一定的社会关系。因使用而破损的生活日用品，包括衣服鞋帽、生活器皿用具等，大部分社会底层的人会选择修补的方式以维持其继续使用，这也是中华民族克勤克俭习俗的一种体现。于是在日常生活中就出现了一些专门从事各种修补的手工业服务者，典型的如补锅匠、修锁匠、泥瓦匠、木匠、小炉匠等。此外，还有送水工、送煤工、车夫、轿夫等服务人员。他们所从事的并非商品买卖业务，而是服务买卖行为，这些也可以看作是一种商业交往。

从事街头修补的百姓代表着社会底层普通劳动者，其中城市中修补衣服的都为女性，并且有相对固定的摊点；而需要走街串巷，甚至游走于四乡八邻从事生活用具修理的则多为男性。他们的存在为普通百姓解决了许多生活的琐碎而成为社会日常生活的重要润滑剂。正如第五章的图 5-1《通州鞋匠》所示，老修鞋匠衣衫褴褛让人心碎，而灿烂的微笑则又让人宽心不少，这种乐观生活的精神境界恰是中国贫民的真实写照。如图 7-9

图7-9 为苦力补衣服的老妇

《为苦力补衣服的老妇》（大卫·柯鲁克摄，1938 年，上海）所示②，它真实地反映了城市底层百姓的生活现状：苦力们与这个街头的老太太之间就构成了一个十分微观的社会交往，廉价与贴心周到成为他们之间重要的关系纽带。

---

① 周海婴：《历史的暗室》，广西师范大学出版社 2011 年版，第 94 页。

② 王烁、高初：《大卫·柯鲁克镜头里的中国》，民族摄影艺术出版社 2016 年版，第 80 页。

（二）街头商贩与商铺集市

街头商贩与街头修补有所不同，街头商贩们是小生意人，俗称货郎儿，从事着日常小商品的贩卖，是携货至门前直接交易的商业模式，本小而利微。如影像《走在村子中的小贩》（大卫·柯鲁克摄，1947年，河北）所示 ①，走街串巷与游走四乡的小商贩不仅提供

图 7-10　昆明集市

了普通百姓的生活所需，更成为了社会底层关系的一种体现：相互依存、相互信任。自古代的文学作品就多有对货郎的描述，常常充满了期待与欢乐。正如《水浒传》第 74 回中所述："你既然装做货郎担儿，你且唱个山东《货郎转调歌》与我众人听"，如此关系直到近代中国并无改变。

商铺集市则是商品与购销人们的集中地，如图 7-10《昆明集市》（奥古斯特·费朗索瓦摄，1899年，云南）所示 ②，是法国摄影师对昆明集市的影像反映。集市的人头攒动、购销两旺往往表现了一种社会生活的繁荣，也是社会关系和谐与平静的体现。事实上，对此还应区分出是乡村集市还是都市街景，是生活刚需还是市场活跃。

（三）买办贸易交往

随着晚清政府洋务运动的推行，一方面出现了近代化的工矿企业和近

---

① 　王烁、高初：《大卫·柯鲁克镜头里的中国》，民族摄影艺术出版社 2016 年版，第 255 页。

② 　刘香成：《从鸦片战争到军阀混战的百年影像史》，后浪出版公司 2015 年版，第 199 页。

代化的城市；另一方面，也有大量的洋货涌入中国市场，改变了中国原有生活模式，出现了专门做洋货生意的贸易买办。如影像《香港影相楼的旧址》（埃米尔·瑞斯菲尔德摄，1873 年，香港）所示①，摄影师拍摄随开埠城市一同进入中国城市的影楼影像。影楼的存在说明生活其中的人们不再是满足于温饱的生活必需品消费，而是已有相当数量的相对富裕的人群进行了时尚消费，也就是说社会阶层结构中已出现了一定的中产阶级以上的人群，奢华、崇洋、趋新逐渐成为他们的消费新趋势。近代典型的繁荣都市街景往往也说明了贸易的发达，同时也就显示出了其社会关系趋向近现代特征。

如《欧洲各洋行里的买办们》（阿芳照相馆摄，1870 年，香港）的合影照所示②，影像显示出在当时的香港洋行买办已经成为一个群体，而且相互关系甚为熟悉甚至亲密。李明伟在《清末民初中国城市社会阶层研究》一书中对清末民初的洋行买办群体进行了充分阐述。他们之间的商业交往也折射了时代的社会关系，其亲疏关系也将直接影响商业市场，继而影响大众的社会生活。在洋行洋货的压力下，中国民族企业家也奋起反抗，如《抵制美约社的宁波成员》（佚名摄，1905 年，宁波）所示的合影照③，即表现了在 20 世纪初，一场颇具声势的抵制洋货的民族运动。从历史的角度看，这场由民族工商界发起的抵制洋货的商业交往运动，事实上是促进了民族团结。

在洋务运动之后，随着洋货与西方观念的输入，我们可以从影像所反映的消费交往与习俗变迁上明确：第一，洋货开始动摇了中国数千年形成的消费习惯，甚至表现在对"知足常乐"信念的动摇；第二，洋货改变了中国普通百姓的消费结构，并渗入日用百货的各个方面；第三，在消费需求的推动下也推动了民族工业体系的形成和发展，也推动了社会经济的一定增长。

---

① ［英］泰瑞·贝内特：《中国摄影史 1861—1879》，中国摄影出版社 2013 年版，第 24 页。
② ［英］泰瑞·贝内特：《中国摄影史 1844—1879》，中国摄影出版社 2014 年版，第 79 页。
③ 章开沅：《辛亥革命大写真》，湖北美术出版社 2001 年版，第 244 页。

四、革命交往

革命交往属于特殊时期的政治交往，也是跨社会普通阶层的交往。革命一词，原本用于君主制朝代之变革，后被扩大至旨在推翻现有政权的一切行动，后又进一步扩大为"被压迫阶级用暴力夺取政权，摧毁旧的腐朽的社会制度，建立新的进步的社会制度。革命是对生产关系的破旧建新，它解放生产力，推动社会的发展"。自近代以来，中国发生了多次重要的革命活动：太平天国运动、义和团运动、辛亥革命、北伐战争、建立苏维埃边区政府和解放战争等。从近代影像库中的资料来看，对辛亥革命和解放区内的影像记录较多，以此为例，也能够看到革命活动对社会关系颠覆性的影响。

中国近代早期的革命活动可以以1894年11月孙中山主导的兴中会的成立作为时间起点，直到1912年民国政府的成立，并以兴中会、华兴会、光复会和同盟会为关键词，再以辛亥革命时期的"革命活动"为主题，共收集有关影像近390幅。进行了影像分析之后，我们可以发现：第一，从最初参与革命的人员组成来看，是以知识阶层为主导，吸收民族资产阶级与旧军人参与，广泛发动了士兵、工人、农民等社会大众而组成了革命阵营；第二，从革命活动的内容来看，许多革命者多方联络志同道合的同志并组织武装起义，促使了社会结构与社会关系发生重大变化，清政权的灭亡导致社会关系从封建君主制走向了初步的民主主义。

图7-11　军民同插秧

图7-12 为马县长献花的老太太

1935年9月，随着红25军经过长征率先到达陕北后，北上抗日的红军各部队也相继到达延安。直到1945年抗日战争胜利，在近代影像库中共采集了大量"革命活动"题材的影像，包括官兵交往、军民交往等。如图7-11《军民同插秧》（赵烈摄，1943年，河北平山）所示①，画面唯美地表明了八路军与老百姓之间为了共同的理想与抗战的需要而建立的鱼水关系。主题表现类似的影像有近百幅，题材有插秧、收割、扬场、送柴、打扫卫生等。表明了在八路军的军民交往中，军民如鱼水关系一样亲密，特别是生产劳动过程中的深厚情谊。而如图7-12《为马县长献花的老太太》（刘博芳摄，1940年，河北阜平）所示②，则表现了民主当选的晋察冀阜平县马叔乾县长受到普通群众的热烈拥戴，70多岁的老太太颤巍巍上台献花，形象感人，显示了情感深厚的官民关系。

第三节　宗教行为中的社会关系反映

宗教行为是人类社会生活中十分宏大的话题，事实上，本节所关注的只是从近代影像中的宗教行为来管窥当时、当地的一般性的社会关系。

---

① 顾棣：《中国红色摄影史（上）》，山西人民出版社2009年版，第212页。

② 顾棣：《中国红色摄影史（上）》，山西人民出版社2009年版，第382页。

本章在近代影像库中共收集到与宗教活动、宗教新闻与场所相关的影像490 余幅，其中中国境内的西方宗教题材近 80 幅。

一、俗教融洽的本土宗教

中国自古以来并不缺少宗教，儒家、道家已颇具信仰色彩，且道家的宗教特征更为明确。此外还有影响较大的中原佛教、伊斯兰教、藏传佛教，以及东南沿海的妈祖信仰，还有数不胜数的民间局地信仰，他们共同构成了中国多元化的本土宗教文化，并在此基础上构建了特定的社会关系。本土宗教一直是中国传统文化的一个组成部分，本土宗教行为也就一定程度上反映了传统社会关系。

1844 年，为耆英留下中国人第一张肖像摄影的法国人于勒·埃及尔，同一年在澳门也留下了中国第一张宗教题材的影像《澳门的庙宇》[1]。早期本土宗教题材影像主要是旅华摄影师在各通商口岸城市所留，从庙宇建筑到神像雕塑再到信徒都有所反映。此后，随着中外摄影师的增加，影像反映的宗教派别比较全面，包含了本土的道佛两教、各种本土信仰、伊斯兰教、藏传佛教和来自西方的基督教。

从采集的影像上分析可知，在内地，从城市到乡村，从平原到山林，各地普遍存在佛道两教的寺院庙宇，僧尼道士居住其中，庙宇香火旺盛，正如图 7-13《济南太庙里的香客》（西德尼·甘博摄，1917 年前后，山东）所示[2]。而一些云游僧尼道士也能化缘于民间得以生存，如图 7-14《化缘的僧人》（约翰·汤姆逊摄，1869 年，香港）所示[3]。此外，僧尼道士们还给有需要的百姓从事宗教法事活动，亦常常可见善男信女居家修行，由此可以看出，本土宗教与民间的关系十分融洽。如影像《叶尔羌中国寺庙的

① 张明：《外国人拍摄的中国影像 1844—1949》，中国摄影出版社 2018 年版，第 13 页。
② 邢文军、陈树君：《甘博的中国影像》，长江文艺出版社 2015 年版，第 277 页。
③ 约翰·汤姆逊：《中国与中国人影像》，广西师范大学出版社 2015 年版，第 69 页。

图 7-13　济南太庙里的香客　　　　　　图 7-14　化缘的僧人

内部陈设》（马达汉摄，1900 年，新疆）影像所示 [1]，表明了即使在新疆边塞地区也有中原古老寺庙的存在。但总体情况仍然是"俗是俗，教是教"，关系既比较密切也十分分明。

　　影像《班禅在拉卜楞寺讲经》（庄学本摄，1935 年，甘肃）则表现了藏传佛教在当地深得人心 [2]，宗教活动与仪式的宏大场面、众多的信徒，充分显示了藏族地区俗教合一的社会架构。此外，从影像资料里还有表现东南沿海的妈祖信仰、表现具有宗教色彩的云南纳西族东巴祭祀等，都说明了中华民族本土宗教深深植根于社会关系之中。

二、强势进入的西方宗教

　　西方宗教，亦俗称洋教，主要是指基督教，包括天主教、新教和东

----

[1]　[芬] 马达汉：《马达汉西城考察日记》，民族摄影艺术出版社 2004 年版，第 57 页。

[2]　李媚：《庄学本全集》，中华书局 2009 年版，走进甘青·拉卜楞寺。

正教三大教派，主张信仰上帝，奉耶稣为救世主。自元代起西方宗教就强烈希望在东方得以传播，明代的汤若望是其典型代表，但由于种种政治和文化原因而始终未能普遍实现。但自近代第一次鸦片战争后，依赖于一系列条约的保障，外国传教士终于名正言顺地踏进了中国这个东方古国，于是从开埠城市开始，中国渐次出现了西方宗教建筑及其教民，又以教会的名义与中国社会各阶层发生了一定的关系。

从宗教基地方面来看，最早出现教堂建筑影像的是《上海天主教堂》（威廉·乔斯林摄，1858 年前后，上海）①。随后，主要是旅华摄影师和香港的照相馆留下了北京、香港、杭州、哈尔滨等等从南到北的西方教堂，在 1900 年，湖北的谷城、宜昌等三四线城市也出现了教堂，如影像《谷城的天主堂》（佚名摄，1900 年，湖北）所示②，在《马达汉西部考察日记》中也多有影像表明在凉州（今武威市）地区早已存在基督教堂（马达汉摄，1907 年，甘肃凉州）③。由此说明在 20 世纪初，西方宗教已经十分深入地介入到中国社会生活之中，成为了时代社会关系中一个不可忽视的节点与因素。1935 年庄学本在甘肃省的拉卜楞拍摄了基督教堂的影像《福音堂》④，典型性地说明此时的基督教已经将触角伸到地处边陲、传统的藏传佛教中心区域。

影像《教士丕思亚》（弥尔顿·米勒摄，1861 年，广州）所示⑤，表现了一位传教士与友人们的交谈场景，其中有一位身穿短衫而袒露胸怀。由此从外在形象可以直观判断，教民来自于社会的不同阶层，平民阶层也在传教士的广泛接触之中。而如《传教士与乡绅》（佚名摄，1907 年，湖南）则表现了湖南常德地方官员在宴请传教士时其乐融融的合影⑥。由此都可以

① 张明：《外国人拍摄的中国影像 1844—1949》，中国摄影出版社 2018 年版，第 34 页。

② 章开沅：《辛亥革命大写真》，湖北美术出版社 2001 年版，第 22 页。

③ [芬]马达汉：《马达汉西城考察日记》，民族摄影艺术出版社 2004 年版，第 418~419 页。

④ 李媚：《庄学本全集》，中华书局 2009 年版，走进甘青·拉卜楞寺。

⑤ [英]泰瑞·贝内特：《中国摄影史（1844—1879）》，中国摄影出版社 2014 年版，第 197 页。

⑥ 郑丽君：《中国影像史·第三卷》，中国摄影出版社 2015 年版，第 294 页

说明，经过多年的经营，西方宗教在中国的接触面已经包括了从平民到士绅再到官员的社会各阶层，教士们也可能与当地一些士绅有良好的私人关系，同时也就说明教民可能来自于社会各阶层。

从教会介入的领域来看，西方列国的教会组织利用中国两次鸦片战争失败的机会，相继在中国各口岸城市强势登陆，他们以慈善的名义在中国许多城市广泛建立了包括育婴堂、医疗、救助、学校等在内的机构。其中的育婴堂十分突出，根据所收集的影像资料来看，影像《孤儿院》（古斯塔夫·里默摄，1875 年，香港）是中国第一张明确了有关育婴堂题材的影像①。作者本是普鲁士海军军官，业余爱好摄影，该影像较为模糊，像质欠佳，但由此仍然可以看出，教会组织至少在此时已开始与中国民间建立了一定联系。对于西方宗教组织为何热衷于在中国建立育婴机构，社会历史学者们历来持有不同观点。从现存影像资料来看，我们只能看到许多教会育婴堂的存在，而不能为其目的性提供相关佐证。在第十二章中，我们还将讨论教会在引入西医过程中的积极作用。

三、关系冲突的中外宗教

尽管一些教会与传教士竭力撇清与列强侵略中国的关系，但由于事实上存在各种文化冲突，许多中国人仍然坚持认为他们是不怀好意而进入中国，其中的中坚力量是官绅阶层。因此，西方宗教从进入中国伊始，就不断与中国各阶层发生各种冲突，许多冲突最终酿成重大事变而统称为教案，比如扬州教案、天津教案等。首先用影像直接描述教案严重后果的是澳大利亚人乔治·莫理循，他在 1897 年收藏了一幅《庚子之变中的逝者》，记录了洋传教士们参加在教案中失去生命的教民的葬礼②。历史的事实是，

---

① ［英］泰瑞·贝内特：《中国摄影史（1861—1879）》，中国摄影出版社 2013 年版，第364 页。

② 沈嘉蔚：《莫理循眼中的近代中国·目击变革》，福建教育出版社 2012 年版，第 9 页。

进入中国的传教士们良莠不齐、鱼龙混杂，既有不乏真心传教并从事各类慈善活动的虔诚教徒，也有浑水摸鱼、无恶不作之徒。

值得一提的是，1861 年的咸丰进士吴嘉善，当年旅居湖南湘潭时，时常以摄影自娱，并向当地人传授摄影知识，影响很大。1862 年 3 月湖南湘潭等地发生教案，当地人捣毁教堂，并波及了几十家中国教民，教会与一些社会群体关系空前对立。吴氏因会摄影，也被误以为信奉洋教。于是"一日突遇数百人仡然而入，谓其为天主教徒将执之"，他"欲辨不及，毁垣而逃，则寓中已劫掳一空矣。"后来，吴嘉善向某"大令"进行解释；告诉他关于摄影的知识，"大令请试之"，于是吴当众试照了许多照片，大家才相信，不仅使自己免遭进一步劫难，还调停了当地教案，避免了教案扩展。

20 世纪初，义和团运动的口号之一是"扶清灭洋"，并将教会及教民都归到了"洋教"一类，因此，教会受到了较大冲击。义和团被镇压后，教案仍不断发生，如在 1906 年，在江西南昌发生了近代历史上著名的"南昌教案"。北京《京话日报》于 1906 年 3 月 29 日第 570 号刊登了在"南昌教案"中被法国教士杀害的江召棠县令的遗体照片，如图 7-15《江召棠被杀》（佚名摄，1906 年，江西）所示①。为了揭露法帝国主义的诬指，报社撰文："江西南昌知县江大令召棠被天主教请酒谋杀，凶手便是劝人为善的教士，

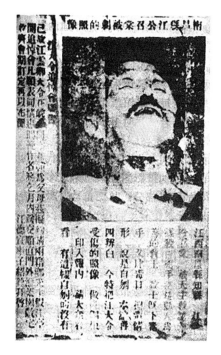

图 7-15 江召棠被杀

---

① 资料来源：《京话日报》，1906 年 3 月 29 日第 570 号。

教士既下毒手，印入报内。捏造情形，说是自刎，有这样自刎的没有？"
这幅影像，显示出江大令被杀的刀口清晰可见，揭穿了法帝国主义分子无
耻谣言，使之无法抵赖。这一教案充分说明，抵制教会的不法行为不只是
自发于民间，也涉及了地方官的态度及与教会的关系。

一般而言，由于宗教的开放性，在这一领域内的人与人交往超越了
世俗社会中阶层的概念，也可以认为是一种跨阶层的文化交往行为。这种
交往既有同教内的和谐交往，也有跨教别的冲突，它们都起因于文化与利
益的异同。从影像资料中，可以发现近代中国的大部分民众仍然遵从于中
国传统宗教文化。

本章结语

行为，是由具有正常认知与思维能力，并有情感、意志等心理活动
的人所产生。人的行为是由人的社会属性所决定，并具有一定的目标指
向。由此，反观人的行为就可以判断行为主体与客体发生联系的客观环
境——即一定的社会关系。通常情况下，行为源自家庭与社会的影响，而
当行为成为个人习惯时，也反过来影响家庭或社会关系。本章从国民的各
类社会行为的影像中体察一定的社会关系，社会关系是社会制度文明的基
础。通过本章的影像诠释，我们能够体会以下几点：第一，在生产行为的
关系中，工人阶级作为新型先进阶层体现出强烈的社会进步意识，它成为
了近现代中华民族进步的核心力量；第二，在交往行为中，革命交往成为
推动社会进步的真正动力；第三，在宗教交往中表现了中外文化的接触、
碰撞与借鉴，但社会保持了中华民族的优秀文化传统，并摒弃了一定的文
化糟粕。总的来说，在中华民族内，由于有良好的社会道德规范和社会价
值观的引领，而具有良好的社会关系。并在 100 余年间的中国近代，社会
关系从封建模式、半封建半殖民模式逐步过渡到新民主主义模式。

第八章 近代影像中的制度形象

制度充满了我们的生活，本章所讨论的制度现象专指社会制度形象，民族的社会制度是民族形象的基本要素之一。中华人民共和国成立前各民族的社会制度多种多样，如基诺族的长老制、瑶族的瑶老制、侗族等民族的"款"制……基于影像的诠释当然无法穷尽各种社会制度。总的来说，社会制度是执政者进行社会管理的工具，即制度产生管理。而影像既可以通过直观方式，也可以通过符号方式来反映一定的管理现象，从而诠释其社会制度，并进一步反映出一定的民族形象。制度的改变是社会性质的根本改变，比如涉外觐见晚清皇帝时，从三拜九叩的制度变为鞠躬致礼就走了80年的历程。

第一节　政务管理形象

由于政权的存在，就必然产生一系列的政务管理工作，由此而产生了管理者与被管理者的交往，这种管理交往过程就显现了一定的管理制度现象，这是国家政权和政治组织权力的体现，是依赖于政治体制而施行一系列的具体措施，以体现国家与民族的意志。本章在政权更迭的视野下讨论政务管理形象，并分为三个政权时期：1911年前的晚清政府、1912到1927年的北洋政府、1928到1949年的国民政府。在近代影像库中共收集到 440 幅相关影像，列表 8-1 所示。

表 8-1　不同政府时期的政务管理影像数量统计

单位：幅

	旅华摄影师作品数量	华人摄影师作品数量	佚名摄影师作品数量	合计
晚清政府时期	33	6	55	94
北洋政府时期	3	6	154	163
民国政府时期	8	163	12	183
共计 44		175	221	440

一、晚清政府时期

晚清政府是封建君主专制制度下的政务管理，对此，不只是从文化的角度和人们的思想观念上来看待其施政管理现象，更需从国家政权的性质上思考。在甲午战争之前，为相对稳定的君主制结构下的国家行政管理，其封建意识充满了整个社会生活。而战局的中国完败，自上而下对国民产生了极其巨大的震动，在政府管理方面也产生些许变化，但终究仍是封建政权。

（一）全民征服的象征

第四章中，曾经讨论过在 1852 年，有影像表明前往法国从事贸易活动的中国商人琼阿德留着条大辫子；在 1860 年，香港缤纶照相馆为苦力们留影，他们也都留有辫子。其实，"剃发留辫"只是统治者为了进行民族统治而营造的"臣服"舆论环境。从发型上看，也在不断地变化之中，而留下影像的阶段正处于一种转型时期，既不是清朝初期的"金钱鼠尾"，也不是后来一半式蓄发的粗大辫子。历史的事实是，清朝统治集团自入主中原后，为了显示绝对的皇权，打击中原文化中"肤发受之于父母"的文化底色，清军所到之处，无论官民即强制推行"剃发令"。于是，在清朝覆灭前影像中的人物，从精英阶层到平民百姓无论贵贱尽留辫子，人们无一例外的剃发说明了清朝统治者确实建立起了强权统治结构。

（二）官员的官僚形象

在 20 世纪之前的晚清影像中，能够明确为管理行为的影像数量较少，仅有 25 幅。但就其官僚阶层的管理行为仍然涉及众多方面，如官员外出巡视、接待外国政要、对外谈判等。从巡视题材的影像来看，官员们十分讲究排场，如影像《官员出巡》（威廉·桑德斯摄，1870 年，上海）所示 ①，典型性地反映了大官员出行时的规模：鸣锣开道、大轿跟班一应俱全，煞是威风。反映了官民之间的森严等级和巨大鸿沟，其治下百姓显然难有公正、公平。其他一些反映官员巡视的影像，也都坐轿骑马带跟班，官员的阶层形象十分鲜明。

如图 8-1《中国的审判》（威廉·桑德斯摄，1870 年，上海）所示 ②，画面反映的是中国官员正在审理案件，但经过影像解读与分析后发现，其场景摆布多处穿帮。比如背后的中国画是中国家庭中的陈设；对联的内容则适合于私人书房；更为离谱的是判官所在桌围上的"月光之大"一词，中国自古以来就未曾发现有此词语。如此等等的真实性错误而被认为这是一张不很了解中国公堂细节的"摆拍"，其拍摄意图极有可能是在嘲弄、猎奇中国的审判现实，重在反映中国封建官场的官僚形象：官员高高在上，贱民跪地受审，而这一场景完全有别于当时西方的法庭。

影像《等待德国亲王到访》（乔治·莫理循收藏，1898 年，北京）是《泰晤士报》驻华记者以专题摄影的手法，使用系列影像记录了这场德国亨

---

① ［英］泰瑞·贝内特：《中国摄影史 1861—1879》，中国摄影出版社 2013 年版，第371 页。

② 刘香成：《从鸦片战争到军阀混战的百年影像史》，后浪出版公司 2015 年版，第 118 页。

图 8-1　中国的审判

利亲王到访中国的外事活动①。从影像上可以发现，北京马家堡火车站台上的清朝接待大员胡燏棻、那桐等人，无论是等候期间还是与亲王的相见，都显得十分谦微，全无了面对百姓时的傲慢与威风。由此对比，也许正说明了在封建官僚管理阶层的意识形态中，具有天然的鄙视百姓的基因。

（三）内外交困的晚清

对外交往是政府间的交流往来，政务管理中不可忽视的基本组成。对外交往的体系十分复杂，涉及了中国人中的不同个人、群体和阶层与外国人中的不同个人、群体与阶层的多层次、多元化交往过程，已非本

———————

① 沈嘉蔚：《莫理循眼中的近代中国·世纪之交的战乱》，福建教育出版社 2012 年版，第14—20 页。

书所能全面讨论，但对外交往的影像也能够反映出一定的政府管理形象。本书只关注产制于中国境内的影像，因此，境外交往的影像不在收集范围之内。简约地看，对外交往可大致分为官方与民间的对外交往两大类，他们一定程度上反映了特定时期的中外关系的总体风貌。有文献说明，在开埠之后相当长的时间内，中国普通百姓对外国人仍然存在相当的戒备心理甚至敌意。如《梅田人的嘲笑》（詹姆斯·利卡尔顿摄，1900年，湖北）的影像所示①，美国摄影师在乡村摄影创作就遭到当地村民的对峙、排斥与嘲笑就十分典型。在此，我们主要探讨官方交往下的对外关系形象。

如图8-2《沦陷后的大沽炮台》（费利斯·比托摄，1860年，天津）所示②，是意大利籍随军摄影师拍摄的被法国侵略军在第二次鸦片战争中攻陷的大沽炮台，它是中外历次对外战争失败的典型影像。此后更留下了臭名昭著的《马关条约》签订现场的影像（佚名摄，1895年，日本）③，及至后来如《辛丑条约》等一系列不平等条约签订场景。条约的签订开启了中国近代全面屈辱的对外关系。

中国近代开始出现的租界是为适应通商需要而设置，但在中国城市中出现，并有外国人居住的租界就不可避免地产生了市政管理中的

图8-2　沦陷后的大沽炮台

① ［美］利卡尔顿：《美国摄影师的中国照片日记》，福建教育出版社2008年版，第96页。
② 张明：《外国人拍摄的中国影像 1844—1949》，中国摄影出版社2018年版，第51页。
③ 章开沅：《辛亥革命大写真》，湖北美术出版社2001年版，第2页。

图8-3 张之洞与英军高官合影

大量涉外交往，但这些往往不属于国家层面的对外交往，将在第十二章的"城市发展"中予以讨论。

洋务运动失败、"庚子事变"之后，清政府还聘请了大量的西方军事参谋训练新军，如图8-3《张之洞与英军高官合影》（乔治·莫理循收藏，1903年，湖北）所示①，从画面上看，时任晚清封疆大吏的张之洞与英军高官关系融洽，反映出张之洞一贯的"师夷"的政治形象。晚清对外交往的一系列重大事件，如几次对外战争、洋务运动、一系列不平等条约的签订、数位国外政要的到访都留下了相关影像。包括在此前已经讨论了的，在洋务运动引进外国工厂设备与管理模式、派出官方留学生。所有这些都形成了政府希望努力学习西方先进思想和科学技术，即形成"师夷"的对外关系。

面对在19世纪末爆发的义和团运动，清朝政府表现出了一系列失误，并最终导致八国联军得到了大肆入侵的借口，并攻陷首都北京。面对这场民族灾难，清廷统治者慈禧太后所做的就是率先逃往山西避祸，如图8-4《慈禧出逃》（佚名摄，1900年，北京）表现了慈禧出

---

① 沈嘉蔚：《莫理循眼中的近代中国·北京的莫里循》，福建教育出版社2012年版，第107页。

逃北京，山坡上的仓促前行，恰如其分地象征着慌不择路的窘况，也表现出慈禧急于逃命而对民族极端不负责任的丑陋嘴脸。此后，便有影像显示，受命收拾残局的李鸿章与列强进行了一系列的屈辱谈判，并最终答应他们的一切无理要求签下了丧权辱国赔款的《辛丑条约》（佚名摄，1901 年，北京）①，从而保住了慈禧太后继续执政的地位。

图 8-4　慈禧出逃

　　如《两宫回銮》（乔治·莫理循收藏，1902 年，北京）所示，则是用影像"描绘"了慈禧自逃亡地山西回到北京的"盛况"②：《辛丑条约》保护下的帝王仪仗仍维持其尊贵形象；清一色的高头大马是花费巨资从澳洲进口，为的是显摆"市井式的威风"；面对各国各色人等，慈禧则面不改色。极尽排场的回京仪式只能说明内外交困、风雨飘摇的晚清政权已是强作镇静、外强中干的形象了。

（四）君主立宪运动的影响

　　在经历了八国联军入侵和"帝后之丧"之后，以康有为、梁启超等为代表的早期维新派转化为君主立宪派，发起了一场思想启蒙运动，即试

---

① 章开沅：《辛亥革命大写真》，湖北美术出版社 2001 年版，第 5 页。
② 沈嘉蔚：《莫理循眼中的近代中国·世纪之交的战乱》，福建教育出版社 2012 年版，第 137—142 页。

图改变政体的君主立宪运动。如影像《庆祝大会》（乔治·莫理循收藏，1906 年，广西）所示，是用影像记录了广西当局召开的"立宪诏书"公布庆祝大会的实况①。由此可以表明，君主立宪的主张得到一些地方政府的积极响应。此后，至少在新疆、江苏、湖北、贵州、广东等地留下了一些影像，说明已经成立了准备实施君主立宪制的相关机构，有咨议局、资政局等。如《贵州咨议局成立》（佚名摄，1909 年，贵州）所示，即为议员们的合影②，这些机构都开展了宣传发动、进京请愿等一些实际工作。李明伟在《清末民初中国城市社会阶层研究》一书中对八个省的正副议长进行了统计，并简要说明其身份与履历，也证实了各省咨议局的事实存在。

从本质上看，君主立宪是一场由保皇派发起的政治运动，它必然招致对封建体制彻底失望的革命党人的坚决抵制。从意识形态的变化来看，君主立宪思想仍不失是一次民族进步的表现，但远远不够彻底。在辛亥革命前后，各地纷纷宣布脱离清朝政府而宣布独立、实行自治。在近代影像库中，主要是在《辛亥革命大写真》一书中，留下各类自治活动影像的省府有江苏、湖北、江西、广东、山东、浙江等。此时，地方自治下的政务管理已经体现了三民主义的基本思想，努力建立新型的民主社会制度。

二、北洋政府时期

随着辛亥革命的胜利、清廷退位、民国政府成立，开启了北洋政府施政管理形象。其实北洋政府只是一个名义上的统一政府，实则是军阀割据，政出多门是其主要特征，这一特征也在影像文献中有所反映。

---

① 沈嘉蔚：《莫理循眼中的近代中国·目击变革》，福建教育出版社 2012 年版，第 97—98 页。

② 章开沅：《辛亥革命大写真》，湖北美术出版社 2001 年版，第 251 页。

如图 8-5《上海各界成立沪军都督府会议合影》（佚名摄，1911年，上海）所示①，沪军都督府为辛亥革命背景下成立的政府机构，其成员们依次而坐，并无所谓尊卑，只是立此存照做个纪念而已，说明了一部分社会精英在革命思想的推动下，思想意识已经发生了一定的进步性变化，透射出较为明确的民主气息。与此相对照的是同年所摄的《端方等人合影》（佚名摄，1911年，四川）②，端方为晚清名臣，从单独落座于合影时的前排

图 8-5　沪军都督府会议成立合影

图 8-6　庆祝中华民国成立

位置，就知其封建的官本位思想根深蒂固，自我要求与下属的阶层界限泾渭分明。由此而体现出晚清政务管理与北洋政府仍有形象上的明显区别。

　　1912年，民国政府取代了晚清统治，中国正式进入了史称的北洋政府时代。如图 8-6《庆祝中华民国成立》（佚名摄，1912年，北京）所示，表现了自首都北京开始，遍布全国的庆祝中华民国成立的盛况。如影像

① 　章开沅：《辛亥革命大写真》，湖北美术出版社 2001 年版，第 388 页。
② 　章开沅：《辛亥革命大写真》，湖北美术出版社 2001 年版，第 268、388 页。

《袁世凯与北洋将领合影》（佚名摄，1912 年，北京）所示 [1]，显现了北洋政府作为一个新的施政形象出现在中华民族的发展历史中。孙中山自从卸任临时大总统后，深知袁世凯的窃国本质，大量的影像资料表明孙中山从未停止革命活动。如《孙中山在上海》（佚名摄，1913 年，上海）所示 [2]，记录了孙中山当年在上海与黄兴等人商议反对袁世凯的大计，此时的孙中山虽然没有施政的权力，但在海内外华人中具有巨大的号召力与影响力，是国家形象不可忽视的重要方面。

1915 年袁世凯去世后，北洋政府成为了几大军阀公开的逐角平台，政府更迭频繁，从 1916 年至 1928 年期间，竟有 38 届内阁，最短的两届只有六天。北洋政府在形式上一统中国的表象下，事实上是一个军阀割据时期，黎元洪、段祺瑞、吴佩孚、冯玉祥等北洋军阀人物都留下了一些影像资料。各大军阀在其势力范围内占山为王，其政务管理也就呈现了一定的地方军阀特点。

三、国民政府时期

随着北伐战争的胜利，1927 年成立了由国民党独党执政的国民政府，结束了北洋政府时期的军阀割据局面，并彻底排斥、屠杀在北伐战争中起重要作用的中国共产党党员。于是，在当年的 8 月 1 日，爆发了在中国共产党领导下的南昌起义，随后开辟了江西革命根据地。与此同时，国民的思想也发生了根本性的变化，表现为民主思想的进一步强化。因此，1927 年注定成为中国历史重要的分水岭，此后，中国进入了新文化发展与新民主主义革命时期，这一时期的国统区、苏区（边区）以及汪伪和伪满统治区，存在着不同的政府管理环境。

---

[1] 章开沅：《辛亥革命大写真》，湖北美术出版社 2001 年版，第 475、525 页。

[2] 章开沅：《辛亥革命大写真》，湖北美术出版社 2001 年版，第 570 页。

（一）政务腐败的国民政府

正如图 5-3《逃难的妈妈》所示，是用影像记录了当年黄河花园口事件后一位逃难的年轻母亲，其忧愁之状令人唏嘘。当然，自全民族抗战爆发后，国难当头仍是重要原因之一，但当局的懒政管理也是重要原因。1938 年，著名美籍战地摄影师罗伯特·卡帕在国统区重镇之一的汉口拍摄了难民们哄抢粮食的混乱场面，如影像《哄抢大米的难民》所示 [①]，如此也可以说明政府当局的管理无能。国共合作主导下的北伐战争瓦解了北洋政府而进入了国民政府时期。但总的来说，面对国内的重重矛盾和连年战争，国民政府治下的中国远远未能实现政府管理的基本职能，即追求国泰民安。面对天灾人祸，政府往往是放任自流，而普通百姓则是民不聊生，这些现象都可以从所留存的影像中得到一定的印证。正如在上海长大的印度裔摄影师萨姆·塔塔，他用相机记录了20 世纪 30 年代上海普通市民生活，其中的许多影像都反映了难民、乞丐、贫民、街头流浪汉极其艰难的生活现状 [②]，构成了都市平民生活的全景图。

1945 年抗日战争胜利后，由于国民党当局的极端腐败导致了国统区空前的金融危机，最终蒙受灾难的依然是平民阶层。如影像《受物价飞涨打击的工人们》(杰克·伯恩斯摄，1948 年，上海) 所示 [③]，是美国《生活》杂志记者拍摄于上海街头：焦虑的工人们排队于街头抢购物品，因为即使在同一天，生活必需品的价格也可能连连上涨。如图 8-7《抢黄金》(亨利·布列松摄，1949 年，上海) 所示 [④]，是布列松在上海街头抓拍了普通市民们出于恐慌、保值等心理，拼命拥挤在抢购硬通货黄金的队伍中，他

---

① 张明：《外国人拍摄的中国影像 1844—1949》，中国摄影出版社 2018 年版，第 441 页。

② 图片来源：中国摄影家协会官网／大家名作／萨姆·塔塔，2020-08-08.

③ [美] 伯恩斯：《内战结束的前夜》，广西师范大学出版社 2005 年版，第 90 页。

④ 张明：《外国人拍摄的中国影像 1844—1949》，中国摄影出版社 2018 年版，第 499 页。

匮乏。本书即以伪满统治区的《哈尔滨五日画报》和汪伪统治区的《东亚联盟画报》中的影像为研究对象,以管窥他们的政务管理现象。

《哈尔滨五日画报》创刊于1932年伪满地区的哈尔滨,它的前身为《哈尔滨画报》,是这一时期存在时间最长的伪满地区画报。画报以美术作品的刊登为主,其中亦包含艺术摄影作品。画报宣称"政治中立",事实上,这只是自欺其人的说法,在日伪严密的政治审查制度下,一方面,只要政治上不能倾向于鼓吹伪满统治,就不可能存活下去;另一方面,画报也顺从当局鼓吹"共荣"的需要,进行美化日伪统治的宣传。比如,借助于"皇帝陛下御影"进行"拥日"宣传、强化"日满亲善"等①。因此,画报自称的"政治中立"并不成立:主观上并无反抗日伪统治的愿望;客观上是粉饰太平、美化日伪统治,虽为偶尔,但绝无任何反抗的证据;内容上也是让大众产生生活祥和、岁月静好的错觉。

《东亚联盟画报》是汪伪统治时期在广州出版的时事政治画刊,从1941年1月出刊至1945年2月,共计36期。是汪精卫政权向沦陷区群众宣传奴化政策的工具,其中影像的选用带有强烈的汪伪汉奸色彩。根据《中国现代图像新闻史》(韩丛耀编,南京大学出版社2017年版)一书,对其中的1924幅新闻影像应用SPSS工具的统计研究表明②:汪伪政权常常利用"国府还都"、"国庆"等"纪念日"与"周年庆"等题材进行摄影新闻报道,在《东亚联盟画报》上开辟专题,宣传"东亚联盟"理论。每逢日军在战争中取得胜利,汪伪政权就在沦陷区举行群众性庆祝集会;他们利用作文比赛、美术摄影作品展、街头宣传等各种形式进行宣传;他们还组织"乡村宣传队"到乡村演讲、在墙上绘刷宣传画和标语。总之,《东亚联盟画报》就是汪伪政权极力奴化沦陷区人民的急先锋,其政务管理的

---

① 《哈尔滨五日画报》,1937年1月1日,第一版。

② 韩丛耀:《中国现代图像新闻史》,南京大学出版社2017年版,第35章。

主要指向就是全方位卖国求荣。

四、地方治理制度

经历数千年的发展，至摄影术诞生的近代，中国是一个高度集权的主权国家，但从社会治理的角度看，由于种种客观条件的限制及历史文化传承，在一些地区，比如西藏、新疆、内蒙古等民族地区具有一定的地方自治性质的治理制度。

众所周知，西藏落后而残暴的农奴制度一直持续到中华人民共和国建立之后，这一特殊的存在，从影像表现角度就可略知其基本特征，如影像《土司的一家》和《色昂武活佛》所示，它们是庄学本拍摄于1937年的泸沽湖畔的藏区[①]，从画面上就可以感受到土司和活佛富裕的生活水平，养尊处优而衣着光鲜，这当然要远远好于西藏当时的普遍水准和普通农奴的生活。史料研究也表明，寺院、土司和贵族构成了西藏地方治理的权力架构，也对普通农奴实施了三重控制和压迫，完全瓜分了西藏社会的自然资源与生产资料，权力阶层基本掌握了对普遍农奴的生杀予夺大权。农奴们不仅外在形象十分贫困，也没有基本的人权保障。西藏农奴制度的另一个典型特征表现在社会经济层面：农业生产工具落后导致产能低下；生活必须用品基本是作坊生产，而商品流通基本是以物易物的原始交换方式，总之，农奴制度下的西藏社会与近现代的生活相去甚远。

从1906年到1908年间，芬兰探险家马达汉走过了中国西部新疆南北，经过河西走廊到达甘肃重镇兰州，然后经过陕西、河南、山西、内蒙古、河北到达北京，行程14000公里。期间拍摄了大量包括地方官员在内的影像。

---

① 李媚：《庄学本全集》，中华书局2009年版，走进西康·泸沽湖。

第二节　司法管理形象

中国自秦以来就奠定了以法治国的思想基础，因此，法制仍是中国的立国之本，只是各个时代下法的标准不尽相同。至中国近代，由于政体根本性的变化，从封建王朝走向了初步的民主体制，司法体系和法律条文相应也有了较大进步。在近代影像库中共收集相关影像 90 余幅，在此重点解读影像中所反映出的司法形象，并根据影像画面形式进一步诠释司法形式。

一、罪行的类型

中国近代以来的罪名到底有多少，笔者未作整理与研究，仅从影像资料上也难以看出罪犯的具体罪名。但至少可以肯定存在三类重要罪行：一是因侵犯他人而获罪；二是因反抗当局而获罪；三是因政见不同而获罪。毫无疑问，罪名及其变化也体现了社会的文明程度和国家与民族的形象。比如，中国历史上，文字狱或"因言获罪"就以清代康乾年间最为残酷和暴虐，清代皇帝大施文字狱，目的在于压制其他民族的独立反抗意识，树立清朝正统统治的权威，加强中央专制集权，这种文化专制政策，造成社会恐怖，文化凋敝，从而禁锢了思想，摧残了人才，严重阻碍了中国社会的发展和进步。

（一）侵犯他人之罪

侵犯他人的形式与内容在各个时代和不同地区都不胜枚举，进入文明社会后，世界上的任何政权当局都不能容忍普通百姓受到无故侵犯，因此，给予罪犯以惩戒也就天经地义。如《斩首海盗》（雅真照相馆摄，1891 年，香港）所示，影像记录了一次发生在香港九龙的斩杀抢劫"南

武号"商船海盗的情
景①。如《凌迟》（乔
治·莫理循收藏，1903
年，北京）所示，是用
一系列的影像记录下了
近代中国的最后一次
凌迟行刑②。另据记载，
中国最后一个被处凌迟
的罪犯是京城恶徒康小

图8-9　枪毙伪县长

八，两者对照，莫理循
所记录的应该就是康小八被凌迟处死的事件。

　　如图8-9《枪毙伪县长》（沙飞摄，1945年，河北）所示③，是年8月，
在抗日战争取得决定性胜利的前夕，八路军解放了北方重镇张家口市并活
捉了伪县长韩广森和伪副县长崔景岚，他们充当汉奸、涂炭百姓，经边区
人民政府公审，两个罪大恶极的汉奸被判处死刑，押送刑场执行枪决。

　　以上这些罪犯，都是因为罪大恶极地侵犯他人而罪不可赦。

（二）反抗当局之罪

　　1863年，威廉·桑德斯在上海拍摄了一张太平天国几位天王被斩首
行刑地点的影像④，这应该是国内最早指向司法行刑的照片，这也是最早
意指因反抗当局而获罪的影像表现。纵观中国近代影像，对当局黑暗统
治的反抗主要有武装反抗、罢工运动反抗和学潮运动反抗，等等。

①　刘香成：《从鸦片战争到军阀混战的百年影像史》，后浪出版公司2015年版，第167页。
②　沈嘉蔚：《莫理循眼中的近代中国·目击变革》，福建教育出版社2012年版，第85—
　　87页。
③　王雁：《沙飞摄影全集》，长城出版社2005年版，第24集。
④　张明：《外国人拍摄的中国影像1844—1949》，中国摄影出版社2018年版，第69页。

图 8-10　就义前的黄花岗六君子

自太平天国起义之后，近代中国的武装反抗暴虐统治就从未停息，也因此有许多志士慷慨赴死。如图 8-10《就义前的黄花岗六君子》（佚名摄，1911 年，广州）所示①，表现了发生于 1911 年的黄花岗起义失败后的革命党人英勇就义前，这是晚清统治当局对武装反抗的镇压。如影像《学生被捕》所示（西德尼·甘博摄，1919 年，北京）所示②，则是表现了统治当局对参与学潮运动的学生作为罪犯实施搜捕，这是对学生运动的镇压。在第七章第一节的"工友关系"中，曾经表明了统治当局常常将"罢工的工人"作为罪犯进行镇压。

（三）政见异己之罪

动用政府执法机器给持不同政见者定罪也是社会司法管理的常见现象之一，这种现象同时也表明了一定的国家制度形象。如影像《学生监狱和警卫》（西德尼·甘博摄，1919 年，北京）所示③，表现在五四运动时期，一所关押参与学潮游行的学生临时监狱门口。从本质上看，学潮运动是一种不同政见的非暴力表达方式，但仍然因此而获罪。如影像《被屠杀的共产党员》（佚名摄，1927 年，上海）所示④，表现了在 1927 年白色恐怖期间，

① 郑丽君：《中国影像史·第七卷》，中国摄影出版社 2015 年版，306 页。
② 邢文军、陈树君：《甘博的中国影像》，长江文艺出版社 2015 年版，第 79 页。
③ 邢文军、陈树君：《甘博的中国影像》，长江文艺出版社 2015 年版，第 81 页。
④ 范文霈：《中国影像史·第五卷》，中国摄影出版社 2015 年版，289 页。

因共产党的政见不同于掌握枪杆子的国民党，致使大批共产党人遭到国民党政权的屠杀。

二、诉讼与判罚

诉讼与判罚是确认犯罪与惩戒罪犯的过程，过程的不同，也体现出国家与民主法制形象的不同。如何对待罪与非罪，体现了一个社会的公平与正义、野蛮与文明的程度。在晚清之前的整个封建时代，中国的司法制度并无本质性的变化，只是在进入民国之后，司法过程逐渐体现了近现代文明制度。需要说明的是，自 19 世纪，西方列强曾强迫中国单方面接受"治外法权"不平等条约，在租界内的洋人并不接受中国的司法管辖。直到 1943 年由于第二次世界大战的白热化，英美两国才彻底放弃在中国的"治外法权"。

（一）审判的形式

如图 8-11《中国式审判》（佚名摄，1890 年，地点不洋）所示 ①，一如前述，公堂之上被审理的"贱民"（即无功名出身的平民）须跪拜于判官面前，暴露了平民与官员的等级关系——这在当时的社会里仿佛天经地义，毫不奇怪。同时也是典型的"疑罪从有"思维模式，案件还在审理中，嫌疑人就得先下跪，在今天看来不可思议的社会存在，离我们其实并不很遥远。中国的这种司法审判形式与关系早就为西方来华人士所奇怪。此后，在近代影像库还另外收集到十余张类似《中国式审判》的影像，其中不乏摆拍之作，作者多为旅华摄影师，这也从一个方面说明西方人士普遍好奇于中国公堂上的这种特别现象而去表现。

1947 年，佚名摄影师拍摄了在南京开庭审判日本战犯，虽然战犯谷

---

① 杨红林：《经典影像背后的晚清社会》，中国青年出版社 2011 年版，第 179 页。

图 8-11　中国式审判

寿夫双手沾满了中国人民的鲜血，犯下了滔天罪行，但仍然给予了基本司法权利保障而依法审判。从影像上可以直观性判断，显然在民国之后，司法审判有了进步性的变化。1948年，人人恨不能得而诛之的大汉奸周佛海已是病入膏肓躺在病榻之上，如影像《病榻上的周佛海》（佚名摄，1948 年，江苏）所示①，但公诉人员在病床前依然履行一定的司法程序以保障其基本权利。

（二）拘押与示众

如图 8-12《戴枷的囚徒》（佚名摄，1890 年，地点不详）所示②，表现了中国监狱中戴枷的囚徒，拘押场景较为典型。由此看出，嫌犯或罪犯通常被戴有刑具，以限制其行动的自由。近代以来的中国刑具基本种类有

图 8-12　戴枷的囚徒

枷锁、镣铐、捆绑与站笼等，刑具的演化也体现了一定的人文关怀的发展变化。其中的枷是自古代一直流传至民国之前最常见的刑具，枷的重量与大小大有讲究。沉重的枷锁使戴枷之人不仅难以正常进

① 秦风：《民国影像 1927—1949》，广西师范大学出版社 2009 年版，第 101、41 页。

② 刘香成：《从鸦片战争到军阀混战的百年影像史》，后浪出版公司 2015 年版，第 146 页。

餐洗漱，长时间戴枷的人身体相当难受，正所谓"遭罪"。在近代影像库中共采集到 10 余幅戴枷的影像，时间跨度从 1870 年至 1903 年，由此可以推测，在晚清末期已经较少使用枷了。

收监是对罪犯最常用的囚禁方法，但如影像《做加工的囚犯》（西德尼·甘博摄，1917 年前后，北京）所示[①]，该监狱影像表明在 1919 年前后，在监狱内已经出现了让囚犯做火柴盒的加工生产，由此说明，中国的监狱管理已经发生了变化。

为了起到一定的警示威慑作用，近代的各个时期和各地都有对罪犯示众的普遍做法。除了上述的枷锁示众、镣铐与捆绑示众之外，中国古老的站笼也是重要并十分残酷的刑具，它看似简单，却集囚禁、示众与死刑功能于一身。如《站笼》（约翰·汤姆逊摄，1871 年，上海）所示[②]，是中国第一张用站笼示众囚犯的影像，而最后一张则是乔治·莫理逊在云南藏区拍摄的使用站笼示众盗马贼，其身后有当地若干民众围观。

事实上，近代文明的进步表明，尽管是罪犯，但对其示众，甚至包括对死刑罪犯的示众仍然是对基本人权的一种践踏。但改变这一切是一个漫长的过程，直至现代之前的整个近代中国并未能彻底改变这一现状。

（三）死刑的执行

中国封建时代的酷刑数不胜数，对死刑的执行更是无不用其极，分尸、烹煮等极刑都是历史的曾经。在清朝中期，极其残忍的腰斩也被雍正皇帝所废，确也体现了一定的人文进步。在近代影像库中可以发现，凌迟、站笼、绞杀、斩首则是清代的主要行刑方式，1903 年在京城恶徒康小八被执行凌迟之后，光绪皇帝下达谕旨，对死刑只允许斩立决而废除了流传数千年的凌迟处决。1907 年，《泰晤士报》驻中国的记者乔治·莫

---

① 刘香成：《从鸦片战争到军阀混战的百年影像史》，后浪出版公司 2015 年版，第 356 页。
② [英]约翰·汤姆逊：《中国与中国人影像》，广西师范大学出版社 2015 年版，第 337 页。

理循刊发清末爱国名士沈荩的肖像照片，为其在 1903 年被慈禧下令杖毙而鸣冤①。且不论沈荩的言行仍属于正义之举，单就如此的死刑执行方式就再次证明了清朝统治者彻头彻尾的人治大于法制的专制：以更加残酷的杖毙替代了相对文明的斩刑，以泄慈禧心头之恨。

1929 年 5 月 6 日，国民政府颁布政令，废除斩刑。应该说在民国后期，枪毙就成为死刑执行的主要方式。但在 1948 年，美国记者杰克·伯恩斯在上海松江县城墙边拍摄了国民党士兵正在把共产党领导下的游击队长的头颅悬挂在城门口示众的场景②，表明了国民政府及其军队的残暴。事实上，死刑的执行也是社会文明程度的一种体现。中国近代社会对死刑犯的处决在经历了近乎野蛮的杀戮方式之后，终于回归到较为文明的方式进行处置。

三、家法与民约

宗族，有时也称家族，是携有中国特色的亲属集团，它往往与基本家庭单位形成互补结构，共同构成我国的社会基础。"宗"是以同姓同先祖的男性为主干，而"族"则包含了与这一宗姓相关的妻与子女，清朝皇室的"宗人府"就是极具代表性的宗族。百姓的同一宗族往往也聚集而居，而许多家族十分庞大，形成了小社会，即所谓的"大家族小社会"，由此而构成了特殊的地方社会形态。正是由于中华民族的这一民族特性，常常可以将大家族看作是一个小社会，那么家族的家法也就可以被纳入社会制度的范畴。

如影像《李家祠堂》（大卫·柯鲁克摄，1947 年，河北）所示③，十里店村的李姓村民在春节期间聚集于家族的祠堂，表明了他们之间的亲密关系。祠堂或宗祠是家族神圣的权力场所，如影像《一座祠堂》（伊沙贝

---

① 沈嘉蔚：《莫理循眼中的近代中国·目击变革》，福建教育出版社 2012 年版，第 164 页。
② ［美］伯恩斯：《内战结束的前夜》，广西师范大学出版社 2005 年版，第 77 页。
③ 王烁、高初：《大卫·柯鲁克镜头里的中国》，民族摄影艺术出版社 2016 年版，第 282 页。

拉·伯德摄，1898 年，杭州）所示①，表现的是杭州郊外的一座家祠，从豪华的外观就可以想见主人的权势与富裕。作为家族的族长，往往设立与执行"家法"来实行一定程度的家族自治，并予以传承，以维系宗族的健康存在与关系。家法往往是基于道德层面对家族成员的言行进行规范，这是对国法的一种补充，并且与南亚一些国家内的"家法"有很大的不同，家法的具体条款往往反映了民间的道德要求。已如第六章所述，丈夫由于殴妻而受到杖责，也许因为情节轻微，尚不构成由官府追究刑责的程度，于是就由家法来对家族成员的失德行为进行处罚。

在中国社会中除了国法、家法对社会成员言行具有约束力之外，另外还有所谓的"乡规民约"对人们的言行也具有一定的约束功能。如影像《村民们举拳以表示同意》（大卫·柯鲁克摄，1947 年，华北解放区）所示②，于是一条乡规民约在众村民们的举手赞成下得以通过。如影像《学生们阅读拥军公约》（白连生摄，1944 年，晋察冀）所示③，表现了教导解放区的小学生们应遵守拥军公约。又如《国民公约》（沙飞摄，1939 年，陕甘宁边区）所示④，公约内容虽然是由晋察冀边区政府制定，但规定较为笼统，也无具体的违反处罚措施，还不能称之为"法"。事实上，这也是一种在更大范围内和更广泛意义上的乡规民约。

第三节　军队管理形象

从历史研究的角度看，中国近代百年正是战乱百年，因此，军事现象仍是时代最突出的现象之一。军事现象包括整个战争机器的运转，而军

---

① ［英］德博拉·爱尔兰：《中国影像之旅》，中国摄影出版社 2018 年版，第 155 页
② 王烁、高初：《大卫·柯鲁克镜头里的中国》，民族摄影艺术出版社 2016 年版，第 325 页。
③ 顾棣：《中国红色摄影史（上）》，山西人民出版社 2009 年版，第 269 页。
④ 王雁：《沙飞摄影全集》，长城出版社 2005 年版，第 17 集。

队管理则是其中最重要的一环，同时也属于社会管理的特殊领域。根据影像记录的特点，所谓的军队管理包括军队训练、军事教学和军纪整饬等方面，在近代影像库中，直接关于军事题材的影像多达1800余幅，而其中关于军队管理的则有1460余幅。

一、军队训练

两次鸦片战争、中日甲午战争和八国联军入侵的战争结果已经充分说明了，当时的中国在军事指挥体系、武器装备、后勤保障及军纪等方面的综合实力已经远落后于西方列强。尤其是在甲午战争之后，再经历"庚子之痛"，晚清政府便把强军建设作为基本国策之一。此后，清政府采用西式武器并仿效德国军事组织来训练部队，建立了湖北自强军和北洋新建陆军。

（一）新军练兵

如图8-13《城墙上的清军》（乔治·莫理循收藏，1894年，云南）所示[①]，昆明城墙上的一群晚清士兵形象庸散而毫无战斗气息，可以想见这样军队的战斗力自然十分有限。1895年，袁世凯从朝鲜潜回国内后即赴"天津小站"开始了晚清的北洋新军训练计划，清廷同时在全国多地分别采用德式、日式和英美式的军训方案实施新军训练，以实现强军保国诉求。遗憾的是，袁世凯的小站练兵并未留下影像。但仍然看到了作为展示练兵成果的《河南秋操》（佚名摄，1905年，河南）以及彰德秋操的影像记录[②]。从该影像中我们能够发现，参与阅兵的新军士兵们身穿新式军装、手持步枪、队列整齐而精神饱满，与前述云南城墙上的晚清士兵形成了强

---

① 沈嘉蔚：《莫理循眼中的近代中国·目击变革》，福建教育出版社2012年版，第16页。
② 章开沅：《辛亥革命大写真》，湖北美术出版社2001年版，第54页。

图 8-13　城墙上的清军

烈的视觉对比。晚清另一场已筹备完成的太湖秋操，则因光绪皇帝和慈禧太后的前后驾崩而取消。

　　由此可见，通过新军训练确实改变了国家军队的形象，提升了战斗力，也改善了国家形象，但令人玩味的是，晚清政府为维护其风雨飘摇的统治而大力培养的新军，最终发生了异化，恰恰成为了清廷自身的掘墓主力。

（二）国军练兵

　　进入民国之后，以袁世凯为代表的北洋政府十分重视军队的建设，并曾试图不惜出卖国家与民族利益与列强筹款，来强化与扩充军队。如《北洋军训》（佚名摄，1913 年，北京）所示①，表现了忠于袁世凯的北洋军队的练兵。影像中的军队其整齐的队列与先进的武器装备显示了军队较强的战斗力形象，也代表了那个时代中国军队最强阵容。北洋政府垮台后，国民政府依然重视军队的基本建设，如图 8-14《见习教官的出操》（孙

———————

① 　章开沅：《辛亥革命大写真》，湖北美术出版社 2001 年版，第 577 页。

图 8-14 见习教官的出操

明经摄，1937 年，绥远）所示 [1]，一路西撤的孙明经用影像记录了国民党后方军队的军事体能训练场景。经过连年强化训练的国民政府军队，也应该具备了相当的战斗力。

在抗日战争后期应盟国请求，中国两次派出远征军赴缅甸参战。尤其是第二次远征军，章东磐根据美国国家档案资料编著的《1942—1945 国家记忆》（山西人民出版社 2010 年版）一书中的影像记载，参战部队又经历了各种战斗科目的美式训练，战斗力得到相当的提升，在惨烈的反法西斯战争中表现出色，打出了军威，也打出了国威。

（三）红军练兵

1927 年八一南昌起义后，中国共产党拥有了自己的武装力量——红

---

① 孙建秋：《1937—孙明经年万里猎影记》，外文出版社 2006 年版，第 171 页。

军。据中国摄影家协会官网的"摄影名家"板块介绍，红军摄影师苏静于
1933年拍摄了第一张反映红军的影像，画面是机枪班进行机枪使用的学
习①。1937年国共第二次合作建立抗日统一战线后，红军接受改编为八路
军、新四军。为了从事抗日武装斗争，共产党领导下的八路军、新四军强
化自己的军事训练，以努力适应残酷的抗日战争环境。

晋察冀边区的许多影像都表现了八路军战士在抗日战争期间进行了大
规模的野战体能训练、枪械操作技能训练、战地环境适应训练等各科目的
训练。如影像《活跃在青纱帐里的八路军》（沙飞摄，1938年，晋察冀）系
列影像所示②，生动形象地说明了八路军战士在青纱帐里的军事训练。如此
不懈努力，大大提升了八路军、新四军的战斗力。

二、军事教学

中国引进近代军事教学模式始于洋务运动之后，主要方式是学院理
论教学与战地环境实践教学及其相结合的教学方式。

（一）晚清军事学堂

如图8-15《福州船政学堂外景》（约翰·汤姆逊摄，1870年，福建）
所示③，据记载，这是1866年建于福建马尾的中国最早的军事学堂，主要
进行海军教学。可能由于学堂兼造舰船，汤姆逊将其标为兵工厂。第二所
军事学院是1881年建成的北洋水师学堂。在近代影像库中，《江南水师学
堂操练》（佚名摄，1890年，南京）是最早反映军事院校教学的影像④；
《南京陆师学堂赴日本留学前合影》（佚名摄，1898年，南京）则表明了

---

① 顾棣：《中国红色摄影史（上）》，山西人民出版社2009年版，第179页。
② 王雁：《沙飞摄影全集》，长城出版社2005年版，第8集。
③ ［英］约翰·汤姆逊：《中国与中国人影像》，广西师范大学出版社2015年版，第241页。
④ 章开沅：《辛亥革命大写真》，湖北美术出版社2001年版，第50页。

图 8-15　福州船政学堂外景

当年的一些军事学堂还与国外有联合教学的机制，学生可以选择去国外留学①。比如，正是福州船政学堂的主管沈葆桢竭力奏请，中国于 1877 年派出了第一批的海军留学生赴欧洲学习海军知识，又如《湖北武备学堂赴日本留学前合影》（佚名摄，1898 年，湖北）所示②，表明另一批赴日留学海军知识的学员。在此期间的广东陆军小学堂较有办学特点，该小学的毕业生将进入陆军第四中学堂继续深造，很有军事人才从娃娃抓起的思想，有《广东陆军小学堂第一期毕业生合影》（佚名摄，1906 年，广州）的影像为证③。以上说明了自晚清开始，中国不仅有水师、陆军学堂，还有军校的附属小学，具有十分具体的措施，通过人才培养来达到强军目的。

---

① 章开沅：《辛亥革命大写真》，湖北美术出版社 2001 年版，第 46 页。
② 熊月之：《上海租界与近代中国》，上海交通大学出版社 2019 年版，第 101 页。
③ 章开沅：《辛亥革命大写真》，湖北美术出版社 2001 年版，第 50 页。

（二）民国黄埔军校

如影像《北伐誓师》（佚名摄，1926 年，广东）所示[1]，是蒋介石在北伐誓师大会作演讲。北伐军的军事骨干大部分是黄埔军校的学员。据记载，1924 年 6 月 16 日，孙中山先生视察黄埔军校并参加了开学典礼。黄埔军校是中国近代最著名的军事学校，目的是为国民革命培养军官，由中国国民党及中华民国政府在广东创办，周恩来在此期间曾出任军校的政治部主任。参与北伐战争、抗日战争的许多著名指挥官、重要将领都出自第一次国共合作时期的一至六期学员的第一批军事人才，他们中的许多民族优秀分子为抗日战争的最终胜利做出了不可磨灭的贡献。

（三）抗日军政大学

如图 8-16《抗大的学生在军训》（瓦尔特·博萨特摄，1938 年，延安）所示[2]，作者是第一个来到延安的瑞士籍欧洲摄影师。整齐的队列显示了抗日军政大学学员的精神风貌。影像《户外学习》（沙飞摄，1938 年，陕甘宁边区）表现的是学员在户外学习军事卫生知识课程[3]。从影像直观上就可以发现，此时的学员穿棉衣戴棉帽席地而坐，如此隆冬季节中选择户外上课，一定是边区的学习条件十分艰苦，而教师也只有简陋的一块黑板、一支粉笔作教具，也反映了此时此地物质条件的极度匮乏。

抗日军政大学的前身是红军在江西创办于 1931 年的中国红军学校，并随时事发展，在全面抗日战争开始后最终更名为"中国人民抗日军事政治大学"，也简称"抗大"，抗大筹办了多所分校，至 1945 年抗战胜利后全部停办，期间共培养八期学制不一的学员。从现有影像资料来看，军事理论与军事实践学习相结合是抗大的重要特色。

---

[1]　章开沅：《辛亥革命大写真》，湖北美术出版社 2001 年版，第 51 页。

[2]　张明：《外国人拍摄的中国影像 1844—1949》，中国摄影出版社 2018 年版，第 419 页。

[3]　王雁：《沙飞摄影全集》，长城出版社 2005 年版，第 21 集。

图 8-16 抗大的学生在军训

三、军纪整饬

军纪教育历来是军队管理工作的重要环节，无数的历史事实证明，军纪不仅是军队自身的形象问题，更与军队的战斗力直接相关。1911 年，武昌起义爆发，清军派兵镇压，如影像《清军火烧汉口后的现场》(佚名摄，1911 年，湖北) 所示①，是清军为取得战场的主动权，竟然纵火焚毁城市而不顾百姓的死活，如此丧尽天良的政府军队，最终走向覆灭也就不足为怪了。

在近代影像库中并无其他直接反映军纪尽失的影像，因此，也就只能从军队其他题材的影像诠释军队的纪律情况。对此，红色摄影家对共产党领导下的人民军队有较多的影像反映与记录。自红军时代起，就有《三大纪律八项注意》作为人民军队铁的军纪，这是红军与其他一切旧式军队的本质区别，不骚扰百姓成为这一纪律最直接、最基本的表现。如影像《露

① 沈嘉蔚:《莫理循眼中的近代中国·目击变革》，福建教育出版社 2012 年版，第 214 页。

宿野外》（杨振亚摄，1946 年）与《露宿街头》（陆仁生摄，1949 年，上海）的两幅影像[①]，分别表现了1946年八路军行军途中的露宿野外与1949年解放军进入上海市区后露宿街头的场景，严格执行了不骚扰百姓的纪律，即使自己遇到再大困难也不得例外。而影像《指点方向》（郝建东摄，1947 年）所示[②]，画面上一位解放军干部拿着地图正在向一位大娘询问道路，而没有简单地要求大娘去带路，表现了对百姓尊重和爱护的纪律性。

有大量的事实说明国民党军队的腐败军纪，甚至时常发生骚扰、劫掠百姓的事件。但也有一些国民党军队在公开场合也能够注意自己的军容军纪形象。如影像《国军在市内的行军》（杰克·伯恩斯摄，1948 年，上海）所示[③]，美国记者影像中的国民党军队也表现出了一定的纪律性。

中国共产党领导下的人民军队另一个重要特点就是注重军民鱼水情的培养。这种关系虽然不属于军纪范畴，但对于严肃军纪具有前移性的作用。比如，从1934年起红军时代的影像记录开始，直到1949年全国解放，有近百幅影像表现了人民子弟兵与百姓的鱼水关系，从抢收庄稼到打扫庭院、从砌房造屋到农田建设，等等。这些对百姓的关爱，一方面换来了百姓对人民军队的认同、爱戴与拥护；另一方面，也树立了军民一家亲的感人形象。

本章结语

本章以中国近代社会中的制度形象诠释为基本出发点，囿于影像记录的时代局限性，也就只能从现存的影像中诠释一定的社会制度现象，其

---

① 高琴：《透过硝烟的镜头》，中国摄影出版社 2009 年版，第 141 页；顾棣：《中国红色摄影史（上）》，山西人民出版社 2009 年版，第 323 页。
② 顾棣：《中国红色摄影史（上）》，山西人民出版社 2009 年版，第 296 页。
③ ［美］伯恩斯：《内战结束的前夜》，广西师范大学出版社 2005 年版，第 146 页。

中包括政务管理现象、司法管理现象和军队管理现象等三方面。经过对影像的诠释，我们认为近代中国的政务管理在经历三个政权时代时，分别表现了不同的政务形象。征服、傲慢、师夷是封建时代的形象演化；屈辱、革命、割据成为北洋政府的政务特点；而在新民主主义发展时期，由于存在国统区、解放区、伪满区和汪伪区，其政务管理又大相径庭。近代中国的司法管理在政权动荡和思想解放的双重影响下，其定罪标准、司法程序、处罚执行等方面都发生了一系列的重要变化，并逐渐摆脱了人治模式而向法治模式的过渡，也逐渐摆脱野蛮的处罚措施向更加人性化的文明方向发展。近代中国的军队管理则由于军队的政府化模式，军队的形象既始终与政府的形象密切相关，但也具有军队的一些自身特点。一般而言，军队的军事训练、军事教学和军容军纪是军队形象自身特点的外在表现。树军威、强国威、打胜仗成为军队形象塑造的最终追求，而拥军爱民则是中国共产党领导下的人民军队的重要特色。

第九章　近代影像中的民族多元一体形象

　　本章从近代影像诠释中加深对"民族多元一体"的认识，并非指近代以后的民族多元一体的显现，而是以近代影像为研究对象，立足于民族间的"关系论"来论证自古以来的中华民族的多元一体。民族多元一体是中国民族关系的综合表述，民族关系是多民族国家或多民族社会中不同民族群体在政治、经济、文化等活动中发生的联系，是多民族国家的国家形象之一。总的来说，民族多元体现在中华民族"多元聚为一体，一体容纳多元两方面"，"多元"兼容是中华文明绵延至今、历久弥新的根源；"一体"是历史的潮流和各族人民共同的心理自觉。

　　中华民族在历经几次民族大融合后，各民族已是你中有我、我中有你，共同开拓着脚下的土地。无论哪个民族入主中原，都以统一天下为己任，都以中华文化的正统自居。"农耕文明的勤劳质朴、崇礼亲仁，草原文明的热烈奔放、勇猛刚健，海洋文明的海纳百川、敢拼会赢，源源不断注入中华民族的特质和禀赋，共同熔铸了以爱国主义为核心的伟大民族精神"。本章相关影像作品收集统计如表9-1所示。

表9-1　民族多元一体相关影像统计

	旅华摄影师		华人摄影师		佚名摄影师		数量合计
	数量	占比%	数量	占比%	数量	占比%	
共同开拓的疆域	19	13.4	123	82.6	0	0	142
共同书写的历史	217	43.4	148	29.6	135	27.0	500
共同创造的文化	139	50.3	57	20.7	80	29.0	276
共同培育的精神	1	7.1	8	57.1	5	35.7	14
总计	376		328		218		922

第一节　共同开拓的疆域

　　中华民族辽阔的疆域是由56个民族经过漫长的历史衍化而逐渐形成的，这一认识可以从许多领域得到物证。同样的，中国近代影像也能够从视觉记录领域来为中国的疆域是由中华所有民族共同开拓的论断提供佐证。并由于人口的迁移、自由往来与族际通婚加强了社会制度文化的融合和民族政治关系的紧密。在这一主题下，共收集140余幅近代影像。

一、人口迁移

　　如图9-1《养骆驼的蒙古人》（约翰·汤姆逊摄，1872年，北京）所示①，事实上，影像不只单纯地表现了有蒙古族人生活在北京的现象，更重要是他们已与当地人融为一体了；如图9-2《寻找乐土的撒拉人》（庄学本摄，1935年，青海）所示②，表现生活于青海省撒拉县的撒拉人。据文献记载，撒拉人源于突厥时代的古代民族，信奉伊斯兰教，后迁移于青海

---

① 约翰·汤姆逊：《中国与中国人影像》，广西师范大学出版社2015年版，第577页。

② 李媚：《庄学本全集》，中华书局2009年版，行走甘青·青海撒拉族。

地区。而从画面看，撒拉人的服装已与当地的汉族人无异。事实上，他们也没有本民族的文字，而是使用汉字进行文化交流，应该说在长期的生活中已被汉化，由此，撒拉人的居住地也当然是中华民族的疆域。同样地，如《土族老人》（庄学本摄，1935 年，青海）所示，在青海三川地区，以

及在土族聚居地中的汉族人，日常生活中的土族老人也身穿汉族人服装，如果不加特别说明，根本无法从这两幅影像上来判断他们谁是土族人谁是汉族人①。而土族人的族源本身就是一个谜，很可能就是由历史上的多个民族混居衍化而成，在青海定居后，又与汉族融合，由此说明，土族与汉族之间由于长期的混居已经高度同化了，这种民族融合在中华民族史上十分典型。

图9-1 养骆驼的蒙古人

图9-2 土族老人

如影像《刘青云夫妇》（庄学本摄，1938年，四川）所示②，是

① 李媚：《庄学本全集》，中华书局 2009 年版，行走甘青·青海土族。
② 李媚：《庄学本全集》，中华书局 2009 年版，走进西康·彝族。

庄学本在四川大凉山彝族地区拍摄的汉族农民夫妇的肖像照，从他们的服装来看，已经是典型的当地彝族人的打扮，不加特别说明也难以分辨他们是汉族还是彝族，由此反映出汉民族百姓也常常融入当地民族的生活之中。

从历史文献记载来看，由于战争、政权更迭和自然生态变化等因素，中国自古以来就经常发生大规模的人口迁移，民族混杂非常充分。比较典型的是历史上的许多民族在中原建立政权后都发生了大规模的民族人口迁移。比如，南北朝时期的北魏皇帝就将 30 万人口连同自己的朝廷从山西大同迁到了河南洛阳。而在清政权建立之后，数不清的满族人很自然地由于种种原因迁移于中华大地各处。近代影像中也都反映出种种迁移的遗存，1844 年，中国第一张人物肖像照中的耆英本人当时就任两广总督兼五口通商大臣，他当然居住于广州，早就远离了满族故土。

二、自由往来

中国民族志学者庄学本以一个汉族人的身份，在长达近十年的时间里自由而安全地穿行于甘青川西康等四省区，考察了蒙、藏、土、撒拉、彝、普米、苗、傈僳、纳西等西部大多数的少数民族。在此期间，他一路拍摄了余万幅的肖像与生活影像，能够做到这一点，说明当地的少数民族居民，无论男女老幼对汉族人的庄学本并无排斥与敌视。如图 9-3《巴塘藏妇》（庄学本摄，1937 年，云南）所示①，表现的是云南泸沽湖畔的藏族妇女，画面上的她们表情轻松而愉悦，孩子更是快乐得神采飞扬。

多民族统一和谐的重要表征之一，是相互之间能否无障碍地自由交往。中国自进入近代以来，有无数支外国人组成的探险队进入中国边陲各地进行各种探险活动，许多队伍也留下了探险影像。由此也从一个侧面也

---

① 李媚:《庄学本全集》，中华书局 2009 年版，走进西康·泸沽湖。

说明，当时在中国的旅行，尤其是在少数民族地区间的旅行并不存在根本性的障碍。比如，犹太裔英籍考古学家马尔克·奥莱尔·斯坦因两次来到中国的敦煌进行考古探险；美籍奥地利植物学家威廉·洛克孤身一人深入云南丽江，先从事植物学考察后从事文化学考察；美国地形学家鲁夫斯—哈维—萨金特，于 1903 年至 1904

图 9-3　巴塘藏妇

年，他来到中国做了一次行程约 1800 英里的长途探险旅行，等等。许多人在各民族间的自由往来，完全可以说明中华民族是一个大家庭的事实。

三、族际通婚

如图 9-4《汉蕃通婚》（庄学本摄，1935 年，甘肃）所示 [1]，在甘肃南部的拉卜楞镇，男女双方分别为汉、藏同胞。从画面反映的经济现实来看，他们的物质生活环境应该相当不错，因此可以认为他们之间是一个良性婚姻。族际通婚作为一种文明的婚姻机制，在中国得到不断的认同。需要说明的是，本研究不涉及跨境通婚。婚姻机制，表面上看是各民族的民俗内容，事实上，它涉及本民族的繁衍及与其他民族的文化交往。因此，各民族都十分重视婚姻机制，甚至都有一定的制度条文，以便婚姻符合本民族的长远发展。历史上，唐朝文成公主、王昭君远嫁吐蕃王朝的松赞干布和匈奴的单于就是汉族与其他民族通婚最著名的事件。中华民族大家

---

[1]　李媚：《庄学本全集》，中华书局 2009 年版，行走甘青·拉卜楞。

图9-4　汉蕃通婚

庭内，许多民族对于族际间的通婚并无禁忌，比如文史资料的研究表明，满蒙藏汉回等各民族之间都有普遍的通婚现象，这十分有利于各民族间的交融与认同。在这一场景的表现上，影像较为匮乏，而图9-4的标题则直接表明了族际通婚的主题。

正是由于不同民族间数千年来的人口迁移、自由往来与族际通婚，使得中华民族的每一寸土地都属于全民族共同所有。

第二节　共同书写的历史

民族历史的书写不仅在于所使用的文字，也在于绘画、雕刻或实物等，人类历史的书写涉及了社会生态的众多方面。比如，自周朝以来，中华民族在文字、道路、量器、风俗方面已渐趋于一致。秦始皇在这些方面强制性的推动统一更是功不可没，而"书同文，车同轨，量同衡，行同伦"则成为中华民族共同历史文化的重要见证。秉承这一基本观点，在此主要根据近代影像，并从民族间的商贸往来和日常生活等方面来说明各民族共同书写了中华民族的历史。

一、繁荣的商贸交往

我们在此之前曾经讨论过商业形式的话题，而货物运输则是商贸活动中的重要环节，这一环节不仅影响到正常的商贸行为，还表明了民族间自由交往的与否。如图 9-5《北京的驼队》（约翰·汤姆逊摄，1871 年，北京）所示①，这是近代影像库中第一张商业驼队的影像。我们知道骆驼是穿越沙漠的交通工具，而当它们出现在北京街头时，显然是为运输货物来往于北京与西去的某个民族或国家，这是自"丝绸之路"以来长久的历史沿袭。此后，在近代影像库中还有山本赞七郎、利卡尔顿、迈耶、甘博、黄振玉等中外摄影家表现了商贸驼队。而在西南的茶马古道上，由于山路崎岖，则常常是依靠人力背运货物。如《古茶道上的背夫》（亨利·威尔逊摄，1900 年，重庆）所示②，足以显示出难于上青天的蜀道难。如《交换》（庄学本，1934 年，西康）所示③，街头的藏汉居民正在交换物品的场景，以物易物是原生态物质生活的重要组成部分，该影像为不同民族的物质交换留下了生动的一幕。

图 9-5　北京的驼队

① 约翰·汤姆逊：《晚清碎影》，中国摄影出版社 2009 年版，第 58 页。
② 张明：《外国人拍摄的中国影像 1844—1949》，中国摄影出版社 2018 年版，第 207 页。
③ 李媚：《庄学本全集》，中华书局 2009 年版，走进果洛·岷江流域。

商贸往来是物质文化交流的重要载体，通过物质的交流与交换，增强了民族联系和在物质上、经济上、精神上的相互依存关系。庄学本在青海土族的影像记录也佐证了其它研究的成果。比如，青海地区的土族本来是一个农业自给自足的区域，但由于地处藏、汉、回、土等多民族的交汇点，自明清以后商贸活动逐渐繁荣起来。在大量回族、汉族商人涌入这一地区的同时，出现了许多土族的本土商人。当时，回族和汉族商人领导或控制着土族地区的集市，土族商人大多数都是小本经营，在当地的经济生活中不占主要地位。据《西宁府新志》记载，清末以来，西宁城中除汉族、土族百姓之外，还有黑蕃、西夷、黄衣僧等从事商贸活动。这其实是土族地区商贸活动的一个缩影，土族地区的商人分坐商、赊销商、小货郎等几种。事实上，全国许多地区都存在类似的商贸活动，这种形式十分有利于不同民族之间的融合。

二、趋同的生活方式

"行同伦"是指生活方式的趋同，生活方式既是影像表现的重要题材，也是共同书写民族历史的核心内容之一。生活方式是生活理念的外在表现形式，狭义的生活方式包括个人及其家庭的衣、食、住、行以及风俗习惯等，我们在第四章与第五章都进行了专门讨论，在此再从民族多元一体的角度加以论证。各民族的生活方式趋于一致时往往就说明了民族历史书写的共同性。生活方式也是不同的个人、群体或全体社会成员在一定的社会条件制约和价值观念制导下，所形成的满足自身生活需要的全部活动形式与行为特征的体系。生活方式的稳定性往往对异己的生活方式具有排斥倾向，当趋于一致时，其相互接受的程度得到极大提升。但任何时代和民族的生活方式又必然随着制约它的社会条件的变化或迟或早地发生相应的变迁，这种变迁是整个社会变迁的重要组成部分。因此，当生活方式趋同时，民族之间的共同性得到显现。

生活方式可以按照社会经济的模式，分为自然经济生活方式和商品经济生活方式。在这一层面上，中华民族共同书写了从自然经济生活方式逐渐趋同于商品经济生活方式的历史。根据近代影像库的反映，地大物博的中华民族拥有农耕经济、游牧经济和海洋经济（或渔猎经济）等全部的自然经济生活方式。在近代的洋务运动之后，随着近代工业的发展，带动了近代交通的发展，也就带动了近代城市化的趋势，并导致社会向商品经济方式转向并趋同。

影响商品社会的生活方式有两个重要领域：即商品的生产与交换。在第七章"社会关系"的第一节"生产行为"中，我们曾经涉及了中国的近代工业化发展，及其随之而来的商品交换行为，其覆盖范围也遍及全国各地，推动了全民族向商品经济生活方式的转向。有研究认为，商品经济的生活方式改变了人们在自然经济条件下形成的人生观和价值观，促进了各民族间的融合，这也为助力中华民族多元一体化提供了一个重要支撑。

第三节　共同创造的文化

中华民族地广民众，而文化则博大精深，其自创性、独特性、兼容性、成熟性以及多样性等基本特性为世所公认。虽然，有学者在论及中国文化特征时，洋洋洒洒归纳出了14点①，在此，我们将以中国传统文化为基础，以近代影像中对文化的表现来认识中华民族是如何共同创造了中华文化。

一、统一的文化核心

中华民族的统一观可以追溯至二千五百年左右大分裂的"春秋战

---

① 梁漱溟：《中国文化要义》，上海人民出版社 2018 年版，第 9—33 页。

国"时代，正是面对"礼崩乐坏"混乱的痛苦，中华民族伟大的思想家先贤孔子明确提出"一则治，两则乱"（《吕氏春秋》），主张民族必须统一。

（一）祭孔仪式中的文化表现

孔子关于"民族统一"的思想从此成为中华优秀传统文化的核心基础，正是这一思想体系的深入人心，在后世就表现为对孔子个人及其儒家思想代表人物的尊崇。自汉元帝始，就正式产生了国家层面的"祭孔仪式"，直到明清时代达到鼎盛，历经了二千余年的中国文化发展时代。

于是，遍布全国的孔庙、孔子塑像及每年的祭祀仪式成为了"民族统一观"的见证之一，这些在近代影像库多有反映。如图 9-6《曲阜大成殿》所示①，恢宏的气势、精美的石雕与建筑的风格都彰显了孔子所受到尊崇程度。综观在儒学之前蓬勃发展的中国道家思想并没有像孔子那样直接阐述"民族统一观"，这也许和当时的社会现实具有一定的关联，但道家文化中关于"天、地、人的和谐统一"，自然、社会、人类之间共进共退的辩证思想，仍然与"民族统一"思想不可分割，前者为后者奠定了重要的"大一统"思想基础。因此，道家思想最终十分自然地演化为中国本土唯一较为系统的宗教文化，并倍受后世推崇，成为了中华优秀文化的源头之一。

图 9-6　曲阜大成殿

---

① 张明：《外国人拍摄的中国影像 1844—1949》，中国摄影出版社 2018 年版，第 242 页。

值得一提的是，在《约翰·詹布鲁斯 1910—1929 镜头下的北京》（李欣主编，中国摄影出版社 2016 年版）一书中对袁世凯在 1914 年 "祭孔祭天" 活动进行了几乎全程的影像表现，其实这只是袁世凯试图复辟 "帝制" 的作秀表演，决不能因为倒行逆施的历史反面人物也曾尊孔祭孔，就去否定孔子的思想精华。

（二）祭天仪式中的文化表现

在近代影像库中，北京的天坛作为地标性建筑经常出现。如影像《天坛》（保罗·尚皮翁摄，1865 年，北京）所示 ①。它是由英国摄影师拍摄的中国第一张天坛 "标准像"，此后连续不断地有摄影师从各个角度来表现这座雄伟的建筑。于是，值得我们去追问，为什么历时很久的许多摄影师们都热衷于表现北京的天坛？事实上，天坛是皇帝率领百官祭天的神圣场所，那么，在中国产生这一祭祀活动的思想根源在哪儿？它反映了怎样的文化基础？

据有关研究认为，祭天是古人对自然的崇拜及人类对自身认知程度的一种反映，它是中国人脱离原始蒙昧、走向古代文明的一个标志。据传说，中国古代祭天的历史可以追溯至远古黄帝、尧帝时期，那时朴素文化下的祭天仪式已经很隆重了。随着人类社会分为统治者和被统治者，祭天逐渐就成为统治者的专有权利。在阶层社会里，统治阶层赋祭天以特有的含义，即 "君权天授"，而君主则是国家统一的象征，只有他才可以与上天对话，于是 "统一→君权→天授→祭天" 构成了一个逻辑链。祭天被纳入封建礼制的范畴，使之成为国家政治生活的一项重要内容，成为 "国之大祀"。

1279 年，元世祖忽必烈建立了统一的蒙元帝国，并建都于北京，称元大都。1306 年，元成宗在大都丽正门东南七里建祭坛，用于祭祀天地。而元朝及之前的各朝代的祭天建筑对明、清北京天坛的建造有着重要影

---

① 　泰瑞·贝内特：《中国摄影史 1861—1879》，中国摄影出版社 2013 年版，第 357 页。

图 9-7　北京天坛

响。如图 9-7《北京天坛》（约翰·汤姆逊摄，1872 年，北京）所示①，该影像表现的天坛非常具有艺术代表性：将天坛美轮美奂的建筑造型，幽深静谧的园林环境，庄严肃穆的文化气息做出了近乎完美的平面呈现。

二、丰富的文化内涵

我们常常说，中国文化博大精深，那么又是如何形成的？事实上，中华民族的本土文化的主流是儒道文化，而且他们之间有许多不同之处。比如，儒家文化强调君子应入仕，积极参与社会管理并施行"德治"和"仁政"；道家文化强调人们应出仕，对社会的管理常常可以"无为而治"，顺其自然。此后，由于有其他文化的加入与揉合，逐渐形成了内涵丰富的中华文化。

（一）相互接受

如图 9-8《敦煌壁画》（陈万里摄，1925 年，敦煌）所示②，可以直观地看出佛像的五官、神态已完全中原化了，是儒家文化中的"善"与佛教文化中的"善"的完美融合，也就是这已是中国的佛了。如此造型，反映了画师具有较强的本土文化修养，很好地将佛教文化整合进中国文化之中，实现了文化的接受与融合。

---

① 约翰·汤姆逊：《中国与中国人影像》，广西师范大学出版社 2015 年版，第 547 页。
② 图片来源：中国摄影家协会官网 / 大家名作 / 陈万里，引用时间：2020/11/22。

大约在两汉之间，佛教文化自天竺国开始传入，于是，在中国就呈现出儒道释三者并存的文化态势。基于影像的解读，我们很难逻辑性地来说明儒道释是如何相互接受、共同发展的。但从中国佛像的造型角度，仍然可以看出本土文化对外来的佛教文化的改变与融合。以敦煌莫高窟壁画的影像为例，画作的人物题材有俗人像和佛像两大类。俗人像具有十分明显的中原人物的地域与时代特征，多为中原汉装，清晰地表明了画作产生的人文环境。佛像不仅数量庞大，共有12208 身之多，而且在当时属于外来文化。因此，佛像的衣着基

图 9-8　敦煌壁画

本保留了原生国的特征，但面部造型及神态在历经自前秦到元朝的近千年演变之后，已融入了中原人物画的风格。

另外值得一提的是，在北魏晚期，即西魏 249 窟的顶部画作里，除中心画莲花藻井外，东西两面持节扬幡的方士开路，后有人首龙身的开明神兽随行。朱雀、玄武、青龙、白虎分布各壁，这显然是道家文化元素。因此在敦煌文化中，儒道释实现了多元文化的相互接受，共同成为了中华文化的组成部分，这也中华文化发展衍变的一个缩影。

（二）相互学习

历史研究表明，在中华大地上，中原率先进入了农耕时代，培育了

文帝开皇十五年，也是世界第四大最古老清真寺，整体建筑为典型的阿拉伯建筑风格，也是目前最早反映中国伊斯兰教的影像。伊斯兰教文化注重实地考察和观察，搜集掌握第一手资料，经反复实验和综合研究，得出假说和结论，并将自然学科的研究成果广泛运用于社会实践，促进了生产力的发展。伊斯兰文化鼓励人们创造财富，改善生活水平，如此等等。此外，清真寺的建筑群为阿拉伯建筑艺术的最高体现，它反映了穆斯林在绘画、雕刻、镶嵌等方面的高超技艺，也是信奉伊斯兰教各民族高度的艺术才能结合的产物，它们的到来为中华民族建筑艺术的发展注入了新鲜血液，丰富了中华民族的文化内涵。但学术界对伊斯兰教何时传入中国暂无明确界定，大致是在佛教传入后的唐朝永徽年间。因此，在儒道释相对融合的情况下，伊斯兰教文化作为后来者加入了中华文化大家庭。

三、多元的历史文物

很多时候，历史文物与遗迹能够反映社会文化与文明的发展轨迹，而在近代影像中反映的历史文物遗迹十分丰富，借此可以了解历史、还原历史。在此以被毁的圆明园影像为研究对象，来体验中华民族多元一体中共同书写的历史。

众所周知，中华园林瑰宝圆明园初毁于第二次鸦片战争中的英法联军，后又焚于八国联军而彻底被毁。遗憾的是在国内还未发现有损毁前的圆明园影像。2018 年在英国苏富比拍卖会上，几张意大利摄影家费利斯·比托拍摄于 1860 年，英法联军攻破北京前的原作照片，引起藏家的广泛关注，据专家推断其中一张应为圆明园旧景。疑似罕见地发现了圆明园被烧毁前的照片而引起巨大轰动，事实上这张影像在拍卖前已被收录并正式出版。[1]

---

[1] 泰瑞·贝内特：《中国摄影史 1842—1860》，中国摄影出版社 2011 年版，第 157 页。

根据圆明园的专门研究认为,圆明园集当时古今中外、若干民族的造园艺术之大成。在 150 余年的造园过程中,历代园林设计师都精心设计,尤其是多位清朝皇帝本人在巡视全国各地时,也将各类舒适别致的精品园林临摹记录,尔后仿造于圆明园内,如杭州西湖的平湖秋月、雷峰夕照、苏州狮子林,等等。因此,圆明园继承了中国 3000 多年的优秀造园传统,既有宫廷建筑的雍容华贵,又兼有北方雄浑、江南委婉而多姿多彩,同时又吸取了欧洲的园林建筑风格。而园林艺术可以说是一个民族的文化艺术的集中反映。

圆明园的主要建筑类型也几乎囊括了中国古代建筑可能出现的一切平面布局和造型式样:既有常见的单檐卷棚灰筒瓦屋面,朴素淡雅;又有宫殿式重檐琉璃彩瓦覆顶,金碧辉煌;既有一进两厢、二进四厢的规整院落,又有灵活多变的建筑组群;既包括了殿堂楼亭台等各类建筑样式,也包括寺庙、道观、村居、街市等,此外还有依据古代诗人画家的意象而造景。从建筑布局上看,除常见的矩形、方形、圆形、工字、凹凸字、六角、八角外,还有很多独特新颖的平面形式,如眉月形、卍字形、书卷形、十字形、田字形、曲尺形、梅花形、三角形、扇面形,乃至套环、方胜等,可谓丰富无比。如此等等,都共同说明了圆明园是中华民族共同书写历史的见证之一,也是反映中国古代文化的一个侧面。

目前能够全面反映圆明园建筑风格与特色是清乾隆年间的《圆明园四十景图》,仅从园中 40 个景区的名称,我们就可以领略蕴涵其中的中华民族共同的历史文化价值观。比如中华民族崇尚"耕读",就有"澹泊宁静"与"四宜书屋"景区,澹泊宁静的外型是一个汉字"田"的形状,意为耕地,农业是封建帝国的命脉,皇帝每年都要在这儿举行犁田仪式。又如尊崇儒家思想就有"澡身浴德"景区,即如沐浴于儒家的思想道德之中。可以说,圆明园是中国人民智慧和血汗的结晶,也是中国人民建筑艺术和文化的典范。

就近代影像库而言,在 1865 年后,由保罗·尚皮翁、德贞医生、恩斯特·奥尔德、托马斯·查尔德等旅华摄影师拍摄了一批第一次被损后的圆明园影像，且绝大部分反映的是西方建筑风格的残垣断壁，只有极少数的影像能够体现中式建筑元素，如影像《石拱桥》（德贞医生摄，1870 年前后，北京）所示[1]。石拱桥虽为中国人日常生活所常见，但它恰是中华民族文明与智慧的一个重要符号。它以悠久的历史、完美的结构以及坚固的品质享誉世界，即使在现代公路铁路桥梁技术进入中国后，它仍然具有强大的生命力。历经 700 年与 1400 年而屹立不倒的卢沟桥、赵州桥就是最好的例证，石拱桥是中华民族共同的物质文化财富，也是中国科技史的留存。

如影像《铜狮》（托马斯·查尔德摄，1875 年，北京）所示[2]，是英国在华摄影师拍摄于圆明园大宫门外，此时圆明园已经历了第一次被毁，也许是由于铜狮沉重的身躯，强盗们无法劫掠而得以幸存。铜狮或石狮在中国历史中极具文化的象征，它的造型是中国各民族历史文化的积淀，具有一定的"图腾偶"意义。比如，座方身圆象征着中国人对地理"天圆地方"的最初想象；头顶的 45 个发髻象征着皇权的九五至尊；东面雄狮脚踏绣球象征着掌控社稷、西边雌狮手抚幼狮象征着子嗣昌隆。

总之，历史文物遗迹的多元性也表征了中华民族的历史是多民族共同书写的历史。

四、长久的文化生命力

中华民族五千年的文明史就足以证明中华文化持久的生命力。而持久的文化生命力体现于社会生活的诸多方面：自我革命、兼收并蓄、不断完善等等，都是中华文化生命力持久发展的重要因素。基于影像诠释，日

---

[1] 泰瑞·贝内特：《中国摄影史 1861—1879》，中国摄影出版社 2013 年版，第 57 页。

[2] 泰瑞·贝内特：《中国摄影史 1861—1879》，中国摄影出版社 2013 年版，第 77 页。

常生活中的牌坊或牌楼也可以见证这些因素的存在。在近代影像库共收集近 60 幅牌坊影像，遍布祖国大地。

（一）长久的文化符号

牌坊与牌楼相类似，是中国传统建筑之一，最早见于周朝，从祭祀建筑、聚居区域标志逐步衍化为到明清时代的纪念碑式建筑，并在园林、寺观、宫苑、陵墓和街道均有建造。现存的牌坊也基本为明清时代的遗存。可以这样说，每座牌坊既是一个地标式建筑，也常常包含有一个文化故事，它的建造也有严格的审查制度与规格标准。

牌坊作为一种固定的石木建筑，无疑能够存留相当长的时间。据考证，目前已被发现的最早的石牌坊是建于南宋到元之间的浙江庙沟后石牌坊和横省石牌坊，距今已有一千余年。而牌坊自身的建筑造型，牌坊额题、楹联与文字记载，雕刻与绘制的

图 9-10　昆明城的大东门牌坊

图像等成为昭示大众的基本内容。比如，牌坊多有绘制或雕刻的瑞兽，其中大部分为象征美好、吉祥的图腾图像。综合这些牌坊造型元素，就使它成为一种持久的文化符号，并具有较强的大众传播性。如图 9-10《昆明城的大东门牌坊》（乔治·莫理循收藏，1894 年，云南）所示[1]，该牌坊的造型蔚为壮观，具有极强的视觉冲击力，而成为一种心理征服和文化传播的力量。

---

[1]　沈嘉蔚：《莫理循眼中的近代中国·目击变革》，福建教育出版社 2012 年版，第 14 页。

（二）彰显的道德标准

图 9-11　行孝坊

明清之后建造的牌坊，其地界坊门的功能已经退化，而主要用于彰显符合统治者标准的社会崇高事件。对古人而言，能够树牌坊是旌表节孝、德行，承沐后恩，流芳百世之举，是一生的最高追求。事实上，大部分牌坊代表的是儒家文化思想，如许多牌坊匾额上的文字为"乐善好施、义方世训、力孝遗芳、嘉德懿行"等，都是儒家道德教化的具体呈现。无论功德、贞节还是科举成就也都是儒学打造出的文化品牌，并提倡人生"立德、立功、立言"的"三不朽"境界，告诫人们尤其是读书人要"正心、修身、齐家、治国、平天下"，这其中包含有许多儒家文化的精华。如图 9-11《行孝坊》（佚名摄，1870 年前后，宁波）所示①，匾额上书"行孝"两个大字，彰显了所代表的文化价值标准。

然而，在牌坊中还有大量的"贞节坊""贞德坊"，它所倡导的文化是宋朝之后的程朱理学的内容，倡导甚至强迫妇女要恪守所谓的"贞洁"，这属于新儒家文化中的糟粕。对此，今天的我们应持必要的批判态度。

（三）感人的文化故事

牌坊就其建造意图来说，歌功颂德是重要的目的之一，即为某人记

---

① 方霖、锐明：《旧日影像》，山东画报出版社 2003 年版，第 98 页

功记德。正如上述的昆明大东门牌坊，上书"忠民"额题，这座牌坊是云南百姓为纪念元代为官一任的赛典赤·赡思丁而建。赛典赤一生政绩卓著，其中最出色的是在他晚年出任云南平章政事期间。当时云南地方政权机构还没有明确的建制，且地处边陲，交通闭塞，生产落后，文化欠发达，民族关系又错综复杂，局势动荡不安。他上任之后，采取减徭役、招散亡、恤鳏寡、备灾荒、礼贤士、汰冗官，建孔庙，办庙学，设路食以待劳民，薄征税以便商旅等施政方针。大力提倡军民屯田、兴修水利、疏通河道；传播内地先进技术，发展生产；设驿站，修驿路，大大改善了云南的交通状况，加强了云南与内地的联系，使云南真正地成为中国的一个省。

综上所述，共同创造的文化指的是以中华文化为源头、中国境内各民族共同创造的、长期历史发展所积淀的传统文化。传统文化是对文化的传承而言的，它强调的是文化的本源和沿着这个本源传承下来的全部文化遗产，它不局限于古代，而是迄今为止中华民族经过筛选、淘汰，不断丰富又不断增长的人文精神的总和。任何一个民族传统，在各个历史时期，都要受到其它民族文化的影响，引进和吸收其它文化一旦成为现实，即外来文化一旦与本土文化相融合，它便成为传统文化的一个部分。没有一种文化是纯而又纯的，吸收外来文化是丰富和发展本体文化的正常途径之一。

第四节　共同培育的精神

在漫长的中华民族历史进程中，农耕文明、草原文明和海洋文明的种种精神特质和禀赋源源不断地注入中华民族大家庭，并不断地产生碰撞与融合，共同熔铸了以爱国主义为核心，以共休戚、共存亡、共荣辱、共命运为情感和道义的中华民族伟大精神。

一、共命运精神的体现

当中华民族在漫长的历史进程中逐渐融为一个大家庭时，也就成为了休戚与共、命运共同的统一体。反过来说，在中华民族历史演进的长河中，也正是由于民族共命运的精神所在才形成了完整的中华民族。在此，依据影像文献，仅以辛亥革命中孙中山的主张受到海内外广泛支持的事实来说说明民族共命运的精神。

图 9-13A

图 9-13B

19 世纪末，孙中山先生开始从事革命活动，决心推翻腐朽的清朝统治。在辛亥革命前后，他奔走于欧美、东南亚和日本等各个国家，大量的影像资料都反映了他最初的革命活动受到许多海外各界爱国华侨的无私支持，表现出海外华侨团体与国内人民休戚与共的民族精神。分别如图 9-13A、B、C 所示，其中图 A 是 1905 年孙中山在法国巴黎建立革命团体时的合影；图 B 是 1910 年孙中山在美国底特律市与当地的同盟会会员合影；图 C 是 1913 年国民

图 9-13C

党在南洋帝汶支部的同志们合影①。所有这些影像都是当时海外华侨与国内人民休戚与共的真实写照。

二、共荣辱精神的体现

古代的中华民族共荣辱的形象在近代影像库中已难以考证，但在进入近代后却有中国体育运动方面的发展与变化能够说明中华民族荣辱与共的精神境界。在近代，一方面，中国长时间积贫积弱而致国民体质普遍下降；另一方面，西方列强输入的鸦片流毒甚广，严重削弱了中国人体质。于是，英国人在 1896 年 10 月 17 日上海的《字林西报》上首先炮制了"东亚病夫"的概念来泛指华人，严重污损中国人形象，面对如此刻意污辱，自然引起国人的普遍反抗。

---

① 章开沅：《辛亥革命大写真》，湖北美术出版社 2001 年版，第 141、155、554 页。

在近代影像库中最早记录抵制这一污名的影像是精武体育学校，如《精武体育会摄影学会部采风》（佚名摄，1913 年，上海）所示[1]。据考证，精武体育学校是中国近代爱国名人霍元甲于 1910 年为抵制污名、强身健体、弘扬中华武术而在上海创办，并受到普遍欢迎。事实上，精武体育学校与近代竞技体育并无关联，近代体育运动是源自西方世界的运动项目，运动中所显示体质体能为近代西方国家的标准。而中华民族的国民们对此尚处于学步阶段，同台竞技时自然地因技能不足而成绩差强人意，于是某些西方政客又刻意强化"东亚病夫"的概念，并妄图借此进一步给中国人扣上"劣等民族"的帽子。于是中国有识之士积极开展体育教育、普遍发动与组织参加世界体育竞技，以维护民族尊严。有研究表明，三江师范学堂（现东南大学前身）早在 1905 年就把体育运动项目之一的"体操"列入了教学课程之中。《良友》画报 1929 年第四期的封面刊登了东南女子体育学校的健美达人徐佩珍[2]。1936 年，国民政府组织了历史上的第一支参加国际奥林匹克运动会的国家代表队，在当时的国际国内形势下实属不易。这些事实都从一个方面表明了中华民族具有强烈的民族共荣辱意识。

三、共存亡精神的体现

中华民族历经数千年风雨，屡屡经受亡国分裂的考验，而最终都能够再次凝聚起来成为统一的民族与国家。仅就近代而言，自 19 世纪末开始就经历了庚子事变、"九一八事变"和"七七事变"等民族重大危机，但每次民族危难都在全体中国人民的誓死抵抗下取得胜利，代价虽然惨重，但民族共存亡的精神获得了极大彰显。

---

[1]　徐希景：《中国影像史·第四卷》，中国摄影出版社 2015 年版，第 312 页。

[2]　《良友画报》1929 年第四期封面。

（一）庚子事变后的体现

1900 年前后发生了一系列国内民众的反抗运动，"八国联军"借机入侵而导致"庚子事变"，又一次拉开了帝国主义列强瓜分近代中国的大幕。面对外患，中国人民表现出了同仇敌忾共存亡的英勇气概，全国各地都爆发了不同形式的抵抗运动。比如，在庚子事变之后，英帝国主义将魔爪伸向了西藏地区，于是遭到了藏军与藏民的强烈抵抗，而有效地阻止了英帝国主义乘机强占西藏的野心，如影像《抗击英军的藏民》(佚名摄,1904 年,西藏) 所示[①]。同时也表现出了西藏人民作为民族大家庭成员之一，以实际行动与民族共存亡。

（二）九一八事变后的体现

1931 年，日本军国主义策划了九一八事变而悍然侵占中国东三省。民族危难之际，各地民众爆发出抵御外侵的强烈呼声。事变发生之初，全国多地爆发了爱国学生的大游行，如《反日大游行》(西德尼·甘博摄,1931 年,北平) 所示[②]。随着事态的发展，为声援抗战，上海、天津、广州、北平等城市相继爆发了抵制日货、罢工游行、抗日募捐、武装游击斗争等，并在各大城市的报纸上公开声讨日本的侵略行径，以唤醒更多的国人参与到抗日斗争中来，逐渐形成了民族共存亡的共识。

另据有关考证，九一八事变后无数海外华侨热血青年回国参加抗日战争，表现了强烈的爱国情怀，其中的叶挺将军即为杰出代表人物之一。九一八事变发生时，北伐名将叶挺立即放弃了安逸的海外流亡生活毅然回到国内，先澳门后福建，全心参加抗日救亡活动，并在香港加入了由李济深、陈铭枢组建以抗日救国为主旨的"中华民族革命同盟"。西安事变之

---

① 章开沅:《辛亥革命大写真》，湖北美术出版社 2001 年版，第 28 页。

② 邢文军、陈树君:《甘博的中国影像》，长江文艺出版社 2015 年版，第 91 页。

图9-15　叶挺作报告

后出任新四军军长，在中国共产党的领导下正面从事抗日军事斗争，充分体现了一个革命军人的爱国情怀，以及与百姓休戚与共的高尚情操。如图9-15《叶挺作报告》（田经纬摄，1939年，安徽）所示[1]，叶挺将军在新四军军部作军事报告。

1935年冬季，北平发生了主旨为"打倒日本帝国主义、反对华北自治"的"一二·九学生运动"，将全国抗日救国的运动推向新高潮。1936年"西安事变"后，国共两党再度合作，标志着民族共存亡的统一战线宣告成立。

（三）"卢沟桥事变"后的体现

1937年7月7日发生的卢沟桥事变，让日本军国主义全面侵占中国的野心暴露无遗，民族存亡危机已迫在眉睫。先有中国驻军的国民革命军第29军37师219团奋起还击，共产党领导下的八路军、新四军全体将士也立即开赴前线抗战。在近代影像库中，存留较多的是八路军在华北根据地展开的英勇斗争。如图9-16《太行山上的妇女自卫队》（徐肖冰摄，1940年，太行山区）所示[2]，由此可略见共产党领导下的边区政府对广大人民群众的发动与武装，面对严峻的抗日形势，已是全民皆兵。

---

[1]　顾棣：《中国红色摄影史（上）》，山西人民出版社2009年版，第343页。

[2]　高琴：《透过硝烟的镜头》，中国摄影出版社2009年版，第27页。

图 9-16　太行山上的妇女自卫队

综上所述，每到危亡的关键时刻，中华民族都表现出了共存亡的精神境界。

本章结语

民族多元一体是中华民族的根本特征。本章通过对大量影像的诠释，并遵循四条路径："辽阔的疆域是各民族共同开拓的、悠久的历史是各民族共同书写的、灿烂的文化是各民族共同创造的、伟大的精神是各民族共同培育的"来进一步认证中华民族的多元一体性。并获得得了以下几点认识：第一，由于频繁的人口迁移、自由往来、族际通婚，从而使疆域成为全体中华民族所共有；第二，由于繁荣的商贸往来、多元化的文物遗存，以及日渐趋同的生活方式造就了中华民族的共同历史；第三，由于五千年来的共同生活，中华民族的文化为全民族所共有，并体现在我们有统一的文化核心、兼收并蓄的文化内涵以及持久的文化生命力；第四，数千年以来中华民族共命运、共荣辱、共存亡共同成就了中华民族共同的精神世界。总而言之，一部中国史，就是一部各民族交融汇聚成多元一体中华民族的历史，就是各民族共同缔造、发展、巩固统一的伟大祖国的历史。

第十章　近代影像中的科教兴国

　　科学与技术是近代传入中国的概念，事实上，中国自古就有对科学知识的认识。"格物致知"是古人对科学知识的概称，出于儒家经典《礼记·大学》为修身八目"格物、致知、正心、修身、齐家、治国、平天下"中的前两目，及至后来的"四大发明"，它们是引领人类科学技术进步的重要基础。只是始于明朝的"海禁"政策，导致近代科技方面落后于西方世界。晚清对外战争的失败使当局清醒地认识到自身的科技落后，并意识到必须采用学习与教育的途径培养科技人才而加以追赶。因此，洋务运动中采用请进来、走出去的学习方式，努力吸收西方先进的科学技术，并加以消化使之得到本土化发展，从而推动了近代中国的科技进步。虽然总体进步有限，但也成为了现代中国科技发展的基础。

第一节　科技传承与发展

　　两次鸦片战争以后，西方的基础性科技随洞开的国门也开始传入中国，随后的洋务运动、戊戌变法、辛亥革命等历史时期，中国各阶层努力吸收西方科技成果。民国时期的枪械制造术、近代造船技术、蒸汽机技术、铁路技术、飞机技术都由海外留学学子带回国内，进行了技术尝试并取得了一定的成绩。1928 年中央研究院的诞生，表明了科技发展在民国时期已同时得到了民间与政府的财力支持。辛亥革命后，许多科技学术团体相继成立[①]，一些科学研究杂志也相继出版，逐渐形成了全民重视科技发展的社会氛围。

一、古代四大发明与应用

漫漫数千年的中华文明史，创造了无数的古代科技辉煌，在数学、物理、天文、建筑、铸造、医药、航海技术等方面也曾经拥有领先于世界的科技成就。其中最为著名则是造纸术、指南针、火药和活字印刷术等"四大发明"，它们甚至影响了世界的文明进程，但这些成就在近代影像库中并非全部有所反映。

（一）造纸术与活字印刷

图 10-1　传统造纸工厂

发明于汉朝的蔡伦造纸术在近代影像库中仅有零星表现，并且不很具体。如影像《淘经纸》（孙明经摄，1939 年，四川）所示[②]，表现的是德格印经院的喇嘛在溪水中利用传统造纸技术制作经纸。如图 10-1《传统造纸工厂》（佚名摄，1939 年，浙江）所示[③]，表现了山中挑夫正在挑运大捆纸张产品。而从挑夫、山道、山景、茅草房屋等影像构成元素就可以判断这里不可能存在近代化的造纸工厂，一定是就地取材、

---

① 　张静如：《北洋军阀统治时期中国社会之变迁》，中国人民大学出版社 1992 年版，第 174 页。

② 　孙健三：《孙明经纪实摄影研究》，浙江摄影出版社 2017 年版，第 57 页。

③ 　秦风：《民国影像 1927—1949》，广西师范大学出版社 2009 年版，第 149 页。

就地加工、就地排废的传统造纸术。

发明于宋代的毕昇活字印刷术是中华民族优秀文化瑰宝，广泛而长久地使用并传播于世界各地，为世界文明的传播与发展作出了重大贡献。1942 年，沙飞拍摄的晋察冀画报的排字车间就直观地说明了活字印刷术的使用状态①。

（二）指南针与航海技术

指南针是中国古代的伟大发明之一，在古代主要被用于祭祀、礼仪、军事、占卜与看风水时确定方位。后来成为航海中不可或缺的工具，并因此推动了航海事业的迅速发展。此后，航海大船就成为海洋文化发展程度的标志性符号之一。如图 10-2《广州的帆船》（约翰·汤姆逊摄，1868 年，珠江入海口）所示②，从影像上看，该船的形制应该属于中国古代的重要船型——福船（其他著名船型还有广船、沙船和鸟船）。据文献记载，福船是成熟于宋元时期的航海大船，代表着古代中国造船技术的最高水平，

图 10-2 广州的帆船

---

① 王雁：《沙飞摄影全集》，长城出版社 2005 年版，第 12 集。

② 约翰·汤姆逊：《中国与中国人影像》，广西师范大学出版社 2015 年版，第 62 页。

具备相当的远航优势，既是中国海洋文化的重要表现形式，也是农耕产品的海上贸易与文化交流的重要工具，依托于远航工具最终形成了"海上丝绸之路"。

一系列的考古研究也表明，中国的海上丝绸之路早在商代已有雏形，三国时期的孙吴政权将造船技术推向了一个高峰，从而拥有了较为稳定的海上丝绸贸易线路，这也促进了农耕物产的进一步发展。宋元时代是造船技术的又一个高峰，为海上贸易的鼎盛奠定了坚实的物质基础。如影像《宁波港的帆船》（佚名摄，1865 年前后，宁波）所示[1]，表现的是泊于宁波港口的三桅帆船，其优美的造型和巨大的身躯足以表明宁波港作为南线海上丝绸之路重要节点的地位。

（三）火药与弹药制造

火药是中国古代炼丹家发明于隋唐时期，文字记载表明距今已有一千多年的历史，是中华民族古代科技的重要贡献之一。作为炼制长生不老药的副产品，火药的生产过程中充满了对化学知识的掌握，体现出古代道术家的渊博知识。火药也是烟花的必备原材料，绚丽的烟花直到今天仍然常常被用于渲染节日的喜庆。

在近代，黑火药的直接应用则是制造弹药。如影像《自制手榴弹》（沙飞摄，1941 年，晋察冀）所示[2]，表现了八路军的兵工厂制造武器弹药。从画面看，工人正从布袋里直接用手抓取黑色的火药填入弹体里，效率低、不规范、高危险，但一切为了抗日而在所不惜。影像《勇敢的女孩》（美国随军记者摄，1943 年，云南）则表现了为中国远征军生产弹药的当地百姓，一名女童正用灵巧的手指将火药直接填入弹壳，这个过程显然十分危险，而面前的弹壳则堆成了小山一座。[3]

---

① 方霖、锐明：《旧日影像》，山东画报出版社 2003 年版，第 68 页。
② 王雁：《沙飞摄影全集》，长城出版社 2005 年版，第 12 集。
③ 章东磐：《1942—1945 国家记忆》，山西人民出版社 2010 年版，第 18 页。

二、古代其它科技成就

在漫长的中国古代文明发展过程中，中华民族还有许多杰出的科技成果，局限于影像诠释的研究，在此主要涉及青铜、陶瓷、观象仪，以及古长城、古建筑等科技成果的讨论。

（一）青铜与陶瓷技术

考古研究成果表明，在新石器晚期的仰韶文化时期，中华大地已出现了最早的青铜器。此后，青铜器的发展作为从石器时代走向古代文明的标志性器物，在中国广泛性地出现。通过分析青铜器件的制作年代、造型、铭文、用途等要素，可以解读器件产制年代的技术发展水平和文化现状。在中国出土了众多的青铜器，对于它们的诠释已经构成了"考古学青铜时代"的专门学科。与此同时，作为世界陶瓷之都的中国，陶瓷一直是中国的传统工业，以至于在英语世界里将指称中国的单词"china"延伸为瓷器，并进一步推广到全世界。

如影像《中国古代青铜制品》（约翰·汤姆逊摄，1872 年，北京）所示，用一张影像对多件青铜器进行了集中展示；而用另一张画面集中表现了古代遗存的多件瓷器[①]。虽都为沧海一粟，但其各自精美的形态仍然反映了古代中国人民的高超技艺和智慧。

（二）长城与军事防御

被称为世界七大奇观之一的长城在近代影像库中多有反映，共收集近 40 幅有关影像。其中最早反映长城的影像如图 10-3《八达岭长城全景》（佚名摄，1860 年，北京）所示[②]。八达岭长城典型地表现了万里

---

① 约翰·汤姆逊：《中国与中国人影像》，广西师范大学出版社 2015 年版，第 62、517 页。
② 刘香成：《从鸦片战争到军阀混战的百年影像史》，后浪出版公司 2015 年版，第 55 页。

图 10-3　八达岭长城全景

长城雄伟险峻的风貌，陡壁悬崖上古人所书的"天险"二字，确切地概括了八达岭位置的军事重要性。以此作为北京的屏障，也表明了古代的军事智慧。毫无疑问，自秦汉以来的长城遗址都见证了中华民族古代人民的雄才大略，尤其是明长城更加凸现了在地质、材料、工艺和建筑力学等方面的辉煌成就。而影像《居庸关》（德贞医生摄，1870年前后，北京）所示则是摄影师们表现长城的另一个热点[①]，此后有约翰·汤姆逊、查尔斯、孙明经等中外摄影师都以影像表现了居庸关的精湛与雄壮。

在抗日战争期间，红色摄影师们多次以长城为背景，展示了长城内外的八路军抗日主战场，显示中国人民不畏牺牲的民族形象。

（三）古观象仪与天文研究

自 1872 年起，约翰·汤姆逊、托马斯·查尔德、詹斯姆·利卡尔顿、乔治·莫理循、西德尼·甘博等 19 和 20 世纪的西方旅华摄影师都留下了北京天文台的古观象仪的影像。如图 10-4《古观象仪》（詹姆斯·利卡尔顿摄，1900 年，北京）所展示的铸造精美的青龙外形令人叹为观止，体

---

① 　泰瑞·贝内特：《中国摄影史 1861—1879》，中国摄影出版社 2013 年版，第 53 页。

现了中华民族精深的文化底蕴①。由此说明，能够引起西方人士高度关注的古观象仪具有相当的中国古代科技含量。古观象仪不仅结构设计是当时科学认知水平的极高体现，其建造的工艺水平也堪称一流，它属于世界级的物质文化遗产。

古观象仪的重要贡献在于古代的天文研究，进而为古代历法制定提供了重要的

图 10-4　古观象仪

科学依据。从历法制定的角度看，中国古代的历法较为特殊，大多为阴阳合历，从古六历到清时宪历，共 102 种。其中仅有 2 部纯阳历，前后经历了五次较为重大的历法改革。而古历法的改革与进步为农耕生产提供了重要的时令依据。

（四）古建筑与榫卯技术

此前我们通过影像已经观察到了众多的古代建筑，比如牌坊、住宅、宫殿等，所有这些都是以砖木石瓦为主要建筑材料，而木材结构的榫卯技术则是古代中国人的智慧结晶。近代影像库中对榫卯结构表现得最具代表性的是图 9-6《曲阜大成殿》所示飞檐。榫卯是极为精巧的发明，这种木结构构件的连接方式，使得建筑不但可以承受较大的荷载，而且允许产生一定的变形，在地震中可以通过变形缓冲一定的破坏性能量，从结构力学

---

① ［美］利卡尔顿：《美国摄影师的中国照片日记》，福建教育出版社 2008 年版，第 208 页。

的角度看具备相当优秀的抗震性能。

三、近代科学技术应用

鸦片战争是中国近代史的开始，也是中国人接触、吸收和追赶西方近代科学技术的开始，与此同时开展了科技自主发展与应用，并涉及了众多领域，在此仅以影像有所反映个别领域以斑窥豹。

（一）邹伯奇与中国摄影术

在早期的肖像摄影中，有一位中国近代科学家的肖像特别醒目，如影像《邹伯奇》（缤纶照相馆摄，1866 年，广东）所示 [1]。邹伯奇，字一鄂（1819—1869 年），广东南海县人。他的研究涉及光学、化学、机械等领域，1844 年完成了《格术补》和《摄影之器记》两篇与摄影有关的学术著作。也就是说，当摄影术在世界各地开始流行时，作为中国近代著名的科学家邹伯奇也在独立研究摄影术，研制出了实用性的照相机和其他照相用具，并拍摄了一定数量的摄影作品，遗憾的是由于战争等意外因素，其作品并未传世，全部的摄影研究成果也未为世界摄影领域所公认。其所研制的照相器材一直保存到抗日战争初期，遗憾的是，后竟不知所踪。虽然由邹伯奇所研究的摄影术最终失传，但他的科技探索精神值得后世敬仰，实属中华民族的优秀人物之一。由史料看来，邹伯奇是第一位独自研究摄影术及照相器材的中国人。

（二）詹天佑与中国铁路建设

随着洋务运动之后中国出现了铁路建设的热潮，其中尤其值得一提的是由清朝政府独自建设的淞沪铁路正式通车典礼，如影像《淞沪铁路竣工》

---

[1] 泰瑞·贝内特：《中国摄影史 1861—1879》，中国摄影出版社 2013 年版，第 8 页。

（佚名摄，1898年，上海）所示①，它属于中国近代交通史上标志性事件，而这其中离不开中国铁路工程师詹天佑的巨大贡献。1922年，随着京张铁路的通车，在北京青龙桥火车站竖立起了詹天佑铜像，如图10-5《詹天佑铜像》（孙明经摄，1937年，北京）所示②，以表彰这位堪称民族英雄的代表人物在这场持久而声势浩大的铁路建设运动中作出的特殊贡献，他理应名垂青史。

图10-5　詹天佑铜像

（三）李四光与中国地质力学

在中国近代科技史上，李四光先生亦独领风骚。如肖像《李四光》（佚名摄，1911年，地点不详）所示③，此时李四光刚从日本留学归国而意气风发，并在日本接受了革命思想，成为孙中山领导下的同盟会中年龄最小的会员。1928年他来到南京担任中央研究院地质研究所所长，后当选为中国地质学会会长。他带领学生和研究人员常年奔波野外，跋山涉水，足迹遍布祖国的山川，数次赴欧美讲学、参加学术会议和考察地质构造，由此创立了中国地质力学。

① 章开沅：《辛亥革命大写真》，湖北美术出版社2001年版，第64页。
② 《1937——孙明经万里猎影记》，孙建秋译，外文出版社2006年版，第100页。
③ 章开沅：《辛亥革命大写真》，湖北美术出版社2001年版，第308页。

图 10-9　教会学校中的学童

关教会学校的影像反映出其办学地点均在主要的开埠城市中，如香港、澳门、广州、厦门、上海、北京、天津等。在中国的教会学校中，尤其是教会大学，学生处于相对封闭的西方文化氛围中，他们与西方侨民有广泛的接触，容易接受其思想并发展出较为紧密的私人关系，形成一股具有民族反抗精神、民主自由精神和忧患意识的团体，他们也往往成为中西文化交流的纽带。如影像《燕大学生集会》（佚名摄，1925年，北平）所示①，表现燕京大学的学生们悼念孙中山的集会，壮观的场面本身就充分表明了学生们对孙中山思想的认同，也就表明了他们是中国新一代知识阶层，也将产生新型的社会关系。

有文献记载，晚清之后的中国教会学校，尤其是中小学校遍布全国城乡，数量巨大。如图10-9《教会学校中的学童》（佚名摄，1900年，上海）所示②，则是一所教会小学的课堂实录，从中我们可以发现：同学们年龄差异不大，从装扮上看，教师或班级管理人应该是教会修女。至于西方教会为何来华办学，历来众说纷纭，但可以肯定，教会争取中国百姓入教和试图文化同化是其中的重要目的。如此也就构成了教会办学后产生新的社会关系，即深入于普通百姓之中的中西方文化碰撞。

---

① 章开沅：《辛亥革命大写真》，湖北美术出版社2001年版，第666页。

② 刘香成：《从鸦片战争到军阀混战的百年影像史》，后浪出版公司2015年版，第286页。

（二）公立学校

如前所述，公立书院模式在晚清时期受西方教育模式的冲击已逐渐停办，改为学堂或学校教育模式，如已在第五章述及的北京京师同文馆（翻译学院）。事实上是清末第一所官办外语专门学校，由恭亲王奕訢和晚清重臣文祥于 1861 年 1 月奏请，并于次年正式开办，最初以外国人为教习，培养外语翻译、洋务人才为目的，1866 年，添设天文算学馆开始了自然科学的教学。1903 年，在武昌成立了最早的"湖北省立幼稚园"，北京也成立了"京师第一蒙养院"。1904 年清廷颁行《奏定学堂章程》，创始了中国现代教育的第一个学制（癸卯学制），包括有《奏定蒙养院章程及家庭教育法章程》。蒙养院是清末教育体制中最初级的学校，其宗旨在于辅助家庭教育，附设在育婴堂和敬节堂内，入学年龄为三至七岁，每日授课不超过四小时，以女子师范毕业生为教师。据此，中国的"幼儿教育"应始于清末，并具有一定的官学性质。当时教会组织的育婴堂也多采用了这种育婴与幼儿教育一体化的体制。

在 20 世纪前后，中国的公立教育得到了长足发展。大量的影像资料都反映了师范与军事教育的兴起，这也与历史事实基本相符。晚清政府出于人才培养与保卫国家最迫切的需要，优先发展了师范与军事教育。《京师大学堂的师生合影》（佚名摄，1898 年，北京）是收录于《北平光社年鉴》的影像资料，其教师为外籍人士，体现了"师夷制夷"的战略思想，既表明了当时公立学校具有一定规模的外籍教师，也表现了师生之间的浓厚情谊与个人关系。而影像《江南水师学堂》（佚名摄，1890 年，南京）表现的是被晚清寄予厚望新一代海军人才培养基地[1]，他们的出现改变了清军体系及其结构。

---

[1]　章开沅：《辛亥革命大写真》，湖北美术出版社 2001 年版，第 52 页。

如影像《上美术课的中德学院学生》（佚名摄，1913 年，青岛）所示 ①，表现的是晚清时期德国政府资助在青岛开办的私立性质的"中德学院"，它的存在也并非是单纯的教育行为，而是殖民者旨在强化两国的民间文化交流，从社会关系的角度看，是试图巩固其殖民统治。而影像《美专的模特与学生》（郎静山摄，1920 年，上海）所呈现的是 20 世纪 20 年代私立上海美术专科学校的毕业合影 ②。上海美术专科学校（原名上海图画美术院）是由商人乌始光出资，17 岁的刘海粟与友人创办于 1912 年 11 月，这是中国近现代意义上的第一所美术学校。上海美专的出现不仅表现了社会资本阶层与教育行为的联系，更表现了教育内容的多元化，此后，它培养了一批优秀的美术工作者，对于繁荣此后的社会文化起到了重要的辅助作用。

三、社会教育及重点

作为学校教育的重要补充，社会教育也是教育的基本构成部分。不同时期、不同环境下的社会教育，其形式与内容也各不相同，所产生的教育效果及反映的社会关系也不尽相同。在近代中国，许多地区由于经济落后，缺少必要的教育资源保障，并不能使人人都有接受教育的机会，于是各种形式的社会教育应运而生。其中尤以外语学习最热 ③。

（一）平民扫盲

平民扫盲是针对平民的文化普及教育，以识字和做简单的算术为主要学习内容。这种教育形式的存在就已经表明了社会存在着极贫阶层，他们在应该读书求学的年龄阶段并没有获得机会。此后，只能依赖于社会

① 刘香成：《从鸦片战争到军阀混战的百年影像史》，后浪出版公司 2015 年版，第 367 页。
② 图片来源：中国摄影协会官网 / 大家名作 / 郎静山，2020-07-24。
③ 熊月之：《上海租界与近代中国》，上海交通大学出版社 2019 年版，第 269—278 页。

图 10-12　平民的露天学习

力量进行一定的知识学习。而社会力量——通常具有义工性质——之所以
组织这种业余学习活动，也说明平民文盲存在的普遍性，就有必要进行
一定的施教活动以尽可能扫除文盲。如图 10-12《平民的露天学习》（西
德尼·甘博摄，1931 年，河北）所示①，是美国社会学者表现的乡村学
习，从画面上看，学习对象的年龄远非青少年了，而是典型的中原中年庄
稼汉。

（二）技能培训

在近代化工业社会中，有一些工作岗位需要一定的职业技能，并需
要具有一定的科学文化知识作为基础才能胜任，而绝非是传统手艺的传承

---

① 邢文军、陈树君：《甘博的中国影像》，长江文艺出版社 2015 年版，第 124 页。

所能相提并论。于是组织继续学习成为一种有组织的社会教育活动，或可以统称为技能培训。技能培训现象的存在，说明出现了社会化分工，形成特定的职业阶层，构成新的社会关系，比如新型工友关系、新型劳资关系等。岗位技能还可能不断发生新的变化和进步，就需要不断学习。如影像《晋察冀无线电高级培训班》（张进学摄，1941年，陕甘宁边区）所示[1]，画面表现了抗日国际友人林迈可在晋察冀根据地帮助八路军学习无线通讯技术。另有影像表明，还有其他的一些技能培训活动留影，如白求恩大夫培训根据地的医护人员等。

（三）技艺传承

针对中国传统文化中的非物质文化遗产的学习，比如艺术表演、手工艺品创作等，往往并不依赖于学校或社会教育进行，而主要是依靠师徒传承。由此，各行各业的师徒关系就是一种特殊存在。徒弟的生存之道往往与师傅息息相关，既有必然的因果关系，也有偶然的机遇关系；既有师傅的倾心付出也有徒弟的天分领悟，将师徒关系变得错综复杂，成为一种独特的社会关系。如影像《加工》（亨利·布列松摄，1948年，北京）所示[2]，较为生动直观地表现了作坊内民间技术加工业中的师徒相承关系。

第三节　科技教育兴起

学校教育是自洋务运动之后在中国出现的教育教学模式，它与之前的官学、书院和私塾都有所不同，其中间过渡状态为学堂，并有效地适应

---

[1]　顾棣：《中国红色摄影史》，山西人民出版社2009年版，第371页。

[2]　资料来源：中国摄影家协会官网／大家名作／布列松，引用时间：2020/02/22。

了科技教育的需求。学校模式从学习层次上看，有中小学阶段的基础教育和中高等及专科教育；从学科门类上看，已有文史哲师、农工医军等；从教学手段上看，已经引进了当时较为先进的教学理念，如电化教学、实验教学等。西学模式的输入，引来社会积极而良性反响。

一、建立近代学校体系

从掌握教育规律的角度看，学校教育按学生的年龄阶段实施阶段化教育，无疑是一个符合普遍心智发展规律的科学设计。因此，晚清之后的中国学校也参照西方模式而有了小学、中学中专和高等教育。据统计，民国之初的 1912 年全国共有中等以上的学生 143189 人；而到了 1919 年的统计数据表明，全国学生总数已达 1300739 人[①]，7 年增长了 8 倍有余，由此可见，学校教育的发展速度令人瞩目。

（一）小学教育

如图 10-13《列队的小学生》（佚名摄，1900 年，地点不详）所示[②]，这是在近代影像库中的第一张明确为小学生的影像。从画面上看，小学生们的年龄是相当接近的同一年龄段。而背景墙上的"体操场"竖牌，表明了校园内已配置有体育运动场所，体现了相当的近代教育思想。如《湖北师范学堂附属小学部》（佚名摄，1904 年，湖北）所示[③]，表明了一种教育结构：即由高等师范教育附设小学教育，这一模式一直沿袭至今。湖北师范学堂的前身即为前述大名鼎鼎的"两湖书院"，由此也能看出中国自晚清起的教育体系发展与变革轨迹。

---

① 李明伟：《清末民初中国城市社会阶层研究》，社会科学文献出版社 2005 年版，第 304、48 页。
② 刘香成：《从鸦片战争到军阀混战的百年影像史》，后浪出版公司 2015 年版，第 215 页。
③ 章开沅：《辛亥革命大写真》，湖北美术出版社 2001 年版，第 39 页。

图 10-13　列队的小学生

　　20 世纪初的小学教育显然最初出现于沿海沿江城市，然后就迅速扩展至全国各地。如前所述，庄学本在当时较为偏远落后的青海果洛州，四川汶川、理县、巴丹、泸沽湖，甘肃甘南等地都拍摄了当地的小学校或小学生们[1]，马达汉在新疆也拍摄了当地的小学生[2]，这些影像在当时的全国范围内具有一定的代表性。1936 年，美国记者埃德加·斯诺在红色根据地也拍摄了反映小学生学习的《红色小学》[3]。无独有偶，自 1937年起，在《1937——孙明经万里猎影记》（孙建秋主编，2017 年）中有影像表明在内蒙古的达拉德旗，四川巴塘县、德格县等生活较为贫穷的地区国立小学的学习生活片段。由于这些影像的存在，使我们有理由认为，在民国政府成立后，在全国建立健全小学教育体系已逐渐成为民族共识。

---

① 　李媚：《庄学本全集》，中华书局 2009 年版，走进果洛、走进甘青、走进西康分集。
② 　[芬] 马达汉：《马达汉西域考察日记》，民族摄影艺术出版社 2004 年版，第 63 页。
③ 　张明：《外国人拍摄的中国影像 1844—1949》，中国摄影出版社 2018 年版，第 396 页。

（二）中等教育

就目前的影像资料而言，《周南女子中学》（佚名摄，1908 年，长沙）是第一张反映中等或中学教育的影像①。该中学初为女子私塾，后改为女子私立中学，办学性质的改变也反映出时代的变迁。而近代中国的中学教育普及性远不如小学教育，所有反映中学的影像仅十幅左右，它们都集中于上海、南京、长沙、重庆这些大城市，没有发现其中有边远城市及广大的农村地区。当然也不能就此认定其他城市没有中学教育，只是没有影像反映而已。但从另一方面说，影像数量的多少也能反映一定的普遍性，这是时代社会基础的一个缩影。

（三）高等教育

我国第一所由中央政府建立的综合性大学，是创建于 1898 年戊戌维新运动之中的"京师大学堂"，它标志着真正意义上的大学教育在中国的开始。此后，自强学堂、北洋西学学堂、山西大学堂、南洋公学、四川中西学堂（为后来武汉大学、天津大学、山西大学、上海交通大学及西安交通大学、四川大学前身）等近代新式高校在同时期纷纷成立。

抗日战争期间，自 1937 年开始秘密筹办，由清华大学、北京大学和南开大学组建的西南联合大学于 1938 年起内迁昆明正式开学，标志着中国教育史上一次伟大壮举拉开序幕，8 年的办学时间取得了令人瞩目的人才培养效果，其中就有获得诺贝尔奖的著名物理学家李政道和杨振宁。其他有 174 人当选为中华人民共和国成立后的两院院士。与此同时，南京的金陵大学也内迁西南，从而才使孙明经有可能留下了大量沿途的纪实摄影作品。

仍然是在极其艰苦的抗日战争期间，晋察冀根据地在"红军大学"的

---

① 章开沅：《辛亥革命大写真》，湖北美术出版社 2001 年版，第 41 页。

基础上建立了共产党领导下的"抗日军政大学",此后还建立了"华北联合大学"以培养抗日人才队伍,沙飞等摄影家以较多的影像记录了"抗大""联大"的教学、生产与军事训练等活动[1]。

二、增设科学技术学科

自京师大学堂起,随后高等教育在中国逐渐展开,除了军事与师范两大专科外,很快就出现了自然科学领域的各科教育,主要有医、农、工、机械、电子等技术学科。尤其是晚清重臣张之洞不遗余力地在湖北兴办新型教育体系,创办于 1903 年的自强学堂即设立"格致"科,以探究自然科学的基本原理。

(一)农牧学科

1900 年,张之洞在武昌创办湖北农务学堂,根据目前的资料,它是中国第一所近代农业专科学校。稍后,于 1902 年袁世凯奏请慈禧太后,在河北保定创办了直隶农务学堂,同年,宫廷摄影师勋龄拍摄了直隶农务学堂的学生们列队迎接慈禧太后的巡视,如影像《农务大学堂学生列队迎接慈禧》(佚名摄,1902 年,河北)所示[2],由此是否也反映出慈禧也关心大学生们的成长?其根本目的当然是出于政权维系的需要。如影像《教职员合影》(乔治·莫理循收藏,1907 年,山西)所示,为山西大学堂农学系的教授与职员们合影留念[3],从画面上可以发现,他们都身穿清朝官服而拥有官员身份,从而进一步确定山西大学堂的国立性质。

从现有的影像资料,可以勾勒出中国在戊戌变法之后的清末民初,不仅重视近代教育的发展,尤其重视农业科学的发展。湖北农务学堂、直

---

① 王雁:《沙飞摄影全集》,长城出版社 2005 年版,第 11 集。

② 刘北汜、徐启宪:《故宫珍藏人物照片荟萃》,紫禁城出版社 1995 年版,第 48 页。

③ 沈嘉蔚:《莫理循眼中的近代中国·目击变革》,福建教育出版社 2012 年版,第 107 页。

隶农务学堂，之江大学农学系、山西大学堂农学系、京师大学农科系，等
等，从国立到私立、从普通学校到教会学校都在争相设立近代的农学专业
教育。

（二）医学学科

如影像《教会医院里的医学生们》（伊莎贝拉·伯德摄，1894 年，奉
天）所示[1]，记录的是在盛京施医院中，中国医学的学生们合影，该医院是
在 1882 年由英籍传教士、医生司督阁先生所创办。在近代影像库中这是
第一幅关于医学生们的影像。此影像至少说明了两个事实：第一，最迟在
1894 年，中国已经出现了规模化的中医学教育，一改传承数千年的中医师
徒制为师生制，事实上，有关医学史的研究表明，中医药得以传承的事实
已经说明中医教学一直存在于社会生活中。第二，学生们在主张西医术的
教会医院中合影，说明了此时的中国中西医已表露了相结合的势头。1907
年，有影像说明盛京施医院已发展为盛京医学堂[2]，并在 1912 年改名为奉
天医科大学。但此后关于医学院教育的影像出现了断档，又据相关研究表
明，进入近代后最早期西医教学单位还有：北洋医学堂、湘雅医学院、华
西医学中心、同济医学院、北京协和医学院，以及创办于 1931 年 11 月的
中国工农红军军医学校等十数家医学院。

1939 年，聂荣臻在八路军军区卫生学校的基础上创办了白求恩卫生
学校，使之成为一所具有国际化元素的医学院，对此，红色摄影家们进行
了大量表现。至 1944 年，白求恩卫生学校经过几年的发展已具有了一定
规模，沙飞对此进行了组照式的表现，反映了课堂教学与实践教学相结合
的教学模式[3]。1948 年，白求恩卫生学校与其他相关学校合并组建为白求
恩医科大学。

---

[1]　德博拉·爱尔兰：《中国影像之旅》，中国摄影出版社 2018 年版，第 26 页。
[2]　乌丙安、李家巍：《窥视中国》，辽海出版社 2000 年版，第 104 页。
[3]　王雁：《沙飞摄影全集》，长城出版社 2005 年版，第 21 集。

（三）工程学科

如图 10-14《李善兰和他的学生们》（约翰·汤姆逊摄，1872 年，北京）所示①，李善兰（1811—1882 年）是近代中国著名的科学家，1861 年被举荐为京师大学堂的天文算学总教习，当时极具学术声誉。他少年时即热爱数学等理工科学知识，中年时有感于第一次鸦片战争的中国失败而认为：过去中华民族强盛是因为科技发达，现在挨打受欺都是因为技术落后。因此，兴国的根本出路在于"科技"，国人应努力学习数学等自然科学知识，赶超西方科学技术。从此，他倾力于数学等自然学科的教育工作以寻求救国道路，李善兰的所作所为体现了中华民族时代精英阶层的卓越见识。亦如中国留学生之父容闳所言"以西方之学习，灌输于中国，使中国趋于文明富强之列"。

图 10-14　李善兰和他的学生们

① 约翰·汤姆逊：《中国与中国人影像》，广西师范大学出版社 2015 年版，第 529 页。

如影像《汉阳铁厂》（佚名摄，1910年，湖北）所示①，表现了湖北工艺学堂的女学生们。这是晚清重臣张之洞于1898年亲手创办的近代职业技能学校，课程有汽机、车床、绘图、竹器、洋脂、玻璃各项制造工艺，表现了工科的特质。此外，张之洞从1891年到1906年的15年间，创办了算学学堂、矿务学堂、自强学堂、湖北武备学堂、湖北农务学堂、湖北师范学堂、两湖总师范学堂、女子师范学堂等，涵盖了普通教育、军事教育、实业教育、师范教育等层面。此外，日本军国主义者在侵占中国东三省期间，于1909年，在东北建立的"旅顺工科大学"也留下了相关影像②，当然，这所高等学校并非为中国人而建，其毕业生绝大部分为在华日本人。

三、引进新型教学方法

教学方法的变革与发展是近代教育发展的一个标志，影像反映了电化教育、实验与实践教学都被引进了近代中国的教学体系中。事实上，新型教学手段的运用是源自于西方教育与认知理论发展的成果，代表了教育理念的转变。

（一）电化教育

根据中国电化教育史的研究，早在1920年，中国就引进了关于电化教育的概念，在江苏镇江成立了中央电教馆以推动学校教育中的电化教学开展。1932年，中国教育电影协会在南京成立，蔡元培任协会主席，它是我国的第一个电化教育组织。朱家骅、蒋梦麟、陈立夫、徐悲鸿、厉麟似、郭有守、罗家伦、田汉等名流均为该协会委员，时任金陵大学的教师孙明经为大会合影留念。此外，孙明经在早期的电化教育工作中做出了重要贡

---

① 章开沅：《辛亥革命大写真》，湖北美术出版社2001年版，第40页。

② 乌丙安、李家巍：《窥视中国》，辽海出版社2000年版，第105页。

献，主要表现在将幻灯、电影等光学投影媒体引入课堂教学中，不仅在于教学媒体的使用更在于其制作。有《双机教学》（佚名摄，1948 年，南京）的影像为证①，孙明经在授课之中使用了幻灯机与电影放映机的双机电化教学手段，这在当时是十分先进的电化教学示范。

（二）实验教学

如影像《播种实习》（佚名摄，1904 年，河北）所示②，记录了直隶农务学堂的学生有田间实习课程，这是中国第一幅表现学校实验性教学活动的影像。表明了上世纪初中国在科技教育中即开始了实验教学活动，注重理论与实践相结合的教学方法。如图 10-15《之江大学的实验室》（J.R. 费佩德摄，1914 年，杭州）所示③，时任之江大学（浙江大学前身）校长拍摄了学生们

图 10-15　之江大学的实验室

① 孙健三：《孙明经纪实摄影研究》，浙江摄影出版社 2017 年版，第 60、280 页。
② 章开沅：《辛亥革命大写真》，湖北美术出版社 2001 年版，第 43 页。
③ 费佩德：《天城记忆》，山东人民出版社 2010 年版，第 35 页。

正在进行物理实验，也表现出大学教育中的实验教学方式。

1937 年，孙明经在随金陵大学内迁的途中拍摄了一所职业工业学校开办的实验性的服装加工厂①，表明在职业教育领域也有了近代教育思想，这是中国工业制造人才培养的新思路。1947 年，佚名摄影师为孙明经留下了指导学生拍电影的画面②，在其指导下的电影拍摄题材主要在于教学资料，而非故事电影。

以上种种影像都表明了实验教学手段在 20 世纪初就被引入了科技教育领域。

（三）社会实践

从 J.R. 费佩德拍摄于 1914 年反映之江大学的学生们参加农业生产劳动、参加勤工俭学活动的影像中③，可以感受到当时的之江大学不仅注重实验教学，同时还注重社会实践，确实有别于中国的传统教育模式，起到了一定的教育引领作用。从 1939 年起，沙飞用大量的影像反映了抗日军政大学、白求恩卫生学校的学员们参加农业劳动、深入社会生活、举行生产大比武④，由此说明，中国共产党领导下的学校教育更加注重社会实践活动，注重在生产实践中培养学生的才干。

本章结语

在古代中国，我们有令人骄傲的四大发明，但于近代，科学技术已经远落后于西方列强。为了寻求兴国之道，社会精英们意识到必须从科技

---

① 孙建秋：《孙明经万里猎影记》，浙江摄影出版社 2017 年版，第 173 页。
② 孙健三：《孙明经纪实摄影研究》，浙江摄影出版社 2017 年版，第 278 页
③ 费佩德：《天城记忆》，山东人民出版社 2010 年版，第 11、12 页。
④ 王雁：《沙飞摄影全集》，长城出版社 2005 年版，第 21 集。

学习与教育开始。本章基于影像的记录，直观反映了中国近代开启的科技教育事业。事实证明，在近代的时代背景下，包括人口规模、知识总量及其工业发展速度，私塾教育显然不能适应新时代科技教育的要求，基于科技创新的学校教育模式迅速取代了中国两千多年来的私塾教育模式。

出于科教兴国的考虑，教育领域发生了根本性的变化，多种学科被设置，医、农、军、工、师都被影像一再反映。此外，根据熊月之在《西风东渐与近代社会》中对"格致书院课艺"征引书目表的反映，共计 245 部，内容涉及军事、技术、医学及各基础学科①。由此说明，中国的近代教育引入了完全不同于传统的"四书五经"等重文轻理的内容，它们极大地改变了国人的知识结构，而产生了新知识阶层，新知识阶层的价值观又发生了巨大变化，也必将带来社会的变革。历史的事实证明，不同的教育理念顺理成章地带来了社会全方位的变化。

---

① 熊月之：《上海租界与近代中国》，上海交通大学出版社 2019 年版，第 425~435 页。

第十一章　近代影像中的物质生产

　　物质生产状况是人类改造自然的物质成果，是民族物质文明的基础，是生产力发展水平的体现，也在一定程度上反映出中华民族认识物质世界和改造物质世界的能力，这是构成时代社会文明的重要因素之一，进而成为民族形象不可或缺的组成部分。人之所以从动物界分离出来而成为人，器物的制造与使用，也就是物质生产是人类最重要也是最基本的活动，伴随着人类的全部历史。在一定的自然条件下，科技发展水平对物质生产能力产生了决定性的制约作用，并由此决定了社会的物质文明程度。中华民族在经历了以自然经济为主的漫长封建时代，并积累了一定的古代科学技术。此后，近代工业体系开始萌芽并有所发展，所有这些在近代影像库中均被影像所反映。

　　事实上，物质文明的发展必然影响人们的精神世界。比较典型的是收音机、留声机、照相机、电影等器物的出现，体现出人体感觉器官的延伸，改变了信息记录、传播与接受方式，从而也改变了文化交流方式，必将进一步影响到人们的思想认识与思维方式。

第一节　自然生态下的物质生产

　　基本生活资料，如棉麻、粮食、肉类是人类赖以生存的基础条件，人类的生资生产是从自然生态环境下起步，因而其物产状况与自然生态密切相关。从自然生态的角度看，中国主要有农耕生态、草原生态和海洋生态三类，而兼有种植经济、采集经济和养殖经济等物质生产方式。

一、农耕生产

众多的考古研究成果表明了中国的农耕生产至少是起始于新石器时代，如江苏省高邮龙虬文化遗址发现的稻种距今已有 5000—7000 年的历史。因此，农耕是中国最古老的物质生产方式之一，并在其核心生产区域建构了典型的农耕社会。"男耕女织"一词大概是对农耕生产方式最早也是最简单的概括，于是中国民间就有了"牛郎织女"的悲美神话传说。事实上，农业生产是国家的经济命脉、是战争不可或缺的物质基础，并不简单地就是百姓自己的生存行为。近代影像库中对农耕现象有着丰富的影像表现，并包含了耕作技术、生产工具、水利事业和农业科学发明等，从中可以解读中华民族一定的农耕物质生产现实。

（一）农耕自然环境

农耕生产的自然地理条件较为明显，主要有平原地带，山间盆地与梯田。如图 11-1《山村风景》（约翰·汤姆逊摄，1870 年，广东）所示 [1]，小山村的景象十分典型性表现了当地的农村生活：视野开阔而精致的农田表明了良田千亩而农民勤劳；前景中豪华气派的庙宇屋顶极具中国建筑特色，既反映了相当的生活水准，也反映本土宗教与百姓生活的深度融合。

中国的三大平原，即东北平原、华北平原和长江中下游平原的农耕生产都在近代影像库中有所表现，1947 年前后，大卫·柯鲁克拍摄了一

---

[1]　[英] 约翰·汤姆逊：《晚清碎影》，中国摄影出版社 2009 年版，第 147 页。

批华北平原的农田生产。而其它一些小型从属型平原，如成都平原、关中平原和一些高原盆地平原也有零星表现。综合这些地区的影像，充分表明了中国是农业大国的基本国情。

图 11-1　山村风景

如图 11-2《福州梯田》（约翰·汤姆逊报，1870 年，福建）所示①，是一幅表现福州的梯田，这也是对中国梯田的最早影像反映。自古以来，中国先民们在雨水充沛的山岭地区广泛开垦梯田，至今仍然是农田生产的重要阵地，并以广西、云南居多，其中尤以云南哀牢

图 11-2　福州梯田

山和广西龙胜龙脊梯田的风景最为出名。此外，江西、安徽、贵州、四川、福建等山区的梯田也较多。

（二）农耕生产技术

近代影像库中，早期所反映的农田生产方式较为原始，主要以人

---

① ［英］约翰·汤姆逊：《中国与中国人影像》，广西师范大学出版社 2015 年版，第 263 页。

畜力量进行耕种，典型的生产工具是犁。如《犁地》（约翰·汤姆逊摄，1870年，福州）所示的农耕场景①，这是目前发现最早的直接表现农田生产的中国影像。影像中普通的耕牛与犁桦的形制都朴实地表现了当时的农田生产实际；而从背景上看，则为典型山区小平原。其他农耕题材的影像还表明了实际耕种中铁犁、木犁并存，甚至人力拉犁，显然，人耕与木犁的生产效率低下。在漫长的农耕时期，无论是耕种还是收获、加工，国人都发明了多种农业生产工具，亦多见于影像表现之中，但绝无机械化、半机械化作业生产的影像。

事实上，许多摄影师都直接表现了农耕生产，如庄学本在近十年的民族志影像调查过程中，就一路拍摄了多幅表现高原地区播种、收获小麦、青稞的场景。在抗战期间，红色摄影家拍摄了大量反映八路军战士在边区参加农业生产活动的影像，以满足自我供给的需要。

在长期的农业生产实践中，中国人很早就意识到农田水利的重要性，闻名遐迩的四川都江堰水利工程目前仍发挥巨大作用，充分体现古代中国人民的聪明才智。近代影像库中还多次表现了使用龙骨水车、风力水车的汲水场景，从南到北、从东到西，从海岛台湾到青藏高原的全国各地都有所存在。近代，在具备相当条件的地区还兴建有空中渡槽，因地制宜地引水灌溉，如影像《空中渡槽》（顾棣摄，1946年，河北）所示②，地点为华北平原上的河北平山北庄。事实上，自古代以来各地兴修各种堤坝更为常见，这也在影像库中多有表现。

农耕社会的产品是以解决温饱需求为主要目标，影像库中有大量表现水稻、小麦、高粱、玉米、青稞、棉花、蔬菜、油料作物以及桑蚕、茶叶等物产的影像。农耕社会除了以农业生产为主外，还辅以养殖与渔猎，影像中最为常见的是家禽和猪羊牛等牲畜。

---

① ［英］约翰·汤姆逊：《中国与中国人影像》，广西师范大学出版社2015年版，第279页。
② 顾棣编：《中国红色摄影史》（下），山西人民出版社2009年版，第881页。

（三）农耕文明进步

从影像上可以看出，在旧中国，农耕生产工具与技术相对落后，发展缓慢，严重制约了农耕社会进步。即使如此，中华民族在漫长的农耕社会中仍然努力兴修水利工程、拓荒垦田、改良工具，如此等等也可以说明，国人为摆脱对自然的过度依赖也做出了相应努力，通常而言，生产工具进步、生产方式进步、农业科学技术进步就代表着农耕物质文明的进步。而人类受自然控制的程度愈小，离开野蛮状态愈远。

从思想观念方面来看，中国农耕文明所蕴含的思想精华和文化品格十分优秀，理想的农耕家庭模式是"耕读传家"，即既要有"耕"来维持家庭生活的必须，又要有"读"来提高家庭的文化水准。这种培养式的农耕文明推崇自然和谐，由耕读而致"勤劳质朴、崇礼亲仁"是农耕文明精神内核，它契合了中国文化对于人生最高修养的乐天知命的原则。

二、游牧生产

中国虽然不是世界游牧生产的主要区域，但游牧民族及其游牧生产仍然是中国多民族的一大特色，游牧民族以草原作为主要生存环境。另从地理学上获知，也从近代影像库中得到佐证，中国的草原主要分布在内蒙古、新疆和青藏高原。

游牧民长年生活于大自然的怀抱中，逐水草而放牧是其基本生活方式，居无定所、随遇而安，正因为流动性极强而被称之为马背上的民族。如影像《蒙古族牧民搭毡房》（普尔热瓦尔斯基摄，1880 年，内蒙古）所示[1]，表现了蒙古族牧民游牧生活中真实的一幕。游牧民们常年与各种自然灾害和草原猛兽搏斗，由此也养成了他们特定的性格，"热烈奔放、勇

---

[1]　张明：《外国人拍摄的中国影像 1844—1949》，中国摄影出版社 2018 年版，第 129 页。

图 11-3　打猎枪的阿克苏道台一家

猛刚健"是其重要的优秀品格特征。他们骁勇善战，历史上的蒙古铁骑曾经横扫欧亚大陆。

牛羊马骆驼是中国游牧生产的主要品种，并由此而生产出它们的系列衍生产品，一些游牧地区也兼有一定的种植与狩猎生产。如图 11-3《打猎枪的阿克苏道台一家》（马达汉摄，1908 年，新疆）所示①，新疆阿克苏地区水草丰美，草原气息浓厚，现实生活中以草原生产为主，兼有农耕和狩猎活动。总的来说，游牧生产的产品较为单纯。因此，他们对于农耕社会的依赖较为强烈，需要通过物物交换的方式来满足日常生活必需品。正是由于这种交往的频繁与深入，也极易引发各种纠纷，招致中华民族历史上的游牧与农耕两大文明的长久碰撞。此外，农耕的定居方式与私人财物的富有程度也容易成为古代牧民的攻击目标。

三、海洋生产

中国是名副其实的海洋大国，东南沿海拥有长达 1.8 万余公里的海岸线，加之众多海岛，因此有富饶的海洋物产，也孕育了丰富的海洋文化。具体地讲，海船、海航、海洋神话、风俗、民间妈祖信仰以及相应科学知识等都属于海洋文化。早在明朝年间的郑和"七下西洋"，就是中国海洋文化的一次集中展示。中国不仅拥有漫长的海岸线，沿线也是多民族混居区域。

① 张明：《外国人拍摄的中国影像 1844—1949》，中国摄影出版社 2018 年版，第 273 页。

近代影像库中，早期表现中国海域的影像较多，但真正表现以海为生的并不多。如影像《定海的渔船队》（伊莎贝拉·伯德摄，1895 年，浙江）所示[1]，表现了舟山群岛渔港的繁荣，进而指向了海洋渔业的兴旺。千百年来，勤劳的

图 11-4　力挽狂澜

中华民族由于拥有漫长的海岸、广阔的海域、富饶的海产和繁荣的海上贸易，形成了中华民族特有的海洋文化及其文明精神：海纳百川、敢拼会赢。

海洋文化与大河文化有所不同，大河文化是以农耕生产为主，兼顾渔猎，日出而作、日落而息，养成的是农耕精神。海洋文化则是以出海捕鱼为主，兼顾农业生产，渔民常常长时间漂泊于海上，养成的是海洋精神。如图 11-4《力挽狂澜》（张印泉摄，1935 年，湖北）所示[2]，画面采用的是现实摄影的创作方式来表现宜昌长江段特殊天气下的景象，展示了大河渔民搏击风浪的气势，完全不见了"渔歌唱晚"的那份闲情逸致，但仅从画面上的表现上还是难以区分场景发生地是大河还是海洋。

第二节　近代工业基础

近代中国并没有完备的工业基础，但有影像文献反映出洋务运动中，

---

① ［英］德博拉·爱尔兰：《中国影像之旅》，中国摄影出版社 2018 年版，第 112 页。

② 赵迎新：《中国摄影大师》，中国摄影出版社 2018 年版，第 130 页。

在推动近代工业化、近代城市化、近代教育化和近代军事化等方面，都充分体现了中国人民学习先进技术的智慧与努力。追循影像记录的轨迹，我们可以发现自 1865 年起，晚清中国逐步出现了近代兵工、近代纺织，以及电力、钢铁、粮食加工等近代企业的影像，它们是从西方经学习而来。此外，港口、铁路、城市的建设也多有参照西方的科学方法，由此表现出中国开始了近代工业的萌芽。

一、基础工业

基础工业是指矿产工业、基础材料工业及部分机械制造工业等，在近代影像库中，涉及基础工业的影像并不多见。

（一）矿业生产

考古研究表明，人类在新石器时代后进入了青铜时代，标志一个文明阶段的开始，也标志着开启了人类的矿业生产。因此，矿业生产作为一个特别的物产领域，在民族的整体形象中承担了不可或缺的角色。一般认为，中国大约在公元前 2000 年开始掌握原始青铜冶炼技术，也就开启了中华民族新的文明时代。

原始的矿业生产产生于早期的采石业，人们在采石过程中逐步发现了矿石内的各种资源。如图 11-5《采石场》（佚名摄，1865 年前后，宁波）所示，这是中国第一张采石场的影像①。影像上表明采石场紧邻运河，反映了当时必须依赖于水运的运输能力。1868 年，英国业余摄影师德贞医生在南京也摄制了采石生产。

根据近代影像库，经整理后共收集了 40 幅影像直接反映了近代中国的中国矿业生产，被表现最多的是煤矿。1872 年间，约翰·汤姆逊旅行至长

① 方霖、锐明：《旧日影像》，山东画报出版社 2003 年版，第 69 页。

江三峡地区，对当地露天煤矿的采煤、背运、制作煤饼等工序进行了系列影像表现。其生产过程表现出这是一种最为原始的矿坑式人力采矿，生产效率低下且浪费资源、污染环境，与同时代的世界先进技术相比存在相当的差距。如图11-6《采煤的苦力们》（约翰·汤姆逊摄，1872年，湖北）即为其中的一幅[①]。1898年佚名摄影师曾拍摄了开平煤矿秦皇岛的运煤码头，从而表现出中国煤矿工业的近代化生产。开平煤矿是在原土法采煤（起始于1401年）的基础上经过技术改造而成为中国最早的一座

图 11-5 采石场

图 11-6 采煤的苦力们

近代化煤矿。1935年前后，庄学本分别在青海大通拍摄了矿井的采煤作业、在金沙江边拍摄了矿工的淘金作业，他们仍然是原始的人力采矿作业。

1937年，孙明经拍摄了山东峄县（今枣庄）中兴煤矿的生产，画面所

---

① ［英］约翰·汤姆逊：《中国与中国人影像》，广西师范大学出版社2015年版，第421页。

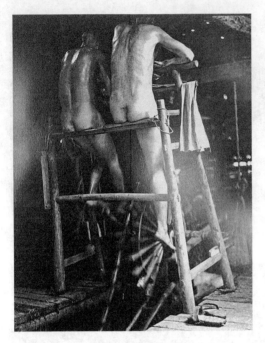

图 11-7 车盐工人

表现的煤场上见到了当时极为少见的传送机械。1940 年，出于抗日战争的需要，八路军炸毁被日军占领的中兴煤矿下属矿井——井陉煤矿，此景被沙飞所影像记录。

1938 年，孙明经拍摄了壮观的四川自贡盐井，自贡井盐素有井盐之父之称，也堪称钻井之父。他还拍摄了当地正在打造盐井钻头的铁匠，而自贡钻头享誉业界。有研究表明，自贡的矿盐、钻头和天然气生产在世界盐业生产历史中，都是中华民族的骄傲。尽管如此，自贡的井盐开采仍然是人工方式，如11-7《车盐工人》（孙明经摄，1938 年，四川）所示[1]，裸体的工作状态说明了劳动的艰苦程度，同时至少也是为了减少工作服的磨损而努力节约生活成本。

此外，还有一些中外摄影师拍摄了铅锌铜铁等金属的矿业生产，所有矿产基本都是人工开采，鲜有近代机器。事实上在中国人的日常生活中已广泛使用了金银铜铁等金属，不容质疑其矿产，尤其是金属矿产及其冶炼技术客观存在的事实。如影像《万寿山青铜亭》（约翰·汤姆逊摄，1872 年，北京）所示[2]，该青铜亭充分表明了中国古代采矿业及其冶炼技术的发达程度。但总体来说，涉及中国矿业生产的影像相对较少，甚至都

---

① 赵迎新：《中国摄影大师》，中国摄影出版社 2018 年版，第 301 页。

② [英]约翰·汤姆逊：《中国与中国人影像》，广西师范大学出版社 2015 年版，第 563 页。

未能体现出中国矿产的基本面貌。

（二）基础材料

现代的基础材料应包括金属材料、无机非金属材料及聚合材料。显然，中国近代前后的工业基础材料生产极其简陋，在影像库中，仅发现涉及钢铁、铅锌的冶炼工厂和少数的水泥生产企业。

1. 水泥生产

如影像《唐山启新洋灰公司》（佚名摄，1906 年，河北）所示 [1]，启新洋灰公司的前身是由私人创办于 1889 年的唐山细软土厂，此后既是中国第一家，也长时间是中国唯一的水泥生产企业。直至 1945 年停办，期间的跌宕起伏也是中国民族工业的真实写照：它经历了民营、官办、再民营、外商控制、洋货冲击、政局动荡、日军把持、同行竞争等种种磨难，也曾辉煌一时，但最终仍然惨淡落幕。

2. 钢铁冶炼

如图 11-8《锅炉安装》（佚名摄，1890 年，湖北）所示 [2]，表现了新建的汉阳铁厂正在安装巨大的锅炉，从而宣告了由晚清名臣张之洞主持建设的、中国第一座近代化的钢铁冶炼工厂正式建立。但遗憾的是，由于事先的调研不够充分，所安装的设备并不适应含磷量较高的大冶铁矿石，使得最初的钢铁生产并不顺利。

图 11-8　锅炉安装

---

① 章开沅：《辛亥革命大写真》，湖北美术出版社 2001 年版，第 37 页。

② 章开沅：《辛亥革命大写真》，湖北美术出版社 2001 年版，第 30 页。

另有《土法炼铁工厂》（佚名摄，1900 年，贵州）的影像则表明 [①]，在 20 世纪初尚有土法炼铁工厂的存在，但充其量它只是一个小作坊，是中国古老炼铁方式的一个遗存。1938 年孙明经在西南、1942 年郑景康在延安也拍摄了这类炼铁小作坊，显然它们不能适应近代工业的发展趋势。

（三）机械制造

机械制造，以今天的标准来说是指从事各种动力机械、起重运输机械、化工机械、纺织机械、机床、工具、仪器、仪表及其他机械设备等生产的工业部门，是工业发展的基础性行业之一。中国的机械制造业起始于洋务运动之后，如图 11-9《中国火箭号（亦称龙号）》（佚名摄，1881 年，

图 11-9　中国火箭号

---

① 章开沅：《辛亥革命大写真》，湖北美术出版社 2001 年版，第 73 页。

河北）的影像表明①，以开滦煤矿为主体制造了中国第一台简易蒸汽机车，用以解决矿煤外运的问题，这也是影像所表现出的第一台本土机械产品，无其它文献再表明另有在此之前的机械产品出现。据称这是以旧材料并以手摇动力车床为生产设备的产品，却也能表现出当时中国一定的生产工艺水平。但需要说明的是，这张来源于美国华盛顿国会图书馆的历史影像，画面上是提供图纸的英国工程师金达、机车与中国工人的合影。但机械的精致程度引来了后世的质疑：旧钢铁材料加上近似于手工的制作，能够做得到吗？而且实物在抗日战争期间已不知所踪。在当代互联网间却流传另一版本的所谓"中国火箭号"影像，形制与此大有不同，但无影像来源，似也不可信。

1905 年诞生在江苏南通的资生铁冶厂在近代铸铁制品制造业中也占有一席之地。另已如 7-2《金属加工车间》所示，画面上表现出了一些机械加工设备以及生产工人，此后没有影像能够显示机械制造在中国得到快速发展，这说明中国工业制造业由于受各种更为基础的条件限制而发展缓慢。

二、基础建设

这里的所谓基础建设主要是指电力能源供应、交通运输等与工业生产密切相关的领域。

（一）电力供应

近代早期的能源供应除煤炭之外，就聚焦于电力供应，这是近现代工业发展的基本前提与标志。在近代影像库中，反映电力生产的影像极为少见，但也说明了发电厂存在的事实。据地方史的相关研究表明，中国的第一家发电厂诞生于上海租界，但无影像留存，其核心设备——发电机来

---

① 刘香成：《从鸦片战争到军阀混战的百年影像史》，后浪出版公司 2015 年版，第 113 页。

源于英国。此后的中国，尽管逐步诞生多家发电企业，但发电机何时诞生于中国本土，从影像记录的角度看并不可考。

广州电力公司发电厂的外景影像是近代影像库中第一张直接反映发电企业的影像(佚名摄，1901年，广州)①。经查证，该发电厂为火力发电，并在此基础上进一步建立了广东电力供应网。但在近代中国，未发现有水力发电站的影像。事实上，在1905年，位于台湾台北附近的新店溪建成装机500千瓦的水力发电站。紧接着，在云南昆明市西山区海口镇螳螂川上游建设了大陆的第一座水电站——石龙坝水电站，该电站于1910年开工建设，1912年投产运行，其时装机容量为480千瓦。

如影像《汉口既济水电公司》(佚名摄，1906年，湖北)所示，是数幅"既济水电公司"的厂房影像中的一幅②，表明了重镇武汉发电与供水企业的正式诞生。这是在晚清重臣张之洞的支持下，以宋炜臣为代表的民族资本家创办的中国第一家民族资本电力供应，它在中国近代工业发展中具有非凡的民族意义。1920年，民国政府在南京成立了首都电厂，它是中国第一家官办电力公司。如影像《绥远电灯公司》(孙明经摄，1937年，内蒙古)所示③，这是在归绥(现今为呼和浩特市)成立并正式投产于1922年的发电公司，它是中国北方首家民间的民族资本管理的中国电力公司，它的诞生也具有重要意义。总之，百年电力发展史，也从一个方面反映出中华民族的百年奋斗史。

(二) 路桥建设

道路及其配套的近代桥梁建设是工业发展的必备基础。相对来说，近代影像库中反映公路建设的影像文献十分匮乏，不足以说明公路交通在近代中国的发展现状，近代的中外摄影师似乎是更热衷于表现铁路及其火车站的建设。

---

① 章开沅：《辛亥革命大写真》，湖北美术出版社2001年版，第38页。

② 章开沅：《辛亥革命大写真》，湖北美术出版社2001年版，第33页。

③ 孙建秋：《1937—孙明经年万里猎影记》，外文出版社2006年版，第169页。

在近代影像库中，共收集了117幅与铁路及火车站相关的影像，从中佐证了中国的第一条铁路始建于1875年，并于翌年通车，如影像《通车典礼》（威廉·桑德斯摄，1876年，上海）所示[①]。这是一条从上海至吴淞30公里长英制铁路，但因其非法建设而随后被拆除。如图11-10《李鸿章视察唐山火车站》（佚名摄，1886年，河北）所示[②]，唐山火车站的落成是中国近代交通史上里程碑式的事件，这条长约10公里的唐胥铁路是为运送开平煤矿的煤炭而于1881年自建的中国第一条铁路，唐山火车站则是其第一个站点。由此见证了晚清中国在经历20多年是否需要修建铁路之争自此尘埃落定，而其关键因素则在于李鸿章个人态度的反转，由此也可以看出中国封建的官本位之根深蒂固。此后，直至中华人民共和国成立前的74年间，收集到的影像表明，铁路的修建涵盖了上海、河北、湖北、吉林、北京、山东、内蒙、江苏、安徽、四川、热河、云南、黑龙江、广东等全国大部分地区。孙中山在请辞临时大总统后，也曾担任了中国铁路总督办。

与近代交通紧密相关的是能够承载汽车或火车的近代桥梁建设。20世纪初，为打通京

图 11-10　李鸿章视察唐山火车站

---

① ［英］泰瑞·贝内特：《中国摄影史1861—1879》，中国摄影出版社2013年版，第143页。

② 刘香成：《从鸦片战争到军阀混战的百年影像史》，后浪出版公司2015年版，第121页。

图 11-11　建设中的黄河大桥

汉铁路而在郑州开始建设黄河上的第一座铁路大桥，如图 11-11《建设中的黄河大桥》（佚名摄，1903 年，河南）所示①，并于1906年正式通车，这座大桥虽然采用了德国技术与材料，但其建设过程给了中国人以许多技术启迪。另外，近代影像库中的多幅影像都指向了上海外滩的外白渡桥，如影像《外白渡桥》（金石声摄，1934 年，上海）②，它是在历经三次重建后，成为中国第一座全钢结构铆接桥梁和仅存的不等高桁架结构桥梁，更是近代可通行汽车的标志性桥梁，建成通车于 1907 年。另据研究表明，浙江杭州的钱塘江大桥是我国自行设计与制造的中国第一座公铁两用桥，始建于 1934 年，遗憾的是在目前的近代影像库中未能发现她的身影。新式交通的快捷与相对安全彻底颠覆了人们旧有的时间与空间概念，为中国人的生存理念带来极为复杂的影响，也为推动中国近代化进程做出了榜样。

（三）港口建设

水运是中国民众赖以生存的重要因素，而港口及其码头则是水运的关键节点，离开了码头显然就无法进行水上运输。在近代影像库中，码头也就成为了所表现的重要题材。如影像《宁波港的航海帆船》（佚名摄，1865 年，宁波）所示③，从停泊于港口高大的船体及其烟囱可知，这是当

---

①　章开沅：《辛亥革命大写真》，湖北美术出版社 2001 年版，第 64 页。

②　赵迎新：《中国摄影大师》，中国摄影出版社 2018 年版，第 257 页。

③　方霖、锐明：《旧日影像》，山东画报出版社 2003 年版，第 69 页。

时一艘大型远洋蒸汽动力船。由此可进一步推断：能够停靠大型远洋船舶的码头是一个深水优良港口，从而带来方便的港口城市交通体系及其城市的繁荣。

在近代影像库中，共收集了与大型港口及其码头相关的影像 50 余幅，其中表现最多的是香港港。香港港众多的优良天然港区让她成为远东贸易中心的不二选择，也促进了早期香港的各行各业的繁荣，特别是直接为贸易服务的金融业。在十二章的"城市风貌"的讨论中，将会发现近代中的许多银行都驻留香港。同时，各港区优美的风景也引来了众多摄影师，猎奇与风景让他们乐此不疲，从而也为后世留存了较多影像。

在近代影像库中，除了普通码头外，还存有难得一见的专用码头，比如建于 1898 年的开平煤矿的秦皇岛港大码头，它表明了中国在迈进工业近代化过程中，已具有了一定的系统性基础建设的意识。

第三节　近代工业体系

近代开始前的中国社会是典型的农耕生产、游牧生产和海洋生产及其交织的社会生产状态，缺少促使社会转型的工业化生产，生活必须物品依赖于落后的作坊生产，传统手工业商品在洋货的竞争下相形见绌。根据影像文献反映，"俄商顺丰茶砖厂"是出现最早的中国近代工厂影像，大约是在十九世纪 60 年代初期的汉口 [①]，此时，晚清政府刚刚开始实行"洋务运动"。此后，近代中国的民族企业才从沿海沿江到甘川云贵等内地逐渐发展起来。自 1890 年起各地民族企业呈蓬勃发展态势，其中涉及冶炼、军工、造纸、纺织、发电、粮食加工、矿产、烟草，等等，表明中国在20 世纪初已经构建了满足民生基本需求的民族工业体系。文史研究表明

---

① 章开沅：《辛亥革命大写真》，湖北美术出版社 2001 年版，第 19 页。

在甲午战争之前，晚清政府禁止外国人在中国直接建立近代工厂，因此，在近代影像库中，20世纪前仅有两幅直接表现外资工厂的影像仍在情理之中。

一、手工业生产

与自然经济伴随而来的是手工业作坊，在直接解决粮食问题的农田生产之外，日常生活用品仍需依赖于手工业劳动。在洋务运动之前的生产规模基本为作坊式生产，主要依靠人力而非机械，同时又必须满足日常生活的基本需求，显然它会涉及粮食、纺织、茶叶、陶瓷、生活用品、基本工具及文化消费品等。而在北洋军阀政府时期，一方面，近代机器大工业有了相当大的发展；另一方面，数量庞大的手工业和手工工场仍然广泛存在。

（一）食品手工业生产

图 11-12 茶园中的妇女

如图 11-12《茶园中的妇女》（约翰·汤姆逊摄，1870年，福州）所示①，在近代影像库中，最早产生的数幅关于作坊加工的影像是茶叶加工而非粮食，由此可见，茶叶对中国人日常生活的重要性。此后，有影像表明，粮食加工除了石臼、石磨等原始工具外，如图 11-13《水磨坊》（伊莎贝拉·伯德摄，

---

① ［英］约翰·汤姆逊：《晚清碎影》，中国摄影出版社2009年版，第100页。

1896年，成都）所示[1]，还出现了水磨坊等半机械化的加工作坊。如影像《筛面粉》（西德尼·甘博摄，1919年，华北）所示，是农村作坊内制作面粉的过程，表明了一种制作面粉的原始工艺[2]。

图 11-13　水磨坊

此外，还存留有表现烧酒制作、龙虾肉加工等特殊食品加工的影像，再加之曾经描述的小商贩推销的相关食品，它们也多由作坊生产。也就是说，由作坊生产熟食品在中国是一种普遍现象或历史遗存。

（二）服装手工业生产

衣服鞋帽等纺织品的初级原料是棉花、蚕丝和羊毛，不同的初级原料由不同的工艺过程使其成为布匹、丝绸、毛毡等，再经剪裁和缝制等工序才能成衣。而在近代及其之前，每道工序都有可能依赖于作坊生产。

比如丝绸，它是中国传统的服装原料，自古就是中华民族的瑰宝，也是中国与世界各国贸易的主要商品之一，并被视为珍品而倍受欢迎。如影像《缫丝》（约翰·汤姆逊摄，1869年，广东）所示，这是中国的第一张蚕丝生产的影像；又于1871年在江西九江拍摄了利用简易竹制织机纺织华美的丝绸缎带[3]，也可以看成是一次用影像来表现的生产链，并由此

---

① [英] 德博拉·爱尔兰：《中国影像之旅》，中国摄影出版社 2018 年版，第 168、273 页。

② 邢文军、陈树君：《甘博的中国影像》，长江文艺出版社 2015 年版，第 194 页。

③ [英] 约翰·汤姆逊：《中国与中国人影像》，广西师范大学出版社 2015 年版，第 157、385 页。

看出中国对丝绸加工生产的娴熟与精致。如影像《抽取蚕丝的女工》（佚名摄，1880 年，香港）所示 [1]，画面中出现了两台相同的缫丝机，表明了这是一个有一定规模的缫丝作坊，他的背后一定拥有收购与丝绸加工的后续市场。

丝绸属于典型的农耕经济产品，而游牧经济则以皮革或羊毛为衣服的主要生产原料。在近代工业化之前，显然只能依赖于家庭或作坊生产。自 1934 年起，庄学本走进游牧文化地区，有大量影像表现了他们的羊毛及皮革家庭作坊加工业，产品主要有皮革、羊毛线、氆氇、毛毡等的加工生产。

相对于丝绸、皮革、羊毛生产环境与原料的局限性，棉花的种植则要广泛得多，因此棉布的生产更为普遍。如影像《家纺》（威廉·桑德斯摄，1870 年，上海）表现的是中国家庭纺纱场景 [2]。而在中国近代史上，抗日战争期间的边区大生产运动尤其值得称道，为解决抗战物资的自给，所留存的影像也表明了几乎是军民全员参与生产。如影像《纺线》（郑景康摄，1942 年，延安）表现的是延安的八路军女干部们正在参加纺线生产 [3]；而如图 11-14《捻线》（沙飞摄，1944 年，延安）则是表现了时任晋察冀边区参议会副议长于力、高等法院院长王斐然正在捻毛

图 11-14　捻线

---

① 刘香成：《从鸦片战争到军阀混战的百年影像史》，后浪出版公司 2015 年版，第 122 页。

② ［英］泰瑞·贝内特：《中国摄影史 1861—1879》，中国摄影出版社 2013 年版，第 369 页。

③ 赵迎新：《中国摄影大师》，中国摄影出版社 2018 年版，第 195 页。

线的劳动场景①。在生产过程中，他们都是使用了十分原始的生产工具，但这些影像也都有力地说明了边区抗日战争的困难与军民不畏艰苦的精神风貌。

（三）日用品手工业生产

在近代中国工业生产发祥之前，只要是生活的日用品都有可能来自于作坊加工生产，只不过是是否存在影像表现的问题。比如生活中的木工制品就十分丰富，但由于木材自身的笨重，在缺少机械加工的时代依靠个人或小家庭的力量就难以制作，作坊加工是其主要方式，但留下的木工及在中国久负盛名的木雕影像恰恰极少。

如图 11-15《制作景泰蓝》（约翰·汤姆逊摄，1871 年，江西）所示②，表现了景德镇作坊中的中国传统工艺品景泰蓝的生产。然而，从摄影画面上看，极其简陋的作坊条件，几位工匠各自专心工作竟可以生产蜚声中外的工艺极品，说明了工匠们拥有超群的智慧与精湛的工艺水准。作坊中的技术传承基本是家族、师徒相传的模式，依靠这种模式让中华民族的智慧结晶代代相传至近代社会。如影像《锁匠徒弟》（大卫·柯鲁克摄，1938 年，上海）就表现了作坊中师徒技艺相授的工作现实，他们摆摊于街头，在加工实践学习与掌握

图 11-15　制作景泰蓝

---

① 王雁：《沙飞摄影全集》，长城出版社 2005 年版，第 12 集。

② [英] 约翰·汤姆逊：《晚清碎影》，中国摄影出版社 2009 年版，第 46 页。

锁匠技艺 ①。

二、日用工业雏形

正是由于生活中的作坊生产逐渐不能满足近代中国社会的发展需要，而催生了中国物质生产向更快更好更多的方向发展，并在西方工业技术的进入与启发下，融合了古代中国的科技积累，中国的民族工业体系得到加快发展。在 1890 年起步发展的基础上，1912 年至 1927 年间，北京政府农商部共批准注册了 1627 家企业，但分布极不均衡。以 1919 年批准注册的 471 家为例，江苏就占了 155 家，而贵州、云南、青海、西藏等省份甚至为 0 家②。工业门类仍然是集中体现于日用品中的粮食加工、纺织工业以及其他生活用品的生产中。

（一）粮食加工

粮食加工应该包括很多种类：谷物、玉米、小麦和稻米等，但在近代影像库中并未收集到更多的相关影像，仅留 7 幅，而且其中的 5 幅明确为面粉厂的外景。由此，从影像诠释的角度看，也就只能说明自 1869 年香港阿芳照相馆拍摄了第一张面粉厂外景影像起，中国开始拥有了近代面粉加工厂③，此后的面粉加工厂逐渐遍布全国各地。如影像《支援解放军》（袁汝逊摄，1949 年，宁夏）所示④，表现了银川利民面粉厂向解放军提供了足够的粮食以支援解放战争，可见当时地处塞外的银川也拥有近代粮食加工厂。

---

① 王烁、高初：《大卫·柯鲁克镜头里的中国》，民族摄影艺术出版社 2016 年版，第 54 页。

② 张静如：《北洋军阀统治时期中国社会之变迁》，中国人民大学出版社 1992 年版，第 25、33 页。

③ ［英］泰瑞·贝内特：《中国摄影史 1861—1879》，中国摄影出版社 2013 年版，第 184 页。

④ 高琴：《透过硝烟的镜头》，中国摄影出版社 2009 年版，第 256 页。

（二）纺织工业

纺织工业涉及缫丝、棉纱、毛纺、织造等行业，这些行业在近代影像库中均有所反映。随着西方纺织工业技术全面进军中国市场，中国自 1880 年起开始拥有自己的民族纺织工业。据史料记载，1889 年，在洋务派领袖李鸿章主持下设立了上海机器织布总局，在此基础上，1891 年由唐松岩主持建设为具有官商合办性质的恒丰纺织新局，这是中国第一家近代化的纺织企业。如影像《恒丰纺织新局》（佚名摄，1891 年，上海）所示，留下的是厂大门的影像，但在 1893 年失火被毁。1894 年由李鸿章委派盛宣怀规复，改建为具有官督商办性质的华盛纺织总厂，该厂的创办在中国近代民族棉纺织工业史乃至整个民族工业史上具有非凡的意义。由于中国棉纺织品的市场巨大，因此晚清时期的中国纺织企业得以蓬勃发展，影像记录的有上海华新纺织新局、南通大生纱厂等[1]，这些代表性的工厂带动了其它近代工厂在中国的进一步发展。但此后的半个世纪，影像中的作坊式纺织生产及其工具并未绝迹，典型性的如前所述，抗战时期的陕北根据地就主要是依赖手工生产棉布。由此说明，由于不断的战乱导致中国的工业发展既不均衡也相当缓慢。

如影像《孙中山视察清河制呢厂》（佚名摄，1912 年，北京）所示[2]，由此表现了近代毛纺织厂在中国的落户。事实上，早在 1880 年，由左宗棠在兰州主导建设的甘肃织呢局就已投产，这是中国第一家官商合办、民族全产权的近代毛纺织工厂。1944 年在西康，孙明经还拍摄了一些毛线纺织工厂，说明了此时毛纺织业在中国一直在扩展之中。

（三）其他民生产品

1945 年，八路军从日军手中解放了张家口市后，沙飞拍摄了被接管的

---

① 章开沅：《辛亥革命大写真》，湖北美术出版社 2001 年版，第 34、36 页。

② 章开沅：《辛亥革命大写真》，湖北美术出版社 2001 年版，第 543 页。

张家口市的火柴公司、机械修配厂、木工厂、肥皂厂、皮革厂和烟草公司等一批影像（沙飞摄，1946 年，张家口）①，这一系列的工厂门类也许就是中国近代城市工厂类型及其体系的一个缩影。中国近代的影像文献充分反映出了早期的民族工业主要分布在上海、天津、广东、浙江、江苏等沿海地区，此后主要是沿长江扩散，然后才进一步在全国扩散。在漫长的近代工业发展之中，一些与民生密切相关的工厂已经出现。如在影像《商务印书馆的员工》（佚名摄，1909 年，上海），表明了中国在 1887 年首家出版机构"中国商务印书馆"的成立，书籍的出版必然依赖于印刷工厂。从员工着装和背景中的大型印刷制版设备可以判定，这是一张留影于印刷车间的合影照片，表明了早在 20 世纪初，中国就拥有了近代化的印刷工厂②。

三、军工生产

晚清政府经历了两次鸦片战争的惨败后，深感中国军事装备已远落后于西方工业国家，因此在洋务派的主张下，开始了近代军事工业的发展。从影像留存角度看，反映出晚清政府的军工发展主要体现于枪械生产与舰船制造，这也是当时军事失败的两大痛点。

（一）枪械制造

如影像《江南制造局》（佚名摄，1865 年，上海）所示，这是近代影像库中第一张反映中国民族军工的影像，也是中国民族工业的第一张影像③。据相关研究表明，江南制造局是由晚清重臣曾国藩规划、李鸿章实际操办，收购与改造西人的"虹口铁厂"后成为当时中国最早最大的军工托拉斯，后期发展为十几个分厂，能够制造枪炮、弹药、轮船、机器等。

---

① 王雁：《沙飞摄影全集》，长城出版社 2005 年版，第 24 集。
② 刘香成：《从鸦片战争到军阀混战的百年影像史》，后浪出版公司 2015 年版，第 293 页。
③ 章开沅：《辛亥革命大写真》，湖北美术出版社 2001 年版，第 34 页。

与江南制造局同时期的兵工厂还有金陵机器制造局、福州船政局和天津机器局等三所，并称晚清四大兵工厂。如图 11-16《大炮》（约翰·汤姆逊摄，1871 年，南京）所示①，展示了金陵机器制造局生产的大炮，也在一定程度上表明了当时中国兵工厂的规模与制造能力。此外，投资建设于 1892 年，并于 1895 年建成投产的湖北兵工厂为后来赫赫有名的汉阳枪炮厂的前身，自 1899 年起，有数幅影像表现了汉阳枪炮厂的外景及其生产的大炮②。此后汉阳枪械成为晚清新军的主要武器，因此可以推断，1911 年武昌起义的第一声枪响应该来自于汉阳造，汉阳造在抗日战争期间仍是中国军队的主要武器。

图 11-16　大炮

相对而言，受共产党领导的中国工农红军、八路军，直到解放

图 11-17　民兵制造地雷

---

① ［英］约翰·汤姆逊：《中国与中国人影像》，广西师范大学出版社 2015 年版，第 355、367 页。

② 章开沅：《辛亥革命大写真》，湖北美术出版社 2001 年版，第 32、299 页。

军时代都没有形成自己的强力军工制造工厂。陕甘宁边区的一批红色摄影家则一再以影像表现共产党军队土法生产武器的场景。如图 11-17《民兵制造地雷》(徐肖冰摄,1940 年,陕甘宁边区)所示 [1],作坊式的户外生产场地、日常的陶瓦罐、个体的装配,仅此一例就足以显示出八路军抗日条件的艰苦。

(二)舰船制造

在第八章《近代影像中的制度形象》,曾经举例约翰·汤姆逊拍摄于 1870 年的《福州船政学堂》,为这座闻名遐迩的中国近代化的兵工舰船制造和人才培养基地留下了宝贵的影像文献。船政局的建设在当时具有非凡的科学、技术与军事意义,既是晚清当局意识到自身落后的表现,也是学习西方科技的重要途径。船政局主要由铁厂、船厂和船政学堂三部分组成。1869 年 6 月 10 日,船局制造的第一艘轮船《万年清》号下水,遗憾的是没有发现这一历史事件的影像留存。

前述成立于 1865 年的上海江南制造局还下设造船分厂,称之为上海江南造船厂。江南造船厂一直是中国近代兵工造船业的代表。如影像《江南船坞》(佚名摄,1911 年,上海)所示 [2],经过数年的技术积累与发展,从民国初年的影像上能够看出,船坞内高大的舰船,已很具近代气息。

本章结语

通过近代影像,我们看到了在农耕生产、游牧生产和海洋生产相互融合的历史背景下,中华民族无论是文化发展还是物质发展都曾经走在了

---

① 赵迎新:《中国摄影大师》,中国摄影出版社 2018 年版,第 423 页。

② 章开沅:《辛亥革命大写真》,湖北美术出版社 2001 年版,第 387 页。

世界前列。只是由于古代晚期的朝廷实行了闭关锁国的保守策略，导致国力式微，在科学技术与生产力方面逐渐落后于西方工业社会。在摄影术诞生的时代恰是中国近代的开端，影像也反映了在中华民族全体人民的共同努力下，在奋力抗争外来奴役的同时，通过努力学习来提高自己的生产能力，以复兴民族。从影像文献的角度来看，自洋务运动之后，中国开始了自己的基础工业发展，不断革新原始作坊生产方式，以提高产能与质量，使其能够与"洋货"抗衡。同时努力进行基础建设，尤其是在路桥建设方面取得长足发展，逐步形成了近代民族工业体系，但根本性的进步仍然依赖于中华人民共和国的成立。

第十二章　近代影像中的城市风物

近代城市的发展是民族形象的重要方面，进入近代之后，中国社会处于从自然经济社会向初级资本主义社会的过渡时期。因此，城市尤其是部分沿海沿江城市的变化较大，反过来，城市的快速发展也验证了中华民族整体形象的进步。当然，中国城市在这场变迁中发展很不平衡，并有三种基本类型：一是由租界而带动发展的城市，如上海；二是由列强独占后发展起来的城市，如青岛；三是旧城市发生了新变化，如北京、杭州等。本章主要关注城市中的物质文化发展，并追寻那些产生较大变化的相关城市，并非试图说明在影像产制的年代中，中国的所有城市都有所变化。

第一节　市容市貌变迁

影像所表现的是特定产制时的现状，是对过去和当下的综合反映，这一点从表现市容市貌的影像中可以得到体验。有关市容市貌的要素较为复杂，考虑到本书已经讨论过的要素，在此只对城市建筑、城市交通运输和城市公园绿化等基本要素继续讨论，通过对它们的认识来认识中国城市在近代发展大潮中的变化。

一、城市建筑

城市的变迁首先反映在城市建筑的变迁上，城市建筑主要包括私人住宅、市政与文化公共建筑、商贸建筑等建筑设施及其构成的城市街景。

（一）外侨住宅

关于中国人的民宅，已在第四章的"衣食住行"中进行了充分讨论，在此主要关注在中国城市中近代出现的外侨住宅，它们对中国城市的发展及风貌产生了一定的影响。在近代影像库中，存有大量建筑在中国土地上的欧式、俄式、日式等各种国外风格的私人住宅。由此说明，在进入近代后，随着一些城市的开埠及租界的出现，开始出现了专供外侨居住的建筑群。其中香港作为最早被强租的城市，最早也最多地出现了欧式私人住宅。如图 12-1《香港水滨及港湾》（佚名摄，1860 年，香港）所示①，俯视镜头中的香港湾岸上建筑呈现出典型的英国风格，钢筋混凝土的砖石楼房耸立其间。

由此可见，在中国民用建筑上本就多元化的格局下，随着洋务运动的开始和国门的洞

图 12-1　香港水滨及港湾

---

① 刘香成：《从鸦片战争到军阀混战的百年影像史》，后浪出版公司 2015 年版，第 75 页。

开，又逐渐接纳与吸收了西方住宅建筑元素与建筑文化，由此显现出早期
中外建筑文化融合的趋势。

（二）市政建筑

市政建筑是政府机构的办公场所，俗话说"八字衙门朝南开"，可见
中国早期政府建筑的衙门也有一定的定制，在近代影像库中反映如此衙门
建筑的影像很常见。如影像《总理衙门》（托马斯·查尔德摄，1878 年，
北京）所示①，"中外褆福"的匾额显示了这是晚清中国的最高衙门——总
理衙门，其建筑样式充满了中国建筑文化元素。但此后新建政府办公场所
则难觅类似建筑，取而代之的是来自于西方的近代建筑样式，因其实用、
坚固和相对简单的建筑工艺而倍受欢迎。如图 12-2《上海外滩》（约翰·汤
姆逊摄，1871 年，上海）所示②，是在影像创作之前就高高耸立于上海外
滩的欧式办公建筑很具典型性。

图 12-2　上海外滩

中国古代城市
一个显著特征是都拥
有高大雄壮的城墙，
它应该属于市政建筑
之一。在近代影像
库中共收集到 58 幅
作品，专门表现了许
多城市的城墙。如影
像《广州的城门》（约
翰·帕比隆摄，1858
年，广州）所示是中

---

① ［英］泰瑞·贝内特：《中国摄影史 1861—1879》，中国摄影出版社 2013 年版，第 59 页。
② ［英］约翰·汤姆逊：《中国与中国人影像》，广西师范大学出版社 2015 年版，第 324 页。

国的第一张城门影像①。而城门的管理是朝开夕闭，城市居民的社会生活时间被大大压缩，严重制约了社会进步。进入近代后，城市中的租界却是一个相对开放的空间，它们基本整体移植了西方城市的管理模式，这对于数百年不变的中国城市生活带来了较大的冲击。租界成为西方城市文明在中国的一个窗口，其示范效应得以迅速扩散。

（三）公用建筑

公用建筑包括图书馆、博物馆、学校、医院和教堂等。作为城市文化活动的重要标志之一是公共图书馆与博物馆的建立与开放。应该说，中国古代藏书楼虽然对中华文化的传承起到了重要作用，但与近现代的公共图书馆相比，无论是管理模式、藏书规模还是所起到的社会作用都有很大差别。然而，关于谁为第一座中国近代公共图书馆目前尚无定论，较为流行的说法是张之洞捐赠的个人藏书所建成的京师图书馆应为中国第一座公共图书馆，始建于 1909 年，并于 1912 年 8 月 27 日正式开馆接待公共读者，为北京图书馆的前身。1915 年 10 月，民国政府教育部《图书馆规程》颁布，规定"各省各特别区域应设图书馆，储集各种图书，供公众之近阅览，各县得视地方情形设置之"。"公立私立学校，公共团体或私

图 12-3 华北协和女子大学

---

① 张明：《外国人拍摄的中国影像 1844—1949》，中国摄影出版社 2018 年版，第 25 页。

人，依本规程所规定，得设立图书馆"①。近代影像库中反映公共图书馆的第一张影像是私人建设中的乔治·莫理循公共图书馆。如图 12-3《华北协和女子大学》（西德尼·甘博摄，1917 年，北平）所示②，表现了正在图书馆中读书的女大学生们影像，这是第一张真正反映有读者的图书馆，由此可以佐证在民国初期，中国已经拥有了近代公共图书馆。

在《北京光社》（陈申主编，中国摄影出版社 2017 年版）一书中，登载了一系列故宫博物院高级管理层的个人肖像，以及开放首日典礼活动的影像（佚名摄，1925 年 10 月 10 日，北平）③，这标志着中国第一座博物院的正式建立。另有研究表明，1914 年北京已经成立了古物陈列所，它具有博物馆的基本特征。此后较为典型的是，1933 年蔡元培倡议建立国立中央博物院，并于 1936 年在南京开始建设，遗憾的尚未发现有更进一步的影像文献。晚清之后图书馆、博物馆等一批文化机构在近代中国的出现，客观上加强了普通人群对科学文化知识的了解与掌握，对促进国民素质的普遍提高起到了积极作用。

影像《农事博览园（北京动物园的前身）》（佚名摄，1909 年，北京）所示④，它是清政府建设的农事试验场，并不具有真正的博览会意义。但民国政府的农商部经过大量的筹备工作后，1915 年在此地举办了第一届国货博览会，它对于城市发展、民族工业发展而言，可以说是意义非凡⑤。

中国旧有的私塾、庙宇和中医诊室等社会机构在近代出现了新版本：学校、教堂和西医院，后者与前者相比，在功能方面的较大差异导致了建筑样式发生了较大变化。简单地比如：近代学校的教室需要配置黑板，建

---

① 张静如：《北洋军阀统治时期中国社会之变迁》，中国人民大学出版社 1992 年版，第 177 页。
② 邢文军、陈树君：《甘博的中国影像》，长江文艺出版社 2015 年版，第 119 页。
③ 陈申：《北京光社》，民族摄影艺术出版社 2017 年版，第 310—314 页。
④ 仝冰雪：《中国照相馆史》，中国摄影出版社 2016 年版，第 229 页。
⑤ 张静如：《北洋军阀统治时期中国社会之变迁》，中国人民大学出版社 1992 年版，第 23 页。

筑上就要有相应的配套空间，而私塾则不存在这一教学设施。

二、城市街景

城内交通运输状况是物质文化的体现，在近代之前，即使是城市之内的交通也是依靠人力完成，包括步行、人力车、畜力车及至后来的自行车。进入近代后，一些城市的交通向机车方向发展，拥有了最初的公共交通工具。城市内的交通运输方式首先反映在交通工具，之后是直接显现的城市街景。

（一）城市街道

由城市建筑构成的城市街道是另一道城市风景，它显现了若干单体建筑集合而成的综合功能。在中国近代城市建筑出现之前，其街景正如影像《广州的街道》（雅真照相馆摄，1870 年，广州）所显示的那样[①]：狭窄的街道表明出了人们出行基本靠走，生活的空间十分有限；林立的招牌显示出商贸的繁荣；熙攘的人群显示出城市的热闹。而同样是 1870 年，由阿芳照相馆拍摄的香港皇后大道则另有景象[②]：相对宽阔的街道显示城市的从容；两侧的楼房显示出近代社会发展的气息；路边的轿夫显示出一种普遍的出行方式及其在此方式下生活的人们。香港街道的景象是当时典型的欧式街景叠加了中国人的生活方式。此后，上海、北京、西安、沈阳、南京等诸多城市均有街景影像留存。如影像《上海街景》（佚名摄，1890 年，上海）所示[③]，都市街道的商业气息十分浓郁。

受限于摄影技术，在近代影像库中没有发现城市街道的夜景影像。事实上，中国城市在进入近代后，很快就引入了路灯照明。如图 12-4 所示的

① ［英］泰瑞·贝内特：《中国摄影史 1844—1879》，中国摄影出版社 2014 年版，第 121 页。
② ［英］泰瑞·贝内特：《中国摄影史 1844—1879》，中国摄影出版社 2014 年版，第 70 页。
③ 方霖、锐明：《旧日影像》，山东画报出版社 2003 年版，第 3 页。

图 12-4　上海街景

为另一幅《上海街景》（苏三兴照相馆摄，1880 年，上海）①，由横挂的"老
来兴栈"招牌上方明显可以看出有早期路灯的存在，它不同于灯笼而具有
更强的照明功能。随之而发展出城市的夜生活。并随电力的发展，路灯的
能源也更迭为电力。显然，拥有路灯照明的城市给居民带来了一系列的生
活变化，进一步促进了城市发展，也对市民精神面貌带来重大影响。

　　与此同时，在中国的南北方，由于世界列强在中国拥有各自的势力
范围，于是在影像库中显出了这些区域上的中式、欧式、日式、俄式、德
式等等各国街景，徜徉于此类街道上时就恍如身处异国他乡，上海外滩则
是闻名世界的万国建筑汇集的典型代表。城市街道的多元化风格既是中西
合璧的表现，也是城市功能，如教育、医疗、商业服务等设施不断完善的
体现。

---

① 　仝冰雪：《中国照相馆史》，中国摄影出版社 2016 年版，第 66 页。

（二）城内交通

步行是人们最原始的出行方式，正如在上述"城市街景"中提及的 1870 年的广州街景，狭窄的街道显示出城市中的人们出行方式是步行，同时也说明步行就能满足日常生活需要，从而也体现了城市的政治、经济社会规模。步行之外，轿子是中国城市中出现较早的代步工具，一直延续至现代社会的初期，城市中的轿子才逐渐消失，但在特殊的山区仍不时有竹轿的身影出现。

洋务运动后的人力代步工具又增加了黄包车（或称东洋车）和自行车。如影像《香港的黄包车》（阿芳照相馆摄，1870 年，香港）所示[1]，标志着一种新型的人力车进入了中国。同年，在一些西方人士的推动下黄包车进入了上海公共租界，如影像《黄包车》（丹尼尔·克拉克摄，1874 年，上海）所示[2]，表现正在上海街头拉客的黄包车，见证了这一种人力车正式进入了上海城区。

作为人力代步工具的后起之秀则是自行车，它何时来到中国并不可考，但据称在 1870 年左右就有西方人士赠送了一部自行车给同治皇帝。当然，那时的自行车只具有玩具性质，与后来风行于都市的代步工具相去甚远。如影像《缠足女子与自行车》（耀华照相馆摄，1905 年，上海）所示[3]，这是一幅在照相馆内摄制的缠足女子跨座的自行车，从结构上看，显然已属于具有实用性的代步工具了。如影像《婉容骑车》（佚名摄，1922 年，北平）表现了溥仪之妻婉容在故宫内骑车娱乐[4]。这也标志着自行车仍然是新鲜事物，此后的影像表现了自行车风行于北京、上海等各大

---

[1] 陈申、谢建国：《中国影像史·第二卷》，中国摄影出版社 2015 年版，第 71 页。

[2] ［英］泰瑞·贝内特：《中国摄影史 1861—1879》，中国摄影出版社 2013 年版，第 362 页。

[3] 仝冰雪：《中国照相馆史》，中国摄影出版社 2016 年版，第 309 页。

[4] 刘北汜、徐启宪：《故宫珍藏人物照片荟萃》，紫禁城出版社 1995 年版，第 180 页。

城市街头，并逐渐辐射至有道路条件的中小城市与乡村。

城市内的机车交通主要是指除人畜力驱动之外的公共交通工具，有电车和公共汽车两大类，与西方一些都市不同的是，中国的都市未发现有马车承担公共交通职能的影像。普遍来看城市公共电车早于公交汽车，而有轨电车又率先被应用，有影像记录下了在 1908 年 3 月 5 日上海第一条电车正式通车的场景（佚名摄，上海）①。另有研究认为：最早的市内公交汽车是 1907 年 6 月建成通车的青岛市区到崂山区柳树台的公交线路，此后，各大城市相继开建城市公交体系。

近代影像库中的相关影像表明了，中国城市内的交通是一个不断向近现代化方向发展与改善的过程。步行、人力车、机车的发展轨迹也从一个方面说明了中华民族在紧跟时代的步伐不断前进。

（三）百货大厦

在城市风貌中最为耀眼的应当是百货大厦的林立，近代得到发展的各大城市都有它庞大的身躯，它是社会环境整体进步的标志之一。这类影像较为丰富，比影像《先施公司》（陶冷月摄，1930 年，上海）所示，是上海南京路上的先施公司大楼的外景②。该公司是中国近代百货供应的典型代表之一，早在 1917 年即入驻上海，经营品种十分丰富，几乎囊括了全部日常生活用品。众多影像都表明了在近代中国的上海，百货大楼林立，标志着都市生活正在走向近代化。

三、城市公园

生活的现实告诉我们，人们在日常生活中需要一定的休闲时间与场

---

① 章开沅：《辛亥革命大写真》，湖北美术出版社 2001 年版，第 57 页。

② 图片来源：中国摄影家协会官网 / 大家名作 / 陶冷月，引用时间：2020-10-27.

所，令人神往的"竹林七贤"故事表达了文人雅士向往的山林生活，其场所也只是一片远离尘嚣的山野之地。当新型城市迅速发展的时候，必然需要有配套而来的新型公园以满足人们的基本心理诉求。

如影像《公家花园》（上海公泰照相馆摄，1880 年，上海）所示，虽然只是公园的大门，但却是近代影像库中第一张反映公园的影像①。公园，在古代指官家的"园子"，是供给公众休闲娱乐的场所，虽有定义却难觅现实踪影，但街头的凉亭却随处可见，成为了公众聚会休闲场所。也就是说晚清之前的中国城市中并无真正的"公园"发现，有的只是皇家园林。据上海地方史的相关研究表明，1866 开建的上海苏州河岸的"公家花园"应该是中国第一座真正意义上的"公园"，但这座公园主要由上海租界的工部局主导建设，具有典型的欧洲风格，此后改名为"外滩公园"，并因

图 12-5　南京玄武湖

---

① ［英］泰瑞·贝内特：《中国摄影史 1844—1879》，中国摄影出版社 2014 年版，第 139 页。

对华人入园设限曾引发国人的强烈愤慨、谴责和抗争。此后，"公园"的概念逐渐在中国各大城市中相继出现，比如上海就相继出现了豫园、徐园、愚园和南市西园等公园。

北京则将一些皇家园林或达官贵人的私家花园改造成为了公园。如影像《城市中央公园》（佚名摄，1924 年，北京）所示[①]，即为皇家的兴国寺改建而成。如图 12-5《南京玄武湖》（佚名摄，1930 年，南京）所示，表现了徜徉于玄武湖畔休闲的人们，标志着此地已成为当地的公园所在；1932 年，佚名摄影师拍摄了东北沈阳的冰雪公园，它具有鲜明的中国建筑风格[②]。全国各地公园的相继出现，显示出市民们一种新型生活方式已经到来。

城市市容市貌的变迁是一个地方，乃至一个国家的综合发展的缩影。城市建筑、城市街景和公园的建设与发展，都体现了社会物质生产能力、经济发展能力和人们的精神需求的全面提升。

第二节 城市生活服务

城市生活相较于乡村生活，无论是农耕、游牧乡村还是渔村都有较大的区别。乡村生活基本处于自给自足的生活状态，而城市生活必须依赖于城市系统化的服务行业。从近代影像中的城市生活服务状态可以反映一定的城市物质文明程度。

一、商业服务

在第七章《近代影像中的社会关系》的第二节，我们曾经讨论了国

---

① 陈申：《北京光社》，民族艺术出版社 2017 年版，第 64 页。
② 秦风：《民国影像 1927—1949》，广西师范大学出版社 2009 年版，第 132、133、161 页。

民商业行为中的街头服务业。街头服务是典型的个体服务，最常见的是理发、修补和搬运等，不能形成规模，也就难以满足大都市的日常需求，从事这些工作的都是生活在社会底层的苦力们。因此，城市服务业的趋势是由个体服务向行业服务转向，其标志是大型店铺的出现，最显著的变化是从货郎销售到百货大厦的拔地而起。

（一）酒店服务

如影像《香港大酒店》（佚名摄，1912 年，香港）所示[①]，它是 1868 年开业的香港第一家五星大酒店，显示出了近代酒店业的豪华与气派，孙中山先生曾在此下榻，这也是影像库中最早反映酒店业的影像。商旅文化必然催生客栈、旅馆业的发展，对中国而言，这一行业十分古老，只是在不同的历史时期名称不同而已。旅馆业的繁荣程度是社会发展形象的重要标志之一，而中国近代的客栈旅馆业则发展成了西式饭店或酒店业。酒店业是自第一次鸦片战争后，首先在租界之中发展起来，当然它的功能与传统的客栈旅馆业相比有了很大拓展。另据研究表明，1845 年上海就率先开业了近代模式的浦江饭店，它远早于香港大酒店。

（二）城市休闲

茶社或称茶馆、茶楼，是中国人重要的休闲服务场所，中国的南方城市多有茶社休闲，西方的咖啡馆可与之相媲美。如影像《上海茶园中的桥》（丹尼斯·李阁郎摄，1859 年，上海）所示，是最早反映茶楼外景的影像[②]，其环境的优雅足见其消费的标准不菲。1900 年，美国摄影师詹姆斯·利卡尔顿在上海摄制了两幅反映南京路上茶社的影像[③]，繁华路段的茶社存在说明了它们在中国城市已得到长足发展。1949 年，周海婴拍摄

① 章开沅：《辛亥革命大写真》，湖北美术出版社 2001 年版，第 537 页。
② 张明：《外国人拍摄的中国影像 1844—1949》，中国摄影出版社 2018 年版，第 19 页。
③ [美] 利卡尔顿：《美国摄影师的中国照片日记》，福建教育出版社 2008 年版，第 52 页。

了北平启明茶楼中的茶客正在欣赏相声节目，使早就与曲艺、书场相结合而形成的茶楼休闲文化得到了影像佐证①。总而言之，茶社在中国十分普遍，比如，另据研究表明，1885 年，地处长江下游江北小城扬州就已出

图 12-6　张园旧影

图 12-7 上海大世界

现了闻名遐迩的"富春茶社"。茶社的迅速发展，并融合了书场、沐浴等休闲方式，应该说明了在当时当地的社会中存在一个悠闲群体。"早上皮包水，晚上水包皮"（前者指早上在茶社消闲，后者指下午就开始的浴室相聚）则是这一阶层的日常生活写照，当然也有许多商务活动选择在茶社与浴室中洽谈，刻意显示商界的轻松。

如图 12-6《张园旧影》（佚名摄，1892 年，上海）所示②，表现了上海张园新建洋房时的辉煌。上海张园始建于 1882 年，地处今

①　周海婴：《历史的暗室》，广西师范大学出版社 2011 年版，第 187 页。

②　熊月之：《上海租界与近代中国》，复旦大学出版社 2019 年版，第 381 页。

天上海的南京西路之南、同孚路之西。它是晚清城市服务综合体的特殊存在与典型代表，曾风靡上海一时，拥有赏花、看戏、评戏、照相、吃茶、纳凉、集会、展览购物等服务功能于一身，极大地影响了上海时尚阶层的日常生活，充分反映了上海市民的阶层形象。

如图 12-7《上海大世界》（张才摄，1943 年，上海）所示[①]，"大世界"门口的繁荣景象说明了这一室内游乐方式受到普遍欢迎。上海"大世界"始建于 1917 年，历经中国近代史上最具动荡的 30 年仍然兴旺如初，也说明了上海社会生活的相对稳定，列强势力在此实现了相互牵制，即使太平洋战争发生后对"大世界"的经营也未产生根本性逆转。另一幅《上海大世界》（杰克·伯恩斯摄，1948 年，上海）是美国记者的影像记录[②]。令人意外的是，国内战事已紧，人民解放军百万雄师陈兵长江边蓄势待发，但上海的娱乐场所似乎不受影响，景象依然兴旺。

（三）影楼行业

自 1844 年摄影术传入中国后，香港、广州、上海等较早开埠的城市迅速诞生了一批早期的照相馆，因初期照相馆常建于楼顶的玻璃房中，故而在香港也被称为影楼，影楼成为了时尚消费者另一种实用休闲方式——摄影留念，于是影楼遍地开花。在近代影像库中除了诸多影像有照相馆的署名，证明了该影楼的事实存在，同时还有许多照相馆自身的外景影像也说明了其具体位置。如影像《辉来照相馆》（威廉·弗洛依德摄，1867 年，香港）所示，就是该照相馆老板的自拍照[③]。而《中国照相馆史》（仝冰雪，中国摄影出版社 2016 年版）一书则十分仔细地考证了中国照相馆的发展历程。就摄影自身的发展而言，已形成了艺术创作与信息载体两大方面，不同性质的作品在中国近代社会进程中扮演了一定角色。

---

① 赵迎新：《中国摄影大师》，中国摄影出版社 2017 版，第 392 页。
② ［美］伯恩斯：《内战结束的前夜》，广西师范大学出版社 2005 年版，第 26 页。
③ 张明：《外国人拍摄的中国影像 1844—1949》，中国摄影出版社 2018 年版，第 104 页。

二、医疗服务

如影像《广州的药房街》（约翰·汤姆逊摄，1869 年，广州）所示①，这是颇具规模的中药一条街，说明了中医在当时当地的医疗主导地位。但在民国之后，西医在政府的支持下得到了长足发展，中西医结合成为一种社会趋势。如影像《鼓浪屿医院》（瑞生 & 宜芳照相馆摄，1880 年，厦门）是近代影像库中最早反映西医院外景的影像②。如影像《席地而卧的霍乱病人》（大卫·格里菲斯摄，1894 年，香港）所示，表现了在香港爆发的霍乱传染，众多病人被医院收治的景象③，这是中国最早出现病人的西医院。医院的出现是中国在受到西方医疗思想影响后，医疗机构向近代西医、全科化、专门化、科学化方向发展的标志。此后，大量影像反映出在中国各地西医院的逐渐普及，并包括了公立、私营、教会和红十字医院等多种模式。

图 12-8　孩童牛痘接种

1894 年与 1895 年，伊莎贝拉·伯德分别在奉天与杭州拍摄了教会医院收治中国病人的影像④，佐证了西方教会医院在中国有所存在的事实。由于西医治疗具有传统中医不具有的特别疗效，比较容易为中

---

① [英]约翰·汤姆逊：《中国与中国人影像》，广西师范大学出版社 2015 年版，第 115 页。
② [英] 泰瑞·贝内特：《中国摄影史 1844—1879》，中国摄影出版社 2014 年版，第 222 页。
③ 张明：《外国人拍摄的中国影像 1844—1949》，中国摄影出版社 2018 年版，第 162 页。
④ [英] 德博拉·爱尔兰：《中国影像之旅》，中国摄影出版社 2018 年版，第 47、92 页。

国百姓所接受。因此，借医传教也成为当时教会扩张信徒的方法之一，使医疗具有了一定的文化穿透力。随着对传染性疾病认识的提高，在近代中国也开始尝试疫苗接种的防疫工作。如图 12-8《孩童牛痘接种》（佚名摄，1936 年，南京）所示[1]。当然，由于时代的局限，如此的防疫接种也只是示范性的进行，并未在全国广泛开展。

1938 年，大卫·柯鲁克在上海街头拍摄了坐等病人的医生摊位和正在为市民治疗的牙医[2]，由此说明了街头行医在中国是一种普遍现象，而街头牙医则是城市生活中典型的街头个体服务。在近代之前，中国末有医院的概念，即使是中医、藏医等民族医疗诊室也都是个体性质，或家族式的较小规模，且大多为全科医生，只是个人医术可能有所专长。如影像《老中医吴雁山》（克林顿·米特勒摄，1945 年，云南）所示[3]，美国摄影师在云南昆明拍摄了老中医的工作影像，表明了中医在民间的崇高威望。事实是，在中国近代相当长的时间内，医疗现状是街头游医、诊室坐诊和医院综合治疗的多元并存。

三、金融服务

城市工商业的繁荣必须得到高速运转的资金支持，因此，银行金融服务是近代城市的标志性服务之一。如影像《道胜银行大楼》（佚名摄，1896 年，天津）所示[4]，是在近代影像库中最早得到反映的银行。事实上，出现在中国领土上的第一家外国银行是英国丽如银行，于 1845 年在香港和广州设立分行营业。

---

① 秦风：《民国影像 1927—1949》，广西师范大学出版社 2009 年版，第 140 页。
② 王烁、高初：《大卫·柯鲁克镜头里的中国》，民族摄影艺术出版社 2016 年版，第 70、58 页。
③ 张明：《外国人拍摄的中国影像 1844—1949》，中国摄影出版社 2018 年版，第 463 页。
④ 章开沅：《辛亥革命大写真》，湖北美术出版社 2001 年版，第 58 页。

在近代的封建文化时期，市场的金融服务呈现出外资银行、民间票号与钱庄三足鼎立与竞争的态势。研究表明，银票的诞生标志着货币制革命性的进步，中国在宋朝就已出现银票，是世界上使用银票最早的国家，有研究者甚至认为可以追溯到汉朝即有其雏形。但清朝政府在执政200年后的1853年才发行官钞，山西平遥却早在1824年，就诞生了"日昇昌"的私营票号。此外，如影像《当铺》（张才摄，1944年前后，上海）所示①，这是为百姓与小业主的短期融资提供服务的传统典当行业，具有一定的金融服务性质。

进入新文化自觉时期后，由于票号与钱庄的运营模式自身的缺陷使银行业迅速发展壮大，也出现了国有与民族资本银行。辛亥革命期间的1911年，秦陇复汉军、上海光复后的沪军都督府、江苏中华银行分别发行了军用银票；翌年，中华民国政府及陆军部等部门也都发行了银票与银元等等，其中如影像《沪军都督府军用钞票》所示②，标志着银票、钞票、债券进入了近代百姓的日常生活，它们的出现为此后的银行服务业的发展奠定了一定的心理基础。而全国的票号终究末有一家改组为银行，钱庄不能适应大资本的运营而纷纷倒闭。曾经三足鼎立的金融服务业变成了银行的一家独大。

城市服务功能的提升是城市进一步发展的前提条件，从近代影像所反映的情况来看，中国近代城市，尤其是沿海沿江城市都向着近代化的方向发展。城市内涵的提升，为国民精神世界的追求提供了一定的物质基础。

第三节　城际长途交通

城市间的长途交通运输也是物质文明进步的重要标志，它的变迁与

---

① 赵迎新：《中国摄影大师》，中国摄影出版社2017版，第399页。
② 章开沅：《辛亥革命大写真》，湖北美术出版社2001年版，第619—620页。

发展主要反映在交通工具与模式的进步上。与世界各地一样，中国的长途交通运输工具也是从人畜力向机车工具方向发展。

一、人力交通运输

人是自然界最原始的动力源，因此，人力运输也是最古老的交通运输方式，它主要依靠人自身的力量及其所掌握的体力性运输工具，比如手推独轮车、人力板车、驾驭畜力车和人力船舶从事交通运输工作。

（一）徒步与背挑

交通靠走，运货靠背挑是最原始的交通运输方式，这在近代影像库中仍然十分普遍，应该承认，这是经济落后的直接表现。1872 年，约翰·汤姆逊在三峡地区拍摄了当地煤矿的背运苦力，这是近代影像库中最早反映人力背挑的影像①，尤其是在云南、四川等山区，依靠人力背运货物是普遍方式，正如图 12-9《茶马古道上的背夫》（亨

图 12-9　茶马古道上的背夫

① ［英］约翰·汤姆逊：《中国与中国人影像》，广西师范大学出版社 2015 年版，第 421 页。

图 12-10　背柴的彝族妇女

利·威尔逊摄，1900 年，重庆）所示①。如图 12-10《背柴的彝族妇女》（庄学本摄，1938 年，四川）所示②，在西部地区的民族志影像中，反映出背扛肩挑是一种普遍现象。背挑现象的地域跨度也非常广泛，几乎从南到北、从东到西都不同程度存在。背挑涉及的货物种类则有矿石煤炭、生活用水、日用商品、战争物资等，几乎无所不背。这是真实的原生态物质生活写照。

（二）人力车运输

图 12-11 独轮车劳务市场

人力车主要有手推独轮车和人力板车。独轮车的基本情况在第四章的衣食住行一节已有所说明，事实上，它的运用十分普遍，不仅是在城内运输，也常常被用于短途的城际与乡村间的运输。如图 12-11《独轮车劳务市场》（詹姆斯·利卡尔顿摄，1900 年，天津）所示③，广场上满是独轮车的场景说明了它在

①　张明：《外国人拍摄的中国影像 1844—1949》，中国摄影出版社 2018 年版，第 207 页。
②　李媚：《庄学本全集》，中华书局 2009 年版，走进西康·夷族。
③　[美]利卡尔顿：《美国摄影师的中国照片日记》，福建教育出版社 2008 年版，第 154 页。

城市使用的普遍性，是当时当地不可或缺的代步或运输工具。又如影像《坐独轮车的老太太》（大卫·柯鲁克摄，1940 年，贵州）所示 [1]，这种存在说明了近现代交通虽然已经深入中国，但这一古老的运输工具仍然在日常生活中发挥作用，也进一步说明了近代中国各区域的经济发展极不平衡。人力板车也承担了城市与乡村间的货物运输的重要角色，如影像《捡火柴的穷人》（亨利·布列松摄，1949 年，上海）所示 [2]，显示了都市中板车的使用状况。

（三）人力水运船

　　世界各地的船运历史十分古老，在蒸汽机发明之前的船运动力显然只有人力，在人的操控下再借助风力、流力，总归仍然是人力水运。中国的水运十分发达，除了长江、黄河等天然大河外，闻名世界的京杭大运河自隋朝起就成为中国南北水运大动脉。如图 12-12《徐家汇的河道》（丹

图 12-12 徐家汇的河道

图 12-13　白河口上的帆船队

---

① 王烁、高初：《大卫·柯鲁克镜头里的中国》，民族摄影艺术出版社 2016 年版，第 158 页。

② 南无哀：《东方照相记》，生活·读书·新知三联书店 2016 年版，第 222 页。

尼斯·李阁郎摄,1859年,上海)是中国第一张水运影像[1],弯弯的河道,清清的河水,典型的水运古典美;类似的还有如图 12-13《白河口上的帆船队》(佚名摄,1900年,天津)所示[2],船舱中物品清晰可见,反映了典型的内河人力船水运景象。水运中除了船运外,不同地区还有各式竹筏、木筏、羊皮筏等水运工具。而在西南交通极其不便的山区,由于水流湍急导致渡船无法摆渡,修建桥梁也不可能。溜索就成为人们渡过大河的日常工具,足见其生活的闭塞与贫穷。在《庄学本合集》、《孙明经纪实摄影研究》等影像著作中,就有一些影像表明当地人,甚至包括作者本人也是依靠溜索才渡过大河、大沟。

二、畜力交通运输

最古老的畜力交通当然是骡马驴牛与骆驼的骑行,但在人力板车上套上牲畜,由人工来驾驭就成为了畜力板车,包括北方冬季的狗拉雪橇也是一种畜力车。借助于影像,也反映出这是近代中国城乡间重要的运输工具。畜力车因适合于城乡之间、工矿企业的交通运输而十分常见。如图 12-14《北京的马车》(佚名摄,1875年,北京)所示[3],这是当时十分普遍的一辆马车,从橡胶的车轱辘及其造型来看,也是十分讲究的新型马车,显然是可以用于城乡之间的旅行。而在 1900 年,出现在北京街头的马车完全是 25 年前的样式[4],如此漫长的时间未有改变,说明了晚清中国的经济发展极其缓慢。1917 年,西德尼·甘博拍摄正在通行马车的北京城门,也从一方面看出了在清末民初,畜力车依然是交通的重要工具。

如影像《逃难的一家人》(杰克·伯恩斯摄,1948年,上海)所示,

---

① 张明:《外国人拍摄的中国影像 1844—1949》,中国摄影出版社 2018 年版,第 22 页。

② 刘香成:《从鸦片战争到军阀混战的百年影像史》,后浪出版公司 2015 年版,第 219 页。

③ 方霖、锐明:《旧日影像》,山东画报出版社 2003 年版,第 25 页。

④ 刘北汜、徐启宪:《故宫珍藏人物照片荟萃》,紫禁城出版社 1995 年版,第 282 页。

图 12-14　北京的马车

这是为逃避战乱而坐着马车逃离的一家人①，当时，在陷入解放军包围的上海能够坐着马车出行仍然是一种奢侈。由此看出，即使在被称之为东方大都市的上海，也仍然是近现代交通工具与人畜力车并存的世界，并时常依靠畜力车出行，这种情形在近代中国的各大城市是一种普遍现象。

三、机车交通运输

中国最初依靠蒸汽机、燃油机等作为动力机械的交通运输工具都是由国外引进的整车或技术，渐次在中国境内出现的汽船、火车、汽车和飞机极大地改善了中国民生。但应该说明的是，这种进程在中国各地的发展极不平衡。

---

① 　[美] 伯恩斯：《内战结束的前夜》，广西师范大学出版社 2005 年版，第 133 页。

（一）汽船的引进

如影像《更新号汽船》（佚名摄，1872 年，上海）所示，是停泊在黄浦江边且隶属于上海"轮船招商局"的蒸汽动力船[1]，标志着中国第一家民族船运公司的启动，也标志着中国境内已正式拥有了蒸汽动力船。虽然在此之前也有影像表明，在上海外滩上停靠有蒸汽机船，但已不可考证其隶属的国家与商业公司。

（二）火车的引进

正如第十一章《近代影像中的物质生产》所表明的，1875 年，英国摄影师威廉·桑德斯在上海拍摄了中国铁路工人的一家，反映出了中国铁路建设的起点时间。此后，在中国东西南北的多地开始了铁路与火车站建设热潮，它既是列强在中国展开争夺的热点，也是推动中国走向近代化的契机。此后的影像还表明了铁路建设也成为了中国一项基础产业。据有关统计研究表明，在民国之后，中国的铁路运输有了长足发展，机车从 1912 年的 600 辆上升为 1924 年的 1148 辆；1922 年铁路总里程有 12100 公里，名义上的国有铁路为 7500 公里，占 62%；但民族资本运营仅为 700 公里，仅占 6% 而微不足道[2]。

（三）汽车的引进

如影像《怒烧汽车》（佚名摄，1905 年，上海）所示，表现的是上海市民焚烧英国副领事汽车的事件[3]，这是近代影像库中出现的首张汽车影像，也表明在此之前汽车已经进入中国。如图 12-15《汽车拉力赛》（吕

[1] 章开沅：《辛亥革命大写真》，湖北美术出版社 2001 年版，第 35 页。
[2] 张静如：《北洋军阀统治时期中国社会之变迁》，中国人民大学出版社 1992 年版，第 59 页。
[3] 章开沅：《辛亥革命大写真》，湖北美术出版社 2001 年版，第 246 页。

图 12-15　汽车拉力赛

杰·巴津尼摄，1907 年，北京）所示 ①，意大利摄影师用影像全程记录了
在中国境内举办的第一场西方汽车拉力赛，画面上反映出拉力赛引来众多
国人的围观，这场空前赛事对于西方汽车工业试图开拓中国市场提供了帮
助。此后的影像表明，汽车在中国被迅速推广，但遗憾的是并未见中国的
汽车品牌。而我国的公路建设则开始于辛亥革命之后，1913 年，湖南省
都督谭延闿修筑长沙至湘潭的军用公路，这是我国修建的第一条公路，此
后各省陆续开始修建公路 ②。

（四）飞机的引进

如影像《飞机队》（佚名摄，1912 年，南京）所示 ③，这是近代影像库

---

① 张明：《外国人拍摄的中国影像 1844—1949》，中国摄影出版社 2018 年版，第 278 页。
② 张静如：《北洋军阀统治时期中国社会之变迁》，中国人民大学出版社 1992 年版，第 59 页。
③ 章开沅：《辛亥革命大写真》，湖北美术出版社 2001 年版，第 470 页。

图 12-16　南京鼓楼

中的第一张反映飞机的影像，飞机隶属于民国初年的南京总统府，由此说明，此时的中国已经具有了初步的航空能力。虽然有研究认为早在1910中国就从法国进口了第一架飞机，并在北京的南苑机场起降，但并未见相关影像。如图 12-16《南京鼓楼》（孙明经摄，1936 年，南京）所示 [1]，当年航拍南京鼓楼广场实属壮举，这也表明了当时的飞机不仅用于载客运货，偶尔还用于城市调查。1937 年西安事变发生后，周恩来即从延安乘飞机赶赴西安处理事变，标志着延安、西安之间已实现了通航，由此也说明了航空事业在中国已有所发展。

　　相对于原始交通方式的近代进步，不仅表现于物质生产能力的进步，更在于改变了人们原有的时间与空间的概念，从而为推动与提速社会物质与精神的整体进步奠定了基础。

------

① 　赵迎新:《中国摄影大师》，中国摄影出版社 2017 年版，第 289 页。

本章结语

什么是人类文明？有一种观点认为，人类是群居动物，当人们聚集为城而居时为之"文明"的开始，从这一意义说，城市是文明起始的标志。中国的考古成果表明，河南安阳"殷墟遗址"至少在 3700 年前就已经存在了，由此说明，在中国大地上相当早期地就出现了"城市"。而本章所讨论的城市则属于近现代城市模式，它不仅具有人们居住的功能，更应具有一些其它必备的生活功能。本章在市容市貌、城市生活和城际交通三个维度上，通过大量影像资料立体性地诠释在近代中国的沿海、沿江等城市中的建筑、街景、公园、商贸服务、医疗服务、金融服务以及城乡间的交通等城市要素率先得到了进步与发展，并逐步辐射到全国各地，而城市的发展对中国近代化整体进程具有极为重要的推动作用。

参考文献

一、著作类

1.[法] 莱辛:《拉奥孔》,人民文学出版社 1979 年版。

2.伍素新:《中国摄影史话》,辽宁美术出版社 1984 年版。

3.吴群:《中国摄影发展历程》,新华出版社 1986 年版。

4.胡志川:《中国摄影史（1840—1937 年)》,中国摄影出版社 1987 年版。

5.[德] W.本雅明:《机械复制时代的艺术作品》,浙江摄影出版社 1993 年版。

6.[美] 施拉姆:《人类传播史》,台湾远流出版事业有限公司 1994 年版。

7.[法] 罗兰·巴特:《明室·摄影札记》,台湾摄影工作室 1995 年版。

8.[美] 约翰·费斯克:《传播符号学理论》,台湾远流出版事业有限公司 1995 年版。

9.刘北汜、徐启宪:《故宫珍藏人物照片荟萃》,紫禁城出版社 1997 年版。

10.王雅伦:《法国珍藏早期台湾影像》,台湾雄狮图书股份 1997 年版。

11.蒋齐生:《中国摄影史（1937—1949 年)》,中国摄影出版社 1998 年版。

12.[美] 鲁道夫·阿恩海姆:《视觉思维》,四川人民出版社 1998 年版。

13.欣闻:《旧中国影录》,民族摄影艺术出版社 1998 年版。

14.胡志川、陈申:《中国早期摄影作品集 1840—1919》,中国摄影出版社 1999 年版。

15.[法]方苏雅:《昆明晚清绝照(1896—1904)》,中国文联出版社 1999 年版。

16.乌丙安:《窥视中国:20 世纪初日本间谍的镜头》,辽海出版社 2000 年版。

17.[美] 保罗·康纳顿:《社会如何记忆》,上海人民出版社 2000 年版。

18.章开沅:《辛亥革命大写真》,湖北美术出版社 2001 年版。

19.方霖、锐明:《旧日影像》,山东画报出版社 2003 年版。

20.[芬] 马达汉：马达汉西域考察日记》，民族摄影艺术出版社 2004 年版。

21.[英] 斯图尔特·霍尔：《表征——文化意象与意指实践》，商务印书馆 2003 年版。

22.[美] 保罗·梅萨里：《视觉说服》，新华出版社 2004 年版。

23.王雁：《沙飞摄影全集》，长城出版社 2005 年版。

24.[美] 伯恩斯：《内战结束的前夜》，广西师大出版社 2005 年版。

25.[美] 阿瑟·罗思坦：《纪实摄影》，广西师范大学出版社 2005 年版。

26.[美] M.W.玛利亚：《摄影与摄影批评家》，山东画报出版社 2005 年版。

27.[美] 尼古拉斯·米尔佐夫：《视觉文化导论》，江苏人民出版社 2006 年版。

28.[英] 丹尼斯·麦奎尔：《受众分析》，中国人民大学出版社 2006 年版。

29.[法] 居伊·德波：《景观社会》，南京大学出版社 2006 年版。

30.[法] 让·鲍德里亚：《象征交换与死亡》，译林出版社 2006 年版。

31.[德] 埃德尔蒙特·胡塞尔：《现象学》，重庆出版社 2006 年版。

32.[美] W.J.T. 米歇尔：《图像理论》，北京大学出版社 2006 年版。

33.孙建秋：《1937—孙明经年万里猎影记》，外文出版社 2006 年版。

35.向海涛：《视觉表述》，西南师范大学出版社 2006 年版。

36.庄学本：《羌戎考察记》，四川民族出版社 2007 年版。

37.周兰：《纪录片：影像对历史的传播》，四川大学出版社 2007 年版。

38.[美] 利卡尔顿：《美国摄影师的中国照片日记》，福建教育出版社 2008 年版。

39.[日] 小川一真：《庚子事变摄影图集》，学苑出版社 2008 年版。

40.《摄影大师郎静山》，中国摄影出版社 2008 年版。

41.韩丛耀：《图像——一种后符号学的再发现》，南京大学出版社 2008 年版。

42.[美] 苏珊·桑塔格：《论摄影》，上海译文出版社 2008 年版。

43.李媚：《庄学本全集》，中华书局 2009 年版。

44.顾棣：《中国红色摄影史（上、下册）》，山西人民出版社 2009 年版。

45.高琴：《透过硝烟的镜头》，中国摄影出版社 2009 年版。

46.秦风：《影像民国（1927—1949）》，广西师范大学出版社 2009 年版。

47.[英] 约翰·汤姆逊：《晚清碎影》，中国摄影出版社 2009 年版。

48.张丹宇、吴丽：《可视的文化：影像文化传播论》，云南大学出版社 2009 年版。

49.[美] 费佩德：《天城记忆》，山东人民出版社 2010 年版。

50.章东磐：《1942—1945 国家记忆》，山西人民出版社 2010 年版。

51.狄瑞景、黎健强：《香港最早期照片 1858—1875》，牛津大学出版社 2010

年版。

52.李树峰：《视觉百年——澳门摄影》，文化艺术出版社 2010 年版。

53.陈申、徐希景：《中国摄影艺术史》，中国摄影出版社 2011 年版。

54.刘香成：《从鸦片战争到军阀混战的百年影像史》，后浪图书出版公司 2011 年版。

55.杨红林：《经典影像背后的晚清社会》，中国青年出版社 2011 年版。

56.敦煌研究院：《敦煌旧影》，上海古籍出版社 2011 年版。

57.周海婴：《历史的暗室》，广西师大出版社 2011 年版。

58.[英] 埃德温·丁格尔：《亲历中国革命》，浙江大学出版社 2011 年版。

59.[英] 泰瑞·贝内特：《中国摄影史 1842—1860·西方摄影师》，中国摄影出版社 2011 年版。

60.曹聚仁、舒宗侨：《中国抗战画史 (上下册)》，中国文史出版社 2011 年版。

61.曾晓剑：《摄影创作研究》，湖南人民出版社 2011 年版。

62.沈嘉蔚、窦坤：《莫里循眼里的近代中国》，福建教育出版社 2012 年版。

63.[英] 泰瑞·贝内特：《中国摄影史 1861—1879·西方摄影师》，中国摄影出版社 2013 年版。

64.[英] 泰瑞·贝内特：《中国摄影史 1844—1879·中国摄影师》，中国摄影出版社 2014 年版。

65.[英] 曼尼：《北洋北京——摄影大师的视界》，中央编译出版社 2013 年版。

66.[英] 约翰·汤姆逊：《中国与中国人影像》，广西师大出版社 2015 年版。

67.韩丛耀、赵迎新：《中国影像史 (1—10 卷)》，中国摄影出版社 2015 年版。

68.邢文军、陈树君：《甘博的中国影像》，长江文艺出版社 2015 年版。

69.仝冰雪：《中国照相馆史》，中国摄影出版社 2016 年版。

70.南无哀：《东方照相记》，生活·读书·新知三联书店 2016 年版。

71.王烁、高初编：《大卫·柯鲁克镜头里的中国》，民族摄影艺术出版社 2016 年版。

72.陈申：《北京光社》，民族摄影艺术出版社 2017 年版。

73.赵迎新：《中国摄影大师》，中国摄影出版社 2017 年版。

74.孙健三：《孙明经纪实摄影研究》，浙江摄影出版社 2017 年版。

75.范文霈：《图像传播引论》，南京大学出版社 2017 年版。

76.[英] 德博拉·爱尔兰：《中国影像之旅》，中国摄影出版社 2018 年版。

77.张明：《外国人拍摄的中国影像 1844—1949》，中国摄影出版社 2018 年版。

78.马晓峰、庄钧：《西行影纪》，四川美术出版社 2021 年版。

二、论文类

1. 王镇富：《影像史学在历史记录中的"意义阐释"》，《长白学刊》2009 年第 1 期。

2. 徐抒晨：《影像记史的创作观及方法论》，《艺术百家》2012 年第 8 期。

3. 王宇英：《影像记忆：口述历史的介入与超越》，《现代传播》2012 年第 8 期。

4. 邓启耀：《视觉人类学的三个维度》，《学术探索》2013 年第 1 期。

5. 全根先：《口述史、影像史与中国记忆资源建设》，《国家图书馆学刊》2015 年第 1 期。

6. 宋嘉伟：《视觉档案的再构：作为"公众史"的独立影像书写》，《国际新闻界》2015 年第 9 期。

7. 罗志田：《假物得姿，如何捕捉历史之风》，《南京大学学报（人文社科）》2016 年第 5 期。

8. 李奕亭：《口述历史的"影像转向"》，《当代传播》2016 年第 6 期。

9. 李昭宏、李艳彦：《观念、媒介与方法：历史影像书写的变迁》，《出版广角》2016 年 8 月。

10. 林硕：《论影像史学引发的史料学革新》，《学术探索》2016 年第 12 期。

11. 何苏六、程潇爽：《映像中国：纪实影像对外传播的国家形象研究》，《现代传播》2016 年第 12 期。

12. 胡合丽、邓启耀：《民族志影像考察中"迭影"现象》，《民族艺术》2017 年第 4 期。

13. 王灿：《历史影像与当代中国社会记忆变迁——兼谈历史再现与影像史学》，《中共党史研究》2017 年第 5 期

14. 仲伟民：《全球史视觉：对晚清时局的一种新解读》，《探索与争鸣》2020 年第 2 期。

15. 钤坤：《〈哈尔滨五日画报〉研究》，哈尔滨大学 2016 年博士学位论文。

后 记

　　早在 2000 年，我斗胆编写并承蒙社会科学文献出版了《摄影基础教程》一书，这是我的处女拙作，虽然在当时引起了摄影教学界微微反响，但以今天的眼光看待，无论是学术性还是逻辑性，都显得十分幼稚。然而，这点反响依然对我是极大的鼓励，促使我得以在摄影教育与研究领域与时俱进，不断追求自身的新突破。

　　随后的岁月里，以独立或第一作者的身份先后出版了《摄影艺术导论》、《摄影构图全攻略》等拙作。2015 年，有幸参与了"十二五"国家出版署重点出版资助项目《中国影像史》，并主编了其中的两部分册。2017 年和 2018 年分别出版了江苏省社科基金后资助项目《图像传播引论》和江苏省高等学校"十三五"重点教材《新编基础摄影教程》。一路走来，深深感谢一直扶持我前行的导师、同仁与各出版社的编辑专家们。

　　2019 年，十分荣幸地获得了国家社科基金项目，时龄已 59 周岁矣。在漫长的学习与工作岁月里，学习、思考、表述；再学习、再思考、再表述……如此多次循环。2022 年烟花三月之际，当这部结项成果最终阶段性完成时，我也完成了第十部拙作的撰写。这部拙作涉及了除摄影学之外，如民族学、文化人类学、历史文献学等众多学科，不啻是对自己的巨大挑战。

　　如今，我已花甲有余，回望职业生涯，要十分感激命运的幸运安排：我曾遇到了著名学者丁柏铨、韩丛耀教授作为导师；我遇到了许多倾心支持我的领导、专家、同仁、朋友和一群优秀的弟子⋯⋯谢谢你们！更重要的是，我拥一个心灵港湾般的家，和一位毕生都在支持我实现追求的妻子，依然是大爱不言谢！

范文霈
二〇二二年于扬州

责任编辑：柴晨清

图书在版编目（CIP）数据

近代中国的影像书写／范文霈 著 . — 北京：人民出版社，2022.11

ISBN 978 - 7 - 01 - 025325 - 1

I. ①近… II. ①范… III. ①中华民族 - 研究 - 近代

　IV. ① K28

中国版本图书馆 CIP 数据核字（2022）第 241453 号

近代中国的影像书写
JINDAI ZHONGGUO DE YINGXIANG SHUXIE

范文霈　著

人民出版社 出版发行

（100706　北京市东城区隆福寺街 99 号）

北京九州迅驰传媒文化有限公司印刷　新华书店经销

2022 年 11 月第 1 版　2022 年 11 月北京第 1 次印刷

开本：710 毫米 ×1000 毫米 1/16　印张：25.25

字数：351 千字

ISBN 978 - 7 - 01 - 025325 - 1　定价：89.00 元

邮购地址 100706　北京市东城区隆福寺街 99 号

人民东方图书销售中心　电话（010）65250042　65289539